本書の特色と使い方

参考書部分で理解を深め，要点を覚えたらすぐに問題集部分で練習ができるので，知識をしっかり定着できます。1つの単元は，〈解説ページ〉と〈基礎問題＋実力問題〉が2ページずつの見開き構成なので，効率的に学習を進められます。また複数単元をまとめた〈チェックテスト〉では，知識が定着できているか確認できます。

📖 参考書部分

［わかるゼミ］
新しい学習に入る前に読んでおくとあとの内容の⬜

［解説ページ］
この本のメインで，中学英文法の重要な知識をまと⬜
特に重要なことは，ポイントや必修文例でも丁寧に記⬜ ⬜ます。

［解説アイコン］
理解を深めておきたいところや，まちがえやすいところなどを，本文の右横の部分にまとめています。

▼ **もっとくわしく** ────── 知っておくと便利な知識をくわしく解説しています。

得点アップの コツ ────── テストの得点アップに直接結びつくような知識を説明しています。

❗ **ここに注意** ────── まちがえやすいところや気づきにくい点をアドバイスしています。

？ **Q&A** ────── 疑問に思いがちな内容を「質問・応答形式」でとりあげています。

⚙ **おもしろ暗記法** ────── 用法・用語のユニークな暗記法を紹介しています。

📋 問題集部分

✏ **基礎問題** ────── 必ず解けるようにしたい**基礎的な問題**が掲載されています。
　　　　　　　　　　🖐 **HELP** は考え方，注意すべきところなどを示しています。

✊ **実力問題** ────── よく問われる**標準的な問題**が掲載されています。
　　　　　　　　　　🖐 **HELP** は，その問題のヒントや解き方を示しています。

📝 **チェックテスト** ────── リスニング問題をはじめ，色々な問題が掲載されています。

🔊 音声の再生方法について

①スマートフォン・タブレットで手軽に再生
「問題にチャレンジ」掲載ページとリスニング問題掲載ページ，別冊解答 p.2 に QR コードを掲載しています。
紙面上の QR コードを読みとると，手軽に「問題にチャレンジ」の解答の音声やリスニング問題の音声を再生できます。

②無料音声アプリ［SigmaPlayer2］
お持ちのスマートフォンやタブレットにアプリをインストールすると，「問題にチャレンジ」の音声やリスニング問題の音声を聞くことができます。

③文英堂 Web サイトからの音声ダウンロード
www.bun-eido.co.jp にアクセスし，「ダウンロード」ページから音声ダウンロードも可能です。
※通信使用料は別途必要です。

もくじ

単元ごとに，✏️基礎問題 ＋ ✊実力問題 が入ります。

わかるゼミ1
動詞は英文を支える命だ！

英文法は英語の重要公式集

「英語の文法」なんて言うと，"なんだかむずかしそうだし，それに役に立つのかな？"って思っている人も多いようだね。でもね，本当は英文法ほど便利で役に立つものはないんだ。

英文というのは単語や熟語（連語）の集まりだ。その単語や熟語の並べ方の重要なルールを集めたもの，それが英文法なんだ。

つまり，

$$\text{単語・熟語} \quad \times \quad \text{英文法} \quad = \quad \text{英語の実力}$$

という式を思い浮かべればよい。

英語の動詞には2つの種類がある

英文の中で一番大事なのは動詞である。動詞とは run（走る），read（読む），go（行く），play（遊ぶ）などの動作や，have（持っている），like（好む）などの状態を表す言葉だ。単語を訳してみて，最後を伸ばすと「ウ」の音になれば，その単語はたいてい動詞だ。

この run，go，have などの動詞を一般動詞と言う。「一般」とくれば「一般でない」動詞もあるわけで，それを be動詞と言う。be動詞は「です」「〜がある，いる」などと訳す。1人でいるときは be のままだが，I といっしょになると am になり，you だと are になり，he とくっつくと is になる。

でも，もとの形は1つで，訳し方や使い方は同じなんだ。

Q&A

Q 英語の勉強以外に，さらに英文法の勉強もしなければならないのでしょうか。

A 英語と英文法は別のものではありません。ぼんやりとわかった気分になっている重要事項を，きちんと整理して完全に理解することが英文法の学習目的です。

▼ もっとくわしく

動詞のもとの形のことを，「動詞の原形」と言う。

be動詞の原形は be であるので，am，are，is は be動詞と呼ばれるのだ。一般動詞の原形は，3単現（⇨ p.7）の s や es がつかない形と同じ形である。

原形	現在形
be	am are is
like	like likes

4

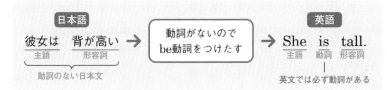

英文には必ず動詞がある

　日本語では，英語の動詞にあたる言葉がない文も多い。だから「彼女は背が高い」という日本語を英語になおすときは注意が必要だ。

```
  日本語                                        英語
 彼女は  背が高い  →  動詞がないので  →  She   is   tall.
 主語   形容詞       be動詞をつけたす     主語  動詞  形容詞
└─動詞のない日本文─┘                    └英文では必ず動詞がある┘
```

🔔 ここに注意

英文でも，あいさつや会話文などでは動詞を使わないこともある。

しかし，英文法の基本を理解するには，「英文には必ず動詞がある」と覚えておくほうがずっとよい。

一般動詞があれば be動詞は使えない

　さて，次の英文はどこかまちがっている。どこだろうか？

（×）**Is** he **study** English?　（彼は英語を勉強しますか）
　　be動詞　　一般動詞

　この英文はきちんとした日本語に訳せるし，動詞だってある。じゃあ，なぜまちがいなのだろうか。

　それは，一般動詞と be動詞を同時に使っているからなんだ。

　基本的に，一般動詞があれば **be動詞を使ってはいけない**！

　このルールがあるので，上の文の Is はダメ。正しくは次のようになる。

Does he **study** English?　（彼は英語を勉強しますか）
└──これは動詞ではない

現在進行形（be動詞＋ -ing）と動詞

He **is** **studying** English.　（彼は英語を勉強しています）
　‖　　　‖
be動詞　-ing

Are you **playing** baseball?　（あなたは野球をしていますか）
　‖　　　‖
be動詞　-ing

　現在進行形の文では，**be動詞と一般動詞が並んでいるように見える**。だが，一般動詞には ing がついている。動詞に ing がくっついた studying や playing は，動詞の1つの形だが，自分だけで文を支える力がないので，be動詞（am，are，is など）に助けてもらって文を支えている。つまり，動詞の ing形は，be動詞の助けがなければ文を支えられないのだ。

　だから，現在進行形の文では，be動詞と動詞の ing形を合わせた**「be動詞＋動詞の ing形」が動詞の働きをしている**と考えよう。

🔽 もっとくわしく

現在進行形は，「**be動詞＋動詞の ing形**」だ。この動詞の ing形は現在分詞と呼ばれ，動詞の1つの形だ。ing がついていても動詞なのだ。be動詞はこの動詞を助ける役目をするだけで，「です」「〜がある，いる」という動詞の意味はない。だから，進行形に使われる be動詞は，ふつうの be動詞ではなく，動詞を助ける**助動詞**（⇨ p.38）の働きをしていると言える。

1 疑問文・否定文

解答文一覧 ▶ 別冊 p.2

問題にチャレンジ

▸1 You and I (**am, are, is**) students.
あなたと私は学生です。

問 ( )内から適当なものを選べ。 → **1**

▸2 **That is** a new computer.
あれは新しいコンピューターです。

問 疑問文にかえよ。 → **2**

▸3 Junko **studies** English.
ジュンコは英語を勉強します。

問 疑問文にかえよ。 → **4**

▸4 My brother **doesn't swim**.
私の兄[弟]は泳ぎません。

問 **can** を使って文を書きかえよ。 → **5**

---

1 am, are, is の使い分け

be動詞は，主語(〜は，〜が)によって am，are，is を使い分ける。

〔主語〕　　　　　　　　〔be動詞〕
I　　　　　　→ **am**
you とすべての複数 → **are**　he, she, it,
I，you 以外の単数 → **is**　人物, …

▸1 の答え→ 主語が You and I で複数だから **are**。

2 be動詞の疑問文・否定文

be動詞の疑問文は **be**動詞を主語の前に出し，文の終わりに？をつける。否定文は **be**動詞のすぐあとに **not** を置く。

必修文例

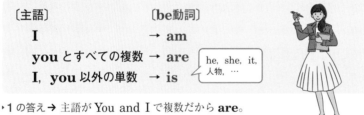

This *is* a pencil.───→ **Is** this ☐ a pencil?
(これは鉛筆です)　　　　　　(これは鉛筆ですか)
　　　　　　　　疑問文 → 文のはじめに移す　　　 └必ずつける
　　　　　　　　否定文
You *are* a teacher.───→ You *are* **not** a teacher.
(あなたは先生です)　　　　(あなたは先生ではありません)

▸2 の答え→ That が主語だから，正解は **Is that a new computer?**
(あれは新しいコンピューターですか)

3 一般動詞の疑問文・否定文 ── 3人称単数(現在)以外の文

一般動詞の現在の文で，主語が3人称単数以外なら，**Do** を文のはじめ(主語の前)に置いて疑問文をつくり，否定文にするには **do not [don't]** を動詞の前に置く。
└短縮形

▼ もっとくわしく

英語は相手があって使う言葉だから，話す人(= I)とそれを聞く人，つまり話し相手(= you)がいる。I と we を1人称，you を2人称，これら以外のものをすべて3人称と言う。

得点アップの コツ

否定文の短縮形の表し方は2通りある。

・You are not 〜. →
**You're not 〜. /
You aren't 〜.**
・That is not 〜. →
**That's not 〜. /
That isn't 〜.**
・No, it is not. →
No, **it's not. /
No, it isn't.**
I am not 〜. は **I'm not
〜.** となる。am not の短縮形はない。

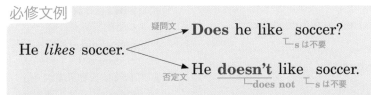

必修文例

一般動詞

You *like* soccer.
（あなたはサッカーが好きです）

疑問文 → **Do** you like soccer?
└ 文のはじめに **Do** を置く

否定文 → You **don't** like soccer.
└ 動詞の前に **don't**

4 主語が3人称単数（現在）の文

主語が3人称単数で現在の文の場合は，動詞に **s** をつける。この **s** を「3単現の **s**」と言う。

You **like** tennis. ⟷ He **likes** tennis.
主語が3人称単数　　　　└3単現の **s**

ただし，次の2つの重要な例外がある。

┌ポイント─────────────────────
① **ch**, **sh**, **s**, **x**, **o** で終わる → **es** をつける
teach（教える）→ teach**es** / wash（洗う）→ wash**es** /
pass（通る）→ pass**es** / go（行く）→ go**es**
②「子音字＋ **y**」で終わる動詞 → **y** を **i** にかえて **es** をつける
fly（飛ぶ）→ fl**ies** / cry（さけぶ）→ cr**ies** / try（試みる）→ tr**ies**
└───────────────────────────

3単現の文の疑問文・否定文には，**do** の代わりに **does** を使う。**does** があるとき，動詞に s[es] はつけない。

必修文例

He *likes* soccer.

疑問文 → **Does** he like soccer?
└ **s** は不要

否定文 → He **doesn't** like soccer.
└**does not** └**s** は不要

▸3の答え→ **Does Junko study English?**（ジュンコは英語を勉強しますか）

5 助動詞 can のある文

can は動詞ではないが，動詞を助ける言葉なので助動詞と呼ばれ，└p.38
「〜できる」という意味を表す。**can** のある文では，主語が何であっても（たとえ3人称単数でも）動詞に **s** や **es** はつけない。疑問文・否定文でも **can** を使い，**Can 〜 ?**，**〜 cannot [can't]** の形にする。

▸4の答え→ **My brother cannot [can't] swim.**
（私の兄[弟]は泳げません／泳ぐことができません）

ここに注意

play は **y** で終わるが，**y** の前の **a** が母音（アイウエオの音）なので，そのまま **s** をつければよい。**plaies** ではなく **plays** だ。
母音以外の音をすべて子音と言い，子音を表す文字を子音字と言う。

得点アップのコツ

3単現の **s**, **es** のつけ方は名詞を複数形にするときの **s**, **es** のつけ方とほぼ同じ（⇨ p.15）。

	肯定文	疑問文	否定文
be動詞の文	He is a doctor. You are a doctor.	Is he a doctor? Are you a doctor?	He isn't a doctor. You aren't a doctor.
can の文	He can swim. You can swim.	Can he swim? Can you swim?	He cannot swim. You cannot swim.
一般動詞の文（**can** などの助動詞のない文）	He swims. You swim.	Does he swim? Do you swim?	He doesn't swim. You don't swim.

 基礎問題

❶ 次の動詞の３人称単数現在の形を書きなさい。

(1) eat _____　(2) study _____
(3) stop _____　(4) look _____
(5) make _____　(6) wash _____
(7) go _____　(8) watch _____
(9) speak _____　(10) play _____

❷ 次の文の（　）内から正しいものを選び，○で囲みなさい。また，全文を日本語になおしなさい。

(1) You (aren't, don't) like oolong tea.
　(　　　　　　　　　　　　　　　　　　　)
(2) Jack can (play, plays) the drums.
　(　　　　　　　　　　　　　　　　　　　)
(3) Do you (get, gets) up early?
　(　　　　　　　　　　　　　　　　　　　)
(4) (Is, Does, Are) your father a police officer?
　(　　　　　　　　　　　　　　　　　　　)
(5) Does he (get, gets) up early?
　(　　　　　　　　　　　　　　　　　　　)

❸ 次の文を，それぞれ疑問文・否定文に書きかえなさい。

(1) They want a computer.
　〔疑問文〕 _____
　〔否定文〕 _____
(2) She plants rice.
　〔疑問文〕 _____
　〔否定文〕 _____
(3) It is a digital camera.
　〔疑問文〕 _____
　〔否定文〕 _____
(4) The French man can play soccer well.
　〔疑問文〕 _____
　〔否定文〕 _____

 HELP

❶ そのまま s をつければよい動詞と，そうでない動詞がある。

❷ (1) **like** は一般動詞。oolong[úːlɔ̀(ː)ŋ] tea は「ウーロン茶」。
(2) 助動詞のあとの動詞には s や es をつけない。
(3)(5) get up「起きる」early「早く」
(4) 動詞がないから動詞を加える必要がある。**Does** は動詞ではないことに注意。
police officer[pəlíːs ɔ̀(ː)fisər ポリースオ(ー)フィサァ] は police（警察）＋ officer（役人）で，「警察官」。

❸ 否定文は次のように短縮形を使うのがふつう。

> **do not** → **don't**
> **does not** → **doesn't**
> **cannot** → **can't**
> **is not** → **isn't**
> **are not** → **aren't**

(3) digital[dídʒitl] は「デジタル（式）の」という意味。

単語
plant[plænt プラント]
　〜を植える
rice[rais ライス]　米
French
　[frentʃ フレンチ]
　フランス人[語]
　フランス（人[語]）の

1 次の疑問文に対する答えを，右のア〜カから選びなさい。

(1) Is he a doctor?　　　　　　（　　）
(2) Does she remember Makoto?　（　　）
(3) Can she drive a car?　　　　（　　）
(4) Are you a student?　　　　　（　　）
(5) Do you cook dinner?　　　　（　　）

ア Yes, I am.
イ Yes, I do.
ウ No, she doesn't.
エ Yes, he does.
オ No, he isn't.
カ Yes, she can.

2 次の英文にはまちがいがある。その部分をなおして，正しい文に書きかえなさい。ただし，太字の部分は正しいものとする。

(1) Are you **send** e-mail?

_____

(2) That dolphin **can** swims fast.

_____

(3) A dog does **can** swim.

_____

(4) Do she **kind to** you?

_____

3 日本文の意味を表すように，（　）内の語（句）を並べかえなさい。ただし，各組とも不要な語（句）が1つずつあります。

(1) 彼は音楽が好きですか。

(like, likes, does, music, he)?

_____

(2) 私の兄はコンピューターで勉強します。

(study, studies, with, my brother, his computer).

_____

(3) マイクは私の質問に答えることができますか。

(answer, answers, questions, my, Mike, can)?

_____

HELP

1 各疑問文の文のはじめにある語に着目すること。 (2) remember[rimémbər] リメンバァ 「〜を覚えている」
(3) drive[draiv] ドゥライブ 「（車を）運転する」
2 (1) send「送る」 (2) dolphin[dάlfin] ドルフィン 「イルカ」 (4) kind「親切な」は動詞ではなく，形容詞。
3 (2) 「子音字＋y」で終わる動詞は，y を i にかえて es をつける。with 〜 「〜で，〜を使って」，computer「コンピューター」

2 現在進行形

解答文一覧 ▶ 別冊 p.2

問題にチャレンジ

▶1 I **study** Chinese.
　　私は中国語を勉強します。

問 現在進行形の文にし，日本語になおせ。　→ **1**

▶2 My father **washes** a car.
　　私の父は車を洗います。

問 現在進行形の文にし，日本語になおせ。　→ **2**

▶3 You **use** this computer.
　　あなたはこのコンピューターを使います。

問 現在進行形の文にせよ。→ **2**

▶4 **Does** she **work** on the farm?
　　彼女は農場で働きますか。

問 **now** をつけて現在進行形の文にせよ。　→ **3**

1 「今していること」は現在進行形

I play tennis.（私はテニスをします）では，「私」がある程度ひんぱんに「テニスをする」人であることはわかるが，その人が「今」テニスをしているのかどうかはわからない。

ところが，play を am playing にかえて I **am playing** tennis. とすると，「私はテニスをしているところです」の意味になり，今テニスコートでラケットを持ち，ボールを打っている状態を表す。

このように**現在進行中の動作**を表すには，

現在進行形「**be動詞＋動詞の ing形**」を使う。

ポイント

現在進行形→ **be動詞**（**am**，**are**，**is**）＋ 動詞の **ing形**
「～している〔ところです〕」

▶1 の答え→ **I am studying** Chinese.（私は中国語を勉強しているところです）→ study を am studying にする。

2 ing のつけ方

たいていは，動詞の原形に **ing** をつけるだけでよい。3単現の s や es がついているときは，必ず**はずしてから ing をつける**こと。

You eat. → You are **eating**.　〔そのまま ing をつける〕
　　　　　└─原形

She goes. → She is **going**.　〔es をとって ing をつける〕
　　　　　　　└─原形

ここに注意

もともと「～している」という意味を持つ動詞は進行形にしない。
　live（住んでいる）
　know（知っている）
　have（持っている）
　like（気に入っている）
などは現在形のままで，「～している」という現在の状態を表す。

●

進行形（現在進行形）の be動詞は，主語によって am, are, is を使い分ける。
　I　　　　　　am
　You, They　are
　He, She, It　is
そのため，**be動詞**と書いてあったら，「**am**, **are**, **is** のどれかを使うことだな」と考える。

ただし，次の場合は例外だ。

―ポイント―

① 発音しない **e** で終わる動詞 → **e** をとって **ing** をつける

make → making　　take → taking　　use → using
つくる　　　　　　とる　　　　　　使う

come → coming　　arrive → arriving
来る　　　　　　　着く

② 「1母音字＋1子音字」で終わる動詞
　　　　　　　　　　　　→子音字を重ねて **ing** をつける

sit → sitting　　swim → swimming
すわる　　　　　泳ぐ

get → getting　　stop → stopping
得る　　　　　　とまる

▸2の答え→ My father **is washing** a car.（私の父は車を洗っているところです）→ washes の原形 **wash** に ing をつける。

▸3の答え→ You **are using** this computer.（あなたはこのコンピューターを使っているところです）→ use の **e** をとって **ing** をつける。

3 進行形の否定文・疑問文・答えの文

進行形の文には必ず be動詞がある。これを使って，否定文・疑問文や答えの文をつくればよい。

｛否定文は **be**動詞のあとに **not** を置く
｛疑問文は **be**動詞を主語の前に出す

必修文例

● He is reading a book. （彼は本を読んでいます）
→〔否定文〕 He isn't reading a book.
　　　　　└is not
　　　　　　　　　　　　　　　（彼は本を読んでいません）

→〔疑問文〕 **Is** he reading a book?
　　　　　　　　　　　　　　（彼は本を読んでいますか）

↳〔答えの文〕 Yes, he **is**. / No, he **isn't**〔**is not**〕.
　　　　　　（はい，読んでいます／いいえ，読んでいません）

▸4の答え→ **Is** she **working** on the farm now?（彼女は今農場で働いているところですか）→ Does を Is に，work を working にする。

4 恐怖の"進行形病"にかからないために

（×） I **am go** to school.

（×） **Is** he **study** English?

be動詞と同時に使えるのは動詞の **ing**形だ。go や study のような動詞の原形［現在形］を同時に使うことはできない。だから，I am go は I am go**ing**（または I go）が，Is he study は Is he study**ing**（または Does he study）が正しいのだ。

得点アップの **コツ**

ing のつけ方には，次のような場合もある。

ie で終わる動詞は **ie** を **y** にかえて **ing** をつける。

lie → l**ying**
（うそをつく，横たわる）

die → d**ying**
（死ぬ）

❗ **ここに注意**

進行形の文では，**Do**，**Does** や **don't**，**doesn't** は絶対に使ってはいけない。特に，問題4のように，Do，Does で始まる疑問文を進行形に書きかえる問題では注意が必要だ。

be動詞と同時に使えるのは動詞の ing形で，これは進行形になるが，動詞の過去分詞も be動詞と同時に使うことができ，これは受け身の文になる（⇨ p.102）。

 基礎問題

解答 ▶ 別冊 p.7

❶ 次の動詞を ing形になおしなさい。

(1) fly _____　(2) sing _____

(3) eats _____　(4) speak _____

(5) come _____　(6) take _____

(7) cut _____　(8) runs _____

(9) stop _____　(10) drink _____

❷ 次の文の＿＿に適当な1語を入れて，進行形にしなさい。

(1) I use the computer.

　→ I _____ _____ the computer.

(2) He writes a report.

　→ He _____ _____ a report.

(3) My mother makes a big cake.

　→ My mother _____ _____ a big cake.

(4) They swim in the lake.

　→ They _____ _____ in the lake.

(5) Ryoko studies Korean in her room.

　→ Ryoko _____ _____ Korean in her room.

❸ 日本文の意味を表すように，＿＿に適当な1語を入れなさい。

(1) 私はその農家の人を手伝っています。

　I _____ _____ the farmer.

(2) ジェーンはその農家の人を手伝っていません。

　Jane _____ _____ the farmer.

(3) 彼らはベンチにすわっていません。

　They _____ _____ on the bench.

(4) 彼は学校へ行くところですか。

　_____ he _____ to school?

(5) あなたはその絵を見ていますか。

　_____ you _____ at the picture?

 HELP

❶ ing は動詞の原形につける。

「3単現の s」のつけ方と混同しないこと。

❷ be動詞の形(am, are, is)は主語によって決まる。

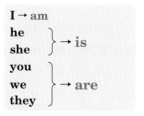

I → am
he
she ｝→ is
you
we ｝→ are
they

単語

report

[ripɔ́ːrt リポート]

報告書，レポート

lake[leik レイク]　湖

Korean

[kərí(ː)ən コ リ(ー)ア
ン]　韓国人[語]，朝
鮮人[語]，

韓国(人[語])の,
朝鮮(人[語])の

❸ (2)(3)「be動詞＋not」を，短縮形にしなければ＿＿の数がたりない。なおここでは使えないが They are not ～. には **They're** not ～. という短縮形もある。

(4)(5) 疑問文は is[am, are] が文のはじめに出る。

(5)「～を見る」look at ～

単語

farmer

[fáːrmər ファーマァ]

農業従事者，農家の人

❶ 次の文が正しい英文になるように、（　）内から適当な語(句)を選び、〇で囲みなさい。また、全文を日本語になおしなさい。

(1) My mother (am, is, are) cooking dinner.　（　　　　　　　　　　　）

(2) (Do, Are) you playing the guitar?　（　　　　　　　　　　　）

(3) (Do, Are) you play the guitar?　（　　　　　　　　　　　）

(4) They (aren't, don't) walk to the park.　（　　　　　　　　　　　）

(5) My friends (aren't, don't) reading books.　（　　　　　　　　　　　）

(6) He is (wash, washes, washing) his car.　（　　　　　　　　　　　）

(7) (Is, Are, Am) the baby sleeping in the bed?　（　　　　　　　　　　　）

(8) She (know, knows, is knowing) my sister.　（　　　　　　　　　　　）

❷ 次の文を進行形にかえなさい。ただし、(4)と(5)は対話文です。

(1) Yumiko helps her mother.

_____

(2) He doesn't watch TV in his room.

_____

(3) Does she use the Internet?

_____

(4) "Do you listen to the CD?" "No, I don't."

_____

(5) "Does she study hard?" "Yes, she does."

_____

❸ 次の文を英語になおしなさい。

(1) 彼は友だちとテレビゲーム(video games)をしているところです。

_____

(2) 彼女はそこでの滞在を楽しんでいますか。

_____

(3) あなたはここで何をしているのですか。

_____

HELP

❶ 動詞に **ing** がついていれば前に **be**動詞が必要。 (1) cook dinner「夕食を料理する」
(8) **know**(知っている)は進行形にしない。

❷ (2) doesn't を isn't にする。 (3)〜(5) Do, Does を be動詞に置きかえる。

❸ (1)「テレビゲームをする」play video games
(2) 疑問文である。「楽しむ」enjoy [indʒɔ́i]、「滞在」(one's) stay　(3) what で始める。

3 数・量の表し方, 冠詞

解答文一覧 ▶ 別冊 p.2

― 問題にチャレンジ ―

▶1 book air radio money
　　本　　空気　ラジオ　　お金

問 数えられない名詞を2つ選べ。
　→ 2

▶2 I want **two milks**.
　私は牛乳が2杯ほしいです。

問 正しい英文にせよ。　→ 2

▶3 desk country box knife
　　机　　　国　　　箱　ナイフ

問 それぞれを複数形にせよ。
　→ 3

▶4 I study English for (**a, an, the**) hour.
　私は1時間英語を勉強します。

問 （　）内から適当なものを選べ。
　→ 4

1 名詞には2種類ある

　名詞には，six balls（6個のボール）などのように数えられる名詞と複数形のない数えられない名詞とがある。数えられない名詞の代表としては，water（水）や paper（紙）などの物質名詞がある。物質名詞は決まった形を持たないので，そのままでは数えられないのだ。

2 物質名詞の量の表し方

　物質名詞は，容器・枚数などの単位を表す語を使ってその量を表す。つまり，水なら容器に入れることで形が決まり，紙なら切ることで形が決まる。そこではじめて数えられるようになるというわけだ。

― ポイント ―

物質名詞の量は "「単位」＋ of" の形で表す
① 1杯の水[ミルク]　→ **a glass of water[milk]**
② 1杯のお茶[コーヒー] → **a cup of tea[coffee]**
③ 1切れのパン　　　→ **a piece of bread**
　　　　　　　　　　　[pi:s ピース]
④ 1さじの砂糖　　　→ **a spoonful of sugar**
⑤ 1枚の紙　　　　　→ **a sheet of paper**

　なお，**money**（お金）は数えられない名詞である。お金は，円やドルという単位を使って，はじめて量を表せるからだ。

（×）many moneys →（○）much money（= a lot of money）

▶1の答え→ air, money
▶2の答え→ I want **two glasses of milk**.
　　　　　　　　└複数形にする

▽ もっとくわしく

〔数えられない名詞〕
物質名詞＝ water, paper など
抽象名詞＝ English（英語），math（数学），music（音楽）などの科目名，peace（平和），art（芸術）など形がなく，頭の中で考えたもの。
固有名詞＝人の名や場所などの特有の名称。固有名詞は Japan（日本）のように最初の文字を大文字にする。

得点アップの

「2杯」以上や「2枚」以上の表し方は，
　two cups of tea
　two glasses of water
　five sheets of paper
のようにする。

3 複数形のつくり方

数えられる名詞では，ふつう s をつければ複数形になる。

pencil(鉛筆) → pencils tree(木) → trees dog(犬) → dogs

しかし，次のような例外がある。

ポイント

① 「子音字＋y」で終わる名詞 → y を i にかえて es をつける

city(市) → cit**ies** / baby(赤ちゃん) → bab**ies**

② s, x, o, sh, ch で終わる名詞 → es をつける

class(組) → class**es** / box(箱) → box**es** / dish(皿) → dish**es**

③ f, fe で終わる名詞 → f, fe を v にかえて es をつける

knife(ナイフ) → kni**ves** / leaf(葉) → lea**ves**

〔注意したい複数形〕

tomato(トマト) → **tomatoes**　　child(子ども) → **children**[tʃíldrən]

man(男) → **men**　　　　　　woman(女) → **women** [wímin]

mouse(ねずみ) → **mice**　　　tooth(歯) → **teeth**

fish(魚)，Japanese(日本人)，sheep(羊)は単数と複数が同じ形。

数えられる名詞と数えられない名詞では，「たくさんの」や「少しの」という表現も使い分けなければならない。

	たくさんの	少しの
数えられる名詞	**many** books **a lot of** books	**a few** books
数えられない名詞	**much** water **a lot of** water	**a little** water

▸3の答え→ **desks, countries, boxes, knives**

4 a, an と the ──冠詞

数えられる名詞の単数形には，ふつう a [an] か the をつける。
a は「1つの」という意味を表すが，訳さないことが多い。

the は「その」という意味を表す。the を使うのは次の場合である。

① 同じ名詞が2度目に話題にのぼる場合

I have a book.　　　**The** book is red.

(私は本を持っています)　(その本は赤いです)

② 相手にわかっているものを指す場合

She opens **the** window.　　(彼女は窓を開けます)

③ 楽器を弾く(**play**)場合

He plays **the** guitar well.　　(彼は上手にギターを弾きます)

なお，**a** は母音の前では **an** にかわる。

an aunt(おば) / **an** uncle(おじ) / **an** old computer(古いコンピューター)

▸4の答え→ **an** → hour[auər] は，h から始まるが，発音は母音で始まる。

得点アップの コツ

〔語尾 s, es の発音〕

(1) ふつうは [z] と発音する。

(2) [f], [k], [p], [t] の音のあとでは [s] と発音する。

(3) [s], [z], [ʃ], [ʒ], [tʃ], [dʒ] の音のあとでは [iz] と発音する。

 もっとくわしく

a, an はもともと one からできた語であるため，数えられる名詞の単数形にしかつけない。

●

the は左の①〜③のほか，次のような場合に使う。

④ 「〜というもの」の意味で，種類全体を表すとき

The cow is a useful animal.

(牛は役に立つ動物です)

⑤ ただ1つしかないものを指すとき

the sun(太陽)

the west(西)

⑥ 形容詞の最上級

the fastest runner

(一番速い走者)

基礎問題

解答 ▶ 別冊 p.8

❶ 次の語を複数形にしなさい。ただし，複数形にできないものには，×を書きなさい。

(1) bird   →＿＿＿＿＿   (2) glass   →＿＿＿＿＿

(3) milk   →＿＿＿＿＿   (4) coin   →＿＿＿＿＿

(5) family   →＿＿＿＿＿   (6) watch →＿＿＿＿＿

(7) computer →＿＿＿＿＿   (8) woman →＿＿＿＿＿

(9) dish   →＿＿＿＿＿   (10) wife   →＿＿＿＿＿

(11) money   →＿＿＿＿＿   (12) fish   →＿＿＿＿＿

(13) story   →＿＿＿＿＿   (14) child →＿＿＿＿＿

❷ 日本語の意味を表す語句になるように，＿＿に適当な語を下から選んで入れなさい。（同じ語を2度使ってもよい）

(1) a ＿＿＿＿＿ of water
   1杯の水

(2) ＿＿＿＿＿ ＿＿＿＿＿ of cocoa
   2杯のココア

(3) seven ＿＿＿＿＿ ＿＿＿＿＿ ＿＿＿＿＿
   7枚の紙

(4) ＿＿＿＿＿ ＿＿＿＿＿ ＿＿＿＿＿ cake
   1切れのケーキ

(5) three ＿＿＿＿＿ ＿＿＿＿＿ salad oil
   スプーン3杯のサラダ油

| a | two | of | glass | cup | cups | paper |
| papers | piece | sheet | sheets | spoonfuls | | |

❸ 次の文が正しい英文になるように，（ ）内から適当な冠詞を選び，○で囲みなさい。必要のない場合は，×を選びなさい。

(1) This is (a, an) DVD. (A, An, The) DVD is new.
これは DVD です。その DVD は新しいです。

(2) Does your brother play (a, an, the, ×) ukulele?
あなたのお兄さんはウクレレを弾きますか。

(3) We must wait for her for (a, an, ×) hour.
私たちは彼女を1時間待たなければならない。

(4) This is (a, the, ×) his address.
こちらが彼の住所です。

❶ 下の語の語尾の s，または es の発音を，次の(1)〜(3)に分類し，記号で答えなさい。

(1) [s] （ズ）　（　　　　　　　　　　　）
(2) [z] （ズ）　（　　　　　　　　　　　）
(3) [iz] （イズ）　（　　　　　　　　　　　）

　　ア　apples　　　イ　books　　　ウ　glasses　　　エ　bags
　　オ　watches　　カ　maps　　　キ　jackets　　ク　problems
　　ケ　dishes　　　コ　parents　　サ　stories　　　シ　boxes

❷ 次の C と D の関係が，A と B の関係と同じになるように，D の（　）内に適当な語を 1 語ずつ入れなさい。

	A	B		C	D	
(1)	woman	women		gentleman	（	）
(2)	leaf	leaves		knife	（	）
(3)	tomato	tomatoes		potato	（	）
(4)	city	cities		lady	（	）
(5)	foot	feet		tooth	（	）
(6)	century	centuries		family	（	）
(7)	church	churches		bench	（	）

❸ 日本文の意味を表すように，（　）内の語(句)を並べかえなさい。

(1) マイクは毎朝フランスパンを 2 切れ食べます。（1語不足）
　　(eats, morning, pieces, every, French, Mike, two, bread).

_____

(2) スミスさんは古い時計を 1 個持っています。（1語不要）
　　(an, has, clock, Mr. Smith, old, a).

_____

(3) 太陽は東から昇ります。
　　(rises, east, sun, in, the, the).

_____

✋
HELP

❶ s や es の前の語の発音が無声音（息だけの音）なら [s]，[s, z, ʃ, ʒ, tʃ, dʒ] のあとでは [iz]。
❷ (1) gentleman（紳士）の複数形は man の場合と同じ。　(2) 語尾が fe の語の複数形は？
❸ (1)「毎朝」every morning　(2) old は母音で始まる単語であることに注意。Mr., Ms., Mrs.,
のピリオド(.)は省略されることもある。　(3) sun も east も，この世に 1 つしかないので the を
つける。

4 疑問詞の整理

解答文一覧 ▶ 別冊 p.2

問題にチャレンジ

▸**1** I play tennis **in the park** on Sundays.
私は日曜日に公園でテニスをします。

問 下線部をたずねる疑問文にせよ。　→**1**

▸**2** I am **fourteen years** old.
私は14歳(さい)です。

問 下線部をたずねる疑問文にせよ。　→**2**

▸**3** **How many** pencil do you have?
あなたは何本の鉛筆(えんぴつ)を持っていますか。

問 まちがいがあればなおせ。　→**2**

1 疑問詞(Wh〜)のついた疑問文

　何を持っているかをたずねるときは，Do you have a book? の a book の代わりに疑問詞 what(何)を入れればよい。だが，**疑問詞は常に文のはじめに置く。**

必修文例

Do you have **what**?

What do you have?　(あなたは何を持っていますか)

　上の問題**1**の文について，たずねるものと疑問詞の関係を示すと，次のようになる。

I play (人)	tennis (もの, こと)	in the park (場所)	on Sundays. (時間)
↓	↓	↓	↓
who(だれ)	**what**(何)	**where**(どこで)	**when**(いつ)

ポイント

　　疑問詞は文のはじめに
「**Wh〜**」のある疑問文 ⟶ 「**Wh〜**」＋疑問文 **?**
　└疑問詞

▸**1**の答え→ **Where do you play tennis on Sundays?** (あなたは日
　　　　　　　　　　└注意する
曜日にどこでテニスをしますか)→ in the park の代わりに where を使う。

2 how を使った重要表現

how は「どのようにして」と訳し，**方法をたずねるときに使う。**
　He goes to school **by bus.**　(彼はバスで学校へ行きます)
　　　　　　　　　 (方法)
この下線部 by bus をたずねる文は，次のようになる。

How does he go to school?　(彼はどうやって学校へ行きますか)

? **Q&A**

Q 疑問詞にはどんなものがありますか。

A what, who, when, where など wh で始まり，「何」「だれ」「いつ」「どこ」など疑問の意味を持つ語，および how「どのようにして」などがあります。

得点アップの **コツ**

who が主語の英文は，do や does などを使わずに疑問文にする。
たとえば，問題**1**の文章では I を Who に入れかえて
　Who plays tennis in
　　　　　　　└注意する
the park on Sundays?
　(だれが日曜日に公園でテニスをしますか)
とすればよい。

また，How＋形容詞(副詞)～？は「どのくらい…？」と程度をたずねるときに使う。

ポイント

How many	数
How much	値段・量
How old	年齢・ものの古さ
How tall	身長・ものの高さ
How long	ものや時間の長さ
How far	距離
How deep	深さ
How often	頻度

なお，数をたずねる **How many** のあとは複数の名詞をつける。

How many ＋複数の名詞＋(疑問文)？

▸2の答え→ **How old are you?**（あなたは何歳ですか）→下線部は，年齢を表している。

▸3の答え→ pencil を **pencils** とする。→ How many のあとには複数形の名詞が来る。

3 名詞の前につける疑問詞

whose(だれの)，which(どちらの，どの)，what(何)は，ほかの疑問詞と同じように使えるほか，名詞につけて使うこともできる。

必修文例

Whose album is this?	（これはだれのアルバムですか）
Which book did he buy?	（彼はどちらの本を買ったのですか）
What color is this?	（これは何色ですか）

4 疑問詞の整理

疑問詞	発　音	意　味	たずねるもの
what	[(h)wɑt (フ)ワット]	何，どんな	物，ようす
who	[hu: フー]	だれ	人，人名
whose	[hu:z フーズ]	だれの(もの)	所有
which	[(h)witʃ (フ)ウィッチ]	どちら(の)	物(選択)
when	[(h)wen (フ)ウェン]	いつ	時
where	[(h)weər (フ)ウェア]	どこで	場所
why	[(h)wai (フ)ワイ]	なぜ	理由(⇨ p.87)
how	[hau ハウ]	どのようにして どのくらい	方法 程度

もっとくわしく

なお，How long ～？は時間以外の長さをたずねることもできる。

How long is this tape?

（このテープはどのくらいの長さですか）

How often ～？は How many times ～？に言いかえることができる。

How often have you been to Hawaii?

＝ **How many times** have you been to Hawaii?

（ハワイへは何回行ったことがありますか）

得点アップのコツ

How much ～？は量をたずねる言い方である。特に金額をたずねる場合によく使う。

How much is this book?

（この本はいくらですか）

もっとくわしく

which は2つのうち「どちらの」という意味だけではない。3つ以上の特定の範囲の中から選ぶ「どの」という意味もあることを覚えておこう。

得点アップのコツ

疑問詞のある疑問文を進行形にするときは，疑問詞を切り離して考えるとよい。

Where ┊ do you go?
切り離す↑　↓進行形にする
are you going?
↓くっつける
Where **are you going?**

基礎問題

解答 ▶ 別冊 p.8

❶ 日本文の意味を表すように，＿＿に適当な1語を入れなさい。

(1) これはだれのコンピューターですか。

　　Whose ＿＿＿＿＿＿ is this?

(2) このコンピューターはだれのものですか。

　　Whose ＿＿＿＿＿＿ this ＿＿＿＿＿＿?

(3) あの花は何ですか。

　　What ＿＿＿＿＿＿ ＿＿＿＿＿＿ flower?

(4) あれは何の花ですか。

　　What ＿＿＿＿＿＿ is ＿＿＿＿＿＿?

❷ 日本文の意味を表すように，＿＿に適当な1語を入れなさい。

(1) あなたは何歳ですか。

　　How ＿＿＿＿＿＿ are you?

(2) あのバスケットボール選手の身長はどのくらいですか。

　　How ＿＿＿＿＿＿ is that basketball player?

(3) この川はどのくらいの長さですか。

　　How ＿＿＿＿＿＿ is this river?

(4) あなたは何本のペンを持っていますか。

　　How ＿＿＿＿＿＿ pens do you have?

(5) この自転車はいくらですか。

　　How ＿＿＿＿＿＿ is this bike?

(6) 大阪から東京までどのくらいの距離ですか。

　　How ＿＿＿＿＿＿ is it from Osaka to Tokyo?

❸ 次の文を日本語になおしなさい。

(1) Who is that pretty girl?

　　(　　　　　　　　　　　　　　　　　　　　)

(2) When does Jun eat dinner?

　　(　　　　　　　　　　　　　　　　　　　　)

(3) Where does Jun eat dinner?

　　(　　　　　　　　　　　　　　　　　　　　)

(4) Where is Shinji? —— He's in the music room.

　　(　　　　　　　　　　　　　　　　　　　　)

✋ **HELP**

❶ 「疑問詞＋is ～?」
の文か，それとも
「疑問詞＋名詞＋is ～?」の
文かを判断する。
文の主語は，
　(1) これ
　(2) このコンピューター
　(3) あの花
　(4) あれ
である。

❷ (3)「どのくらいの長さ」
→どのくらい長い
(4)「何本」→数をたずねる
(5)「いくら」→金額をたずね
る

❸ (2)(3) dinner は厳密には
「1日のうちで主要な食事」
という意味だが，たいてい，
「夕食」と訳しておけばよい。
(4) この場合のis は，「いま
す，あります」と訳す。

実力問題

解答 ▶ 別冊 p.8

1 次の文の下線部をたずねる文を書きなさい。

(1) This is <u>my</u> camera.

(2) He lives <u>in Okinawa</u>.

(3) She has <u>two</u> brothers.

(4) Children in this town play football <u>on Sundays</u>.

(5) I like <u>English</u> the best. （subject を使って）

2 次の文に対する答えを，（ ）内の語(句)を使って書きなさい。

(1) What do you have in your bag?　(a notebook)

(2) Whose house is this?　(Mr. Brown)

(3) Which season does he like?　(spring)

(4) Where is your father staying?　(in Kyoto)

3 日本文の意味を表すように，（ ）内の語句を並べかえなさい。ただし，各組とも不要な語句が1つずつあります。

(1) 彼はマンガの本を何冊持っていますか。
(comic book, comic books, does, how, he, have, many)?

(2) あなたは昼食後，何をしますか。
(do, do, does, after, what, lunch, you)?

HELP
1 (1) my は所有，(2) in Okinawa は場所を表す。(4)「on ＋曜日」で「〜曜日に」。
(5) subject「科目」
2 疑問詞で始まる文は，Yes や No を使って答えることはできない。(3) season「季節」
3 (1) 数をたずねる文。「マンガの本」は comic book か comic books のどちらを使うか？
(2)「昼食後」after lunch

 5 代名詞

解答文一覧 ▶ 別冊 p.2

問題にチャレンジ

▸1 This is **my bag**. That is **your bag**.

これは私のかばんです。あれはあなたのかばんです。

問 下線部を1語にせよ。 → **1**

▸2 **How far** _____ _____ from here to the park?　ここから公園まで, どのくらいありますか。

問 ____ に適当な1語を入れよ。 → **2**

▸3 **What time** is now?　今, 何時ですか。

問 正しい英文にせよ。 → **3**

▸4 This is **my dog**. Do you have it?

これは私の犬です。あなたは犬を飼っていますか。

問 正しい英文にせよ。 → **4**

1 代名詞と I ─ my ─ me などの変化

it(それ)という言葉は, 単数の「もの」なら何でも表すことができる。「それ, おもしろそうだね」の「それ」は本かもしれないし, ゲームかもしれない。このように, ふつうの名詞(本, ゲームなど)の代わりをする名詞を代名詞と呼ぶ。

人称代名詞	主格 (〜は, 〜が)	所有格 (〜の)	目的格 (〜を, 〜に)	所有代名詞 (〜のもの)	再帰代名詞 (〜自身)
私	**I**	**my**	**me**	**mine**	**myself**
あなた	**you**	**your**	**you**	**yours**	**yourself**
彼	**he**	**his**	**him**	**his**	**himself**
彼女	**she**	**her**	**her**	**hers**	**herself**
それ	**it**	**its**	**it**		**itself**
私たち	**we**	**our**	**us**	**ours**	**ourselves**
あなたたち	**you**	**your**	**you**	**yours**	**yourselves**
彼(女)ら それら	**they**	**their**	**them**	**theirs**	**themselves**

〔代名詞の目的格〕

① Do you know **me**?　(あなたは私を知っていますか)
  └ **I** の目的格　　　　　　　　【動詞のあとに使う】

② She goes to school with **us**.　(彼女は私たちと学校に行きます)
  └ **we** の目的格　　　　　　　【前置詞のあとに使う】

〔所有格と所有代名詞〕

所有格(〜の)と所有代名詞(〜のもの)の言いかえに慣れよう。

This is **your** desk. → This desk is **yours**.
  └ **you** の所有格　　　　　　　　└ **you** の所有代名詞
(これはあなたの机です)　　　　　(この机はあなたのものです)

! ここに注意

they は, he, she, it の複数形。訳すときは「彼ら」だけでなく「彼女たち」,「それら」の意味もあることを忘れないようにしよう。

得点アップの コツ

名詞の所有格は「〜の」の意味で, あとの名詞を修飾する。ふつうは語尾に「's」をつける。

  my father's car
  (私の父の車)

! ここに注意

冠詞と所有格は同時に使えない。→所有代名詞の助けを借りる。

(✕) a my friend はダメ
→ a friend of **mine**
(私の友だちの1人)　└ **I** の所有
　　　　　　　　　　　代名詞

▸1の答え➡ That is **yours.**（あれはあなたのものです）→ your bag（あなたのかばん）を yours（あなたのもの）と考える。

2 it の特別用法

時間・天候・距離（きょり）・明暗を表す文では，it を主語に使う。

必修文例

① **It is fine today.**　（きょうはよいお天気です）　〔天候〕

② **It is two miles from here to the park.**　〔距離〕
（ここから公園まで2マイルあります）

③ **It gets dark before five o'clock.**　〔明暗〕
（5時前に暗くなります）

①の文の「きょうは」は主語のように思えるが，「日」を表す語句（副詞）であり，文の主語にはできない。
└─44ページを見よ

┌ポイント────────────────────
時間・天候・距離・明暗の文では，It ＝主語（it の特別用法）
└───────────────────────────

▸2の答え➡ How far **is it** from here to the park?→「距離」をたずねている。How far ～?（どのくらい～）は「距離」を聞くときの決まり文句。

3 時間を表す it

必修文例

① **What time is it?　It is nine thirty.**
（何時ですか）　　　　　　（9時30分です）

② **It is Monday today.**　（きょうは月曜日です）

③ **It takes fifteen minutes from here to the station.**
（ここから駅までは15分かかります）
→③の文の **take** は「（時間が）かかる」の意味。

▸3の答え➡ What time is it now?→「時間」をたずねる文なので主語の it が必要。

4 代名詞 one

one は数の「1」の意味のほかに，「それ」と訳すことがある。

I have a bike.　　　　Do you have **one**?
（私は自転車を持っています）　（君はそれを持っていますか）

この one は a bike のことで，a bike のくり返しを避（さ）けるために使っている。この **one** は同種類のものを指す代名詞だ。

これに対し，it は同一物を指すときに使う。

▸4の答え➡ it を **one** にする。→ Do you have it? なら「あなたは私の犬を飼っていますか」というおかしな意味になる。
　　　　　　　　　　　　　　└─同一物

:exclamation: **ここに注意**

時間・天候・距離・明暗を表す文の it は訳してはいけない。

　It is seven.（7時です）
と訳す。「それは～」としないこと。

:arrow_down: **もっとくわしく**

「雪［雨］が多い」という表現は，

　It snows［rains］ much around here.
（このあたりではたくさんの雪［雨］が降ります）
と表せるが，**We have ～.** の文がよく使われる。

　We have much snow ［rain］ around here.
（このあたりでは雪［雨］が多いです）

:arrow_down: **もっとくわしく**

代名詞はほかにも次のようなものがある。
指示代名詞＝ this（これ），these（これら），that（あれ），those（あれら）など。
不定代名詞＝ some（いくらか），
└─肯定文のときに使う
any（いくらか），one
└─疑問文・否定文のときに使う
（〔同種の〕それ）など。

基礎問題

解答 ▶ 別冊 p.9

❶ 次の文の下線部を代名詞になおしなさい。

(1) My father knows <u>that boy</u>. _____

(2) Makoto knows <u>Jack and Lucy</u>. _____

(3) <u>You and I</u> are good friends. _____

(4) I know Lucy. <u>Lucy</u> knows me. _____

(5) I like <u>my father's</u> car. _____

(6) She will sing for <u>you and me</u>. _____

(7) This is <u>my uncle's</u> camera. _____

(8) <u>My mother's</u> dress is beautiful. _____

(9) Where is <u>your sister</u>? _____

❷ 次の文を日本語になおしなさい。

(1) It's cool today.
(   )

(2) Those computers are old. Yours is new.
(   )

(3) It's twelve o'clock.
(   )

(4) She can't carry it herself.
(   )

❸ 日本文の意味を表すように，( )内から正しいものを選び，○で囲みなさい。

(1) (We, Our, Us) English teacher is Mr. Kato.
私たちの英語の先生は加藤先生です。

(2) (They, Their, Them) are kind to (we, our, us).
彼らは私たちに親切にしてくれます。

(3) This is my new bike. My friend has (one, it), too.
これは私の新しい自転車です。私の友人もそれを持っています。

(4) Ken is a friend of (my, me, mine).
ケンは私の友人の１人です。

(5) (We, It, Time) takes two hours to fly from Tokyo to Seoul.
飛行機で，東京からソウルまで２時間かかります。

1 日本文の意味を表すように，＿＿＿に適当な1語を入れなさい。

(1) それは彼のネコです。それの名前はタマです。

It is ＿＿＿＿＿ cat. ＿＿＿＿＿ name is Tama.

(2) 私の帽子は青いです。私は赤い帽子がほしいです。

＿＿＿＿＿ cap is blue. ＿＿＿＿＿ want a red ＿＿＿＿＿.

(3) 彼女は自分自身について話しています。

＿＿＿＿＿ is talking about ＿＿＿＿＿.

(4) ここから彼女の家までどのくらいありますか。

How far is ＿＿＿＿＿ from here to ＿＿＿＿＿ house?

2 次の文の＿＿＿に適当な1語を入れて，問いと答えの文を完成しなさい。

(1) Is your sister at the gym now?

Yes, ＿＿＿＿＿ ＿＿＿＿＿.

(2) Does your school have many computers?

No, ＿＿＿＿＿ ＿＿＿＿＿.

(3) ＿＿＿＿＿ the boy going to the farm?

Yes, ＿＿＿＿＿ is.

(4) Do ＿＿＿＿＿ read these newspapers?

No, I ＿＿＿＿＿ read ＿＿＿＿＿.

3 次の文を，（　）内の指示にしたがって書きかえなさい。

(1) It's his diary. （下線部を1語の代名詞に）

_____

(2) She is a good nurse. （下線部を nurses に）

_____

(3) These are new books. （下線部を book に）

_____

(4) We have a lot of rain in June. （It で始まる同じ内容の文に）

It _____.

HELP

1 (1) 動物はふつう「物」と考える。 (2)「青い帽子」と「赤い帽子」は同種類の物。

2 (1) be at ～「～にいる」，gym「体育館」 (2) your school は「単数」で「物」。 (4) 文の終わり
の語は動詞のあとにあるので，目的格にする。newspaper [n(j)úːzpèipər] ニューズペイパァ「新聞」

3 (1) diary [dáiəri] ダイアリィ「日記」 (2)(3) 主語や be動詞もかえる。nurse [nəːrs] ナース「看護師」

(4) rain は名詞(雨)としても動詞(雨が降る)としても使える。「～月に」は「in ＋月名」で表す。

1 次の文の（　）内から正しい語（句）を選び，○で囲みなさい。 〈10点＝2点×5〉

(1) The girl (is, is play, plays, plaies) the *koto* well.
(2) (Is, Am, Are, Do) your brother tall?
(3) That is (we, our, us, ours) new house.
(4) My sister (is, study, is study, is studying) Chinese now.
(5) How (many, far, old, long) does it take from here to the station?

2 次の文の誤りをなおして，全文を書きなさい。ただし，太字部分は正しいものとする。 〈12点＝3点×4〉

(1) Are you **have** a digital camera?

_____

(2) This is **my brothers**.

_____

(3) I don't want many **money**.

_____

(4) **How many** child does Mr. Smith have?

_____

3 日本文の意味を表すように，____に適当な1語を入れなさい。 〈15点＝3点×5〉

(1) だれが公園を走っているのですか。——ルーシーです。
　　_____ is _____ in the park? —— Lucy is.
(2) 彼女は何歳ですか。——彼女は17歳です。
　　_____ _____ is she? —— She is seventeen.
(3) あなたの犬は大きいですか。
　　_____ your dog _____?
(4) トムは早く起きますか。
　　_____ Tom _____ up early?
(5) 彼は私の友人の1人です。
　　He is a _____ _____ _____.

4 日本文の意味を表すように，（　　）内の語（句）を並べかえなさい。ただし，下線の語は適する形にかえること。 〈16点＝4点×4〉

(1) あなたはどんな花が好きですか。
　　(you, do, flower, what, like)?

_____

(2) 彼女はテレビでドラマを見ているところです。

(watch, a drama, is, she) on TV.

_____ on TV.

(3) 私は手紙を書いているところではありません。

(a, write, letter, not, am, I).

_____

(4) 私はウーロン茶が1杯ほしいです。

(want, glass, I, of, a, oolong tea).

_____

5 次の文を日本語になおしなさい。　　　　　　　　　　　　　〈12点＝3点×4〉

(1) Bob is practicing judo.

(　　　　　　　　　　　　　　　　　　　　　　　　　　　　　　　)

(2) What is your mother doing in the kitchen?

(　　　　　　　　　　　　　　　　　　　　　　　　　　　　　　　)

(3) It doesn't rain much in this country.

(　　　　　　　　　　　　　　　　　　　　　　　　　　　　　　　)

(4) This computer is mine. That one is his.

(　　　　　　　　　　　　　　　　　　　　　　　　　　　　　　　)

6 次の場合に適する英文を書きなさい。ただし，指示された語数にすること。　〈25点＝5点×5〉

(1) 相手に現在の時刻をたずねるとき。（5語）

_____

(2) 相手が手に何を持っているかたずねるとき。（7語）

_____

(3) 店員に「あのラケット(racket)はいくらですか」とたずねるとき。（5語）

_____

(4) 相手に「どのようにして学校へ行くのですか」とたずねるとき。（6語）

_____

(5) 相手が持っているコンピューターの台数をたずねるとき。（6語）

_____

7 〈リスニング問題〉同じ高校に通う Judy と Akio の対話を聞いて，質問に対する最も適当な答えを，ア～エの中から1つずつ選び，○で囲みなさい。　〈10点＝5点×2〉

06

(1) ア　Nothing.　　　イ　More food.

　　ウ　Coffee.　　　エ　Tea.

(2) ア　Next Sunday.　　イ　Today.

　　ウ　Next Saturday.　エ　For a month.

わかるゼミ2
過去・現在・未来

時間をとびこえる──過去・現在・未来

人間は「あすはテストだから勉強しよう」,「きのうは楽しかったね」などと「未来」や「過去」のことを考えることができる。だから言葉にも「未来」や「過去」を表すものが必要なんだ。

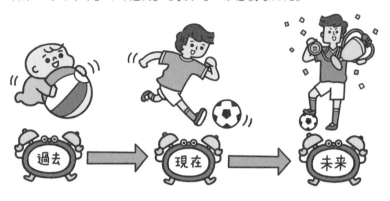

2,3年生では,教科書で読む英文の80%以上は過去の文だ。「2年生からどうも英語が苦手になった…」と思っている人はほとんど過去の文でつまずいている。過去や未来の文で使う動詞の過去形や原形を,この章できっちり身につけておこう。

原形	現在形	過去形
be	am is are	}was were
play	play plays	played

be動詞は原形と現在形と過去形がみなちがう。
一般動詞は,3単現のsのつかない現在形が,原形と同じ形だ。

動詞を見ればピタリとわかる──過去の文(〜した)

過去の文はふつう動詞の形をかえてつくる。だからたいてい動詞を見れば「これは<過去>の文だ」とわかる。動詞には be動詞(am, are, is)と一般動詞(be動詞以外の動詞)があるのは知っているね。過去の文も **be**動詞と一般動詞ではそれぞれ別のつくり方をする。

be動詞の過去の文

必修文例

〔現在形〕

I **am** a doctor. → I **was** a doctor.
(私は医者です)　　　　　(私は医者でした)

He **is** in China. → He **was** in China.
(彼は中国にいます)　　　(彼は中国にいました)

We **are** students. → We **were** students.
(私たちは学生です)　　　(私たちは学生でした)

〔過去形〕

このように is や am は **was** にかえると過去の文になる。また,are は **were** にすると過去の文になる。

am　are　is
was　were　been
be(原形)
be動詞

一般動詞の過去の文

　一般動詞の文を過去にするには，be動詞のようにかんたんにはいかない。

　一般動詞の文を過去の文にするには，動詞に **ed** をつけるのが基本である。

必修文例

〔現在形〕		〔過去形〕
I **play** tennis.	→	I **played** tennis.
（私はテニスをします）		（私はテニスをしました）
They **watch** TV.	→	They **watched** TV.
（彼らはテレビを見ます）		（彼らはテレビを見ました）

　ふつうは上のように，**ed** をつけると過去の文ができる。しかし，この基本法則には例外があるのだ。

　それが**不規則動詞**だ。

　たとえば，go の過去形は went，make の過去形は made だ。このように，規則性のない変化をする動詞を不規則動詞と言う。不規則動詞の過去形の語尾は ed にならない。

必修文例

〔現在形〕	〔過去形〕
I **go** to school.	→ I **went** to school.
（私は学校へ行きます）	（私は学校へ行きました）
We **make** a cake.	→ We **made** a cake.
（私たちはケーキをつくります）	（私たちはケーキをつくりました）

　不規則とは言っても，変化にはいくつかのパターンがあるので，要領よく覚えるとよい（⇨ p.31）。

未来の文は will または be going to

　未来の文をつくるには，動詞の前に **will** をつける。このとき，動詞は**必ず原形**にする。

必修文例

〔現在形〕		〔未来〕
He **reads** a book.	→	He **will read** a book.
（彼は本を読みます）		（彼は本を読むでしょう）

　will の代わりに be going to を使っても，ほぼ同じ意味になる。

　He **is going to** read a book.（≒ He **will** read a book.）
　　　　　　└─原形

　未来の文では，will や be going to といっしょに動詞の原形が使われることに注意しておこう。

？ Q&A

Q 不規則動詞の過去形は，何を見て覚えたらいいのですか。

A この本の p.31 に，まず覚えてほしい25の不規則動詞の過去形を，現在形とのちがいに注意して示しました。また，2年と3年の教科書の後ろのページには，不規則動詞の一覧表（Irregular Verb List）が出ていますし，英語の辞書にも必ず出ています。これらの一覧表では，原形（現在形）・過去形のほかに過去分詞が示してありますが，過去分詞も過去形のあとすぐ学ぶので，過去形を覚えるとき，

　go － went － gone

などと，過去分詞もいっしょに覚えるのが上手な勉強法です。

6 過去の文

解答文一覧 ▶ 別冊 p.2

─ 問題にチャレンジ ─

▶1 **Did** you **studied** English yesterday?
あなたはきのう英語を勉強しましたか。

問 まちがいをなおせ。 → **1**

▶2 Mary **is** busy <u>now</u>.
メアリーは今，忙しいです。

問 下線部を **yesterday** になおせ。 → **3**

▶3 They **run** in the park.
彼らは公園で走ります。

問 過去進行形の文にせよ。 → **4**

1 一般動詞の過去形 ── 規則動詞

　動詞の過去形をつくるときの原則は，動詞の原形に **ed** をつけることだ。

必修文例

〔現在〕 She looks at the picture. （彼女はその絵を見ます）
　　　　　↓原形 + ed
〔過去〕 She look**ed** at the picture. （彼女はその絵を見ました）

動詞に **ed** をつけるとき，次の法則に気をつけること。

ポイント

① **e** で終わる動詞 → **d** だけつける（**e** が重なるから）
　hope（望む）→ hope**d**　　　like（好む）→ like**d**

② 「子音字 + **y**」で終わる動詞 → **y** を **i** にかえて **ed**
　　　　　　　　　　　　　　└ 3単現の **es** と同じ法則
　study（勉強する）→ stud**ied**　　cry（さけぶ）→ cr**ied**

③ 「1母音字 + 1子音字」で終わる動詞 → 子音字を重ねて **ed**
　　　　　　　　　　　　　　　　　└**ing** のつけ方と同じ
　stop（やめる）→ stop**ped**　　drop（落とす）→ drop**ped**

　過去の疑問文は文頭に **Did** を，否定文は動詞の前に **didn't** を使う。この場合，動詞は原形になることに注意。

必修文例

〔現在〕 **Does** he live in Tokyo? （彼は東京に住んでいますか）
　　　　　↓
〔過去〕 **Did** he live in Tokyo? （彼は東京に住んでいましたか）
　　　　　└ lived としないこと
〔現在〕 I **don't** need a bag. （私はかばんが必要ではない）
　　　　　↓
〔過去〕 I **didn't** need a bag. （私はかばんが必要ではなかった）

▶1 の答え → Did you **study** English yesterday?
　　　　　　　　　　└原形にする

得点アップの コツ

ed の発音は，そのすぐ前の発音によって決まる。
① 無声音（息だけの音）のあとでは [t]
② [t]，[d] のあとでは [id]
③ これ以外の音（有声音）のあとでは [d]

過去の疑問文（一般動詞）
→ **Did** ＋主語＋動詞の原形 ～ **?**

──────────

過去の否定文（一般動詞）
→ **did not** ＋動詞の原形 ～

ここに注意

didn't は **did not** の短縮形である。

2 不規則動詞 ── ed が使えない動詞

〔現在〕	〔過去〕	(意味)	〔現在〕	〔過去〕	(意味)	〔現在〕	〔過去〕	(意味)
〈同じ形の過去〉			〈o, oo を使う過去〉			〈そのほかの過去〉		
cut	**cut**	(切る)	get	**got**	(得る)	build	**built**	(建てる)
read	**read** [red]と読む	(読む)	speak	**spoke**	(話す)	go	**went**	(行く)
put	**put**	(置く)	tell	**told**	(話す)	buy	**bought**	(買う)
〈a を使う過去〉			write	**wrote**	(書く)	do	**did**	(する)
begin	**began**	(始める)	stand	**stood**	(立つ)	have	**had**	(持っている)
come	**came**	(来る)	take	**took**	(とる)	say	**said** [sed]と読む	(言う)
give	**gave**	(与える)	〈ew になる過去〉			eat	**ate**	(食べる)
run	**ran**	(走る)	know	**knew**	(知っている)	make	**made**	(つくる)
sit	**sat**	(すわる)	grow	**grew**	(成長する)	see	**saw**	(見る)

3 be動詞の過去形 ── was と were

be動詞（現在形は am, are, is）の過去形は **was, were** である。「〜でした」「〜があった」などと訳す。

┌ ポイント ─────────────

〔主語〕　　　　　　　　　〔be動詞〕

現在の文　過去の文

I …………… **am** …… **was**

単数（I, you 以外）…………… **is**

you と複数 …………… **are** …… **were**

was, were の疑問文・否定文は am, is, are の文と同様に考える。

必修文例

● She **was** busy.　　　　　　（彼女は忙しかったです）

〔疑問文〕 **Was** she busy?　　　（彼女は忙しかったですか）

〔否定文〕 She **wasn't** busy.　　（彼女は忙しくなかったです）

▸2 の答え➡ Mary **was** busy **yesterday**.（メアリーはきのう忙しかったです）➡ was は is の過去形。

4 過去進行形 ── was[were] ＋動詞の ing形

進行形（be動詞 ＋ 動詞の ing形）の be動詞を am, are, is にすれば現在進行形, was, were にすれば「〜していました」と過去に進行中の動作を表す過去進行形になる。

現在進行形　I **am playing** baseball.　（私は野球をしています）

過去進行形　I **was playing** baseball.　（私は野球をしていました）

▸3 の答え➡ They **were running** in the park.（彼らは公園で走っていました）
└主語は複数　　└ing のつけ方は p.11

得点アップの コツ

was や were のある疑問文に答えるときは, was, were を使えばよい。

Were they happy?

Yes, they **were**.

No, they **weren't**.

❗ ここに注意

wasn't は was not, **weren't** は were not の短縮形である。

〔過去を表す語句〕

yesterday ＝「きのう」

then[ðen] ＝「そのとき」

＝ **at that time**

last 〜＝「この前の〜」

〜 **ago** ＝「〜前」

❗ ここに注意

現在進行形と過去進行形を両方合わせて「進行形」と言うことも多い。

状態を表す動詞はふつう進行形にはしない。

know（知っている）

like（気に入っている）

have（持っている）

live（住んでいる）　など。

 基礎問題

❶ 次の動詞の過去形を書きなさい。

(1) help（手伝う）　　→ _____

(2) live（住んでいる）　→ _____

(3) cry（泣く）　　　　→ _____

(4) go（行く）　　　　→ _____

(5) make（つくる）　　→ _____

(6) write（書く）　　　→ _____

(7) have（持っている）→ _____

(8) know（知っている）→ _____

(9) speak（話す）　　　→ _____

❷ 次の文の（　）内から正しいものを選び，○で囲みなさい。

(1) My parents (am, is, are, was, were) busy yesterday.

(2) They (watch, watches, watched) TV last night.

(3) Mike (am, is, are, were) in Kyoto today.

(4) The boy (was played, was play, was playing) the drums.

(5) Did you (study, studies, studied) math?

(6) (Is, Was, Did) your sister sleeping now?

(7) Kathy didn't (see, saw, seeing) Tom.

(8) Mother (isn't, doesn't, didn't) using the computer.

(9) I (am, were, wasn't) a good tennis player then.

❸ 次の文を，それぞれ疑問文と否定文に書きかえなさい。

(1) Jiro studies English every day.

〔疑問文〕 _____

〔否定文〕 _____

(2) Jiro studied English yesterday.

〔疑問文〕 _____

〔否定文〕 _____

(3) Jiro was studying English at that time.

〔疑問文〕 _____

〔否定文〕 _____

✋ **HELP**

❶ (1)〜(3)は **ed** を使って過去形をつくる。ただし，(2) 語尾に e がある，(3) **y** を **i** にかえることに注意。(4)〜(9)は不規則動詞。

❷ **yesterday** や **last** 〜 があれば過去の文。**now** があれば現在の文である。

単語

parent [pé(ə)rənt ペ(ア)レント]
（parents で）両親

busy [bízi ビズィ]
忙しい

play the drums
[drʌmz ドゥラムズ]
ドラムを演奏する

math [mæθ マス]
数学

❸ 3単現も過去形も，疑問文・否定文になると動詞は原形になる。

実力問題

1 次の文の下線部と同じ発音を持つ語を下から1つずつ選び，記号で答えなさい。

(1)　My brother look<u>ed</u> at the table.　　　　[　　　]
(2)　We listen<u>ed</u> to the radio.　　　　　　[　　　]
(3)　They need<u>ed</u> a lot of computers.　　　[　　　]
(4)　Judy <u>read</u> English books.　　　　　　[　　　]

> ア　want<u>ed</u>　　イ　lik<u>ed</u>　　ウ　play<u>ed</u>　　エ　<u>red</u>　　オ　m<u>ee</u>t

2 次の文を，（　）内の指示にしたがって書きかえなさい。

(1)　Bob waits for his friends.　（過去の文に）

_____

(2)　We were in Seoul last week.　（否定文に）

_____

(3)　They built that big house.　（疑問文に）

_____

(4)　Ken was studying <u>English</u> then.　（下線部をたずねる疑問文に）

_____

3 左の表は，ある男子中学生(Takeshi)のきのうの行動です。この表に合うように，次の質問に（　）内の語数の英語で答えなさい。ただし，数字も英語で書くこと。

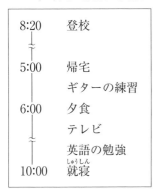

8:20	登校
↓	
5:00	帰宅
	ギターの練習
6:00	夕食
	テレビ
	英語の勉強
10:00	就寝

(1)　Was Takeshi absent from school yesterday?　（3語）

_____

(2)　What was Takeshi doing from 5 to 6 yesterday?　（5語）

_____

(3)　Did Takeshi study English yesterday?　（3語）

_____

(4)　What time did Takeshi go to bed yesterday?　（6語）

_____

HELP

1 (1)～(3) ed の前の音で区別する。　(3) a lot of ～「たくさんの～」　(4) read は主語が **Judy** なのに 3 単現の **s** がついていない。だから，過去形。

2 (1) wait for ～「～を待つ」　(3) built は build の過去形。　(4) English を what にかえる。

3 (1) absent [ǽbs(ə)nt]（アブセント）「欠席している」　(2)「～を練習する」は practice ～。　(4) What time ～？は時刻をたずねる疑問文。「～時に」は「**at** ＋時刻」で表す。

7 未来の文

解答文一覧 ▶ 別冊 p.2

問題にチャレンジ

▸1 Yuki **studies** English tomorrow.
ユキはあす英語を勉強するでしょう。

問 下線部を正しい形にせよ。 → **1**

▸2 **Does** Makoto **come** home at six?
マコトは6時に帰宅しますか。

問 未来の文にせよ。 → **2**

▸3 He'll be busy **tomorrow**.
彼はあす忙(いそが)しいでしょう。

問 下線部をたずねる疑問文にせよ。 → **2**

▸4 (a) The boy **is going to go** to school.
(b) The boy **is going** to school now.

問 日本語になおせ。 → **3**

1 未来の助動詞 will

「あすは雨でしょう」,「次の日曜日は英語を勉強する**つもりです**」など,まだ起こっていない**未来のこと**を述べる文には,**助動詞 will** を使う。**will は動詞の前**につける。また,will を使った文では動詞は常に原形にする。つまり,3単現の s などをつけず,be動詞なら原形の be を使う。

必修文例

〔現在〕She **reads** the book.　（彼女はその本を読みます）
└ will ＋動詞の原形（3単現の s をとる）
〔未来〕She **will read** the book.　（彼女はその本を読むでしょう）
〔現在〕She **is** ten years old.　（彼女は10歳(さい)です）
└ will ＋動詞の原形（原形の be にする）
〔未来〕She **will be** ten years old.　（彼女は10歳になるでしょう）

ポイント

未来の文は **will ＋動詞の原形** ｛ ①〜するでしょう ②〜するつもりです

▸1の答え→ Yuki **will study** English tomorrow. → studies を原形 **study** にして,will study にする。

2 未来の疑問文・否定文

will は can と同じ助動詞だから,**疑問文・否定文も can の場合**と同じようにすればよい。
└ p.7, 38

得点アップの コツ

未来には,①単なる未来を表す「単純未来」（〜するでしょう）と,②主語の意志を表す「意志未来」（〜するつもりです）とがある。

? Q&A

Q will を訳すとき「〜するでしょう」と「〜するつもりです」のどちらの訳がいいのでしょうか。
A 天気や年齢(ねんれい)などは,人の意志とは関係ないので,単純未来として訳します。これ以外は,不自然でなければ,単純未来,意志未来のどちらで訳してもよいのです。

●He **will** play tennis.　　（彼はテニスをするでしょう）

疑問文 **Will** he play tennis?　（彼はテニスをするでしょうか）

この疑問文に対して答えるときは，will を使って

　　Yes, he **will**.　　　（はい，するでしょう）
　　No, he **will not**.　（いいえ，しないでしょう）
　　（または No, he **won't**.）

とする。

否定文は will に not をつけて，

否定文 He **will not** play tennis.　（彼はテニスをしないでしょう）
　　　　（または He **won't** play tennis.）

とする。

▸2の答え➡ **Will** Makoto **come** home at six?（マコトは6時に帰宅するでしょうか）→ Does を Will にかえる。

▸3の答え➡ **When will** he **be** busy?（彼はいつ忙しいでしょうか）
→ tomorrow を when にかえる。He'll は He will の短縮形。

3 be going to で表す未来の文

　未来を表す文では，will の代わりに **be going to** を使うことができる。

必修文例

> She 　　**will**　　 go to Kyoto next Sunday.
> 　　　　↓be going to
> She **is going to** go to Kyoto next Sunday.
> （彼女は次の日曜日に京都へ行くでしょう）

be going to のあとには，**will** と同じように動詞の原形を使う。

―ポイント――――――――――――――――――――
will ＋動詞の原形＝ be going to ＋動詞の原形
――――――――――――――――――――――――

　be going to の疑問文・否定文は，be動詞の文と同じように考えればよい。

●He **is going to** wash the car.　（彼は車を洗うでしょう）

疑問文 **Is** he **going to** wash the car?　（彼は車を洗うでしょうか）
　　　　→ Yes, he is.　　/　No, he isn't.
　　　　　（はい，洗うでしょう）（いいえ，洗わないでしょう）

否定文 He **isn't going to** wash the car.
　　　　（彼は車を洗わないでしょう）

▸4の答え➡ (a)「その男の子は学校へ行くでしょう」 (b)「その男の子は今学校へ行くところです」→(a)は is going to のあとに動詞の原形があるから未来の文，(b)は school（名詞）が来ていて now があるから現在進行形。

ここに注意

will not の短縮形は
won't[wount] だ。発音にも
気をつけよう。

●

be going to の be は，
「be動詞 am, are, is のどれか」という意味。

? Q&A

Q will と be going to のちがいはありますか？

A will は，
人の意志とは関係のない単純未来（～するでしょう），その場で思いついた「意志」を表す。

　be going to は，
前兆や気配があり，起こりそうな「近い未来」や，前から思っていた「予定・計画」（～するつもりです，～しようとしています）を表す。

✏ 基礎問題

解答 ▶ 別冊 p.11

❶ 次の文に（　）内の語（句）を加えて，(a)では **will** を，(b)では **be going to** を使った文に書きかえなさい。

(1) I get up at seven. (tomorrow morning)

    (a) _____

    (b) _____

(2) Mike meets his aunt. (next Monday)

    (a) _____

    (b) _____

(3) It is fine. (tomorrow)

    (a) _____

    (b) _____

❷ 日本文の意味を表すように，_____ に適当な1語を入れなさい。

(1) 私はあなたを手伝うつもりです。

    I _____ _____ you.

(2) 父はまもなく帰宅する予定です。

    My father _____ _____ home soon.

(3) 母は次の土曜日に車を洗うでしょう。

    My mother is _____ to wash her car _____ Saturday.

(4) ビルはあす京都を訪れるでしょう。

    Bill _____ visit Kyoto _____.

(5) 私たちは放課後泳ぐつもりです。

    We _____ going to swim _____ school.

❸ 日本文の意味を表すように，（　）内の語（句）を並べかえなさい。

(1) 私は1人で家に帰るつもりです。

    (to, home, going, go, myself, I'm, by).

    _____

(2) 私たちはブラウン先生に会うつもりはありません。

    (are, Mr. Brown, not, going, we, to, see).

    _____

(3) ボブは日本語を一生けんめい勉強するでしょうか。

    (hard, Bob, study, will, Japanese)?

    _____

🖐 **HELP**

❶ (1) tomorrow morning「あすの朝」
(2) next Monday「次の月曜日」
(3) **is** の原形は **be** である。

> **単語**
> **fine** [fain ファイン]
> 晴れた

❷ いずれも **will** か **be going to** を使う。
(2)「帰宅する」come home

> **単語**
> **soon** [su:n スーン]
> まもなく

❸ (1)「1人で」by *oneself*
(3) 疑問文なので，**will** が文のはじめにくる。
「一生けんめい」(hard) は，文の終わりに置く。

実力問題

解答 ▶ 別冊 p.12

2

❶ 次の文を(a)疑問文，(b)否定文にそれぞれ書きかえなさい。

(1) Ms. Yoshida will be busy tomorrow.

(a) _____

(b) _____

(2) My father is going to exchange e-mail with my uncle.

(a) _____

(b) _____

❷ 正しい英文になるように，（　）内の語(句)を並べかえなさい。ただし，各組とも不要な語句が1つずつあります。

(1) Yumi (here, in, come, comes, ten minutes, will).

Yumi _____.

(2) Jun (for, going, New York, be, to, is, leave) tomorrow.

Jun _____ tomorrow.

(3) My (math, brother, after, will, going, not, study) dinner.

My _____ dinner.

(4) (baseball, friends, playing, school, will, after, your, play)?

_____

(5) (to, to, going, sisters, your, is, sister, write, a letter) Tom?

_____ Tom?

❸ （　）内の語を使って，次の文を英語になおしなさい。

(1) 弟は来年13歳になります。（will）

_____

(2) 私はあす彼女に会うつもりです。（to, see）

_____

(3) あなたは次の土曜日テニスをするつもりですか。（to）

_____

HELP

❶ (1)は will に，(2)は be動詞に着目して書きかえる。exchange[ikstʃéindʒ] e-mail 「E メールを交換する」

❷ (2) leave for 〜 「〜へ出発する」

❸ (2) 「会う」 see　(3) 「次の〜」 next 〜

8 助動詞

解答文一覧 ▶ 別冊 p.3

― 問題にチャレンジ ―

‣ 1 I **can't speak** French.　　私はフランス語が話せません。　　問 過去の文にせよ。　　→ **1**

‣ 2 You **must get up** at six.　　問 過去の文にせよ。　　→ **2**
　　あなたは6時に起きなければなりません。

‣ 3 (a) You **must not** <u>go to the park</u>.　　問 下線部に注意して日本語になおせ。　　→ **2**
　　(b) You **don't have to** <u>go to the park</u>.

‣ 4 You _____ _____ the box.　　問 ____ に適当な1語を入れよ。　　→ **3**
　　その箱を開けてもいいですよ。

---

1 助動詞 can ―― 能力，許可，依頼，推量

can（過去形は could）には次のような用法がある。

① 「～することができる」　　　　　　　　　　[能力]

I **can** see the top of the mountain.
（私はその山の頂上を見ることができます）
能力を表す **can** は **be able to** で置きかえられる。
= I **am able to** see the top of the mountain.
（私はその山の頂上を見ることができます）

② 「～してもよい」　　　　　　　　　　　　[許可]

You **can** go home now.　（あなたはもう家に帰ってもいいですよ）
相手に許可を求めるときは，**Can I ～?** を使う。
Can I ask you a few questions?　（2，3質問をしてもいいですか）

③ 「～してくれませんか」　　　　　　　　　　[依頼]

Can you open the door for me?
（私のためにドアを開けてくれませんか）

④ **can't** 「～のはずがない」　　　　　　　[否定の推量]

He **can't** be a teacher.　（彼は教師であるはずがありません）

‣ 1の答え→ I **could not[couldn't]** **speak** French.（私はフランス語が話せませんでした）

2 助動詞 must ―― 義務，強い禁止，推定

must には次のような用法がある。

① 「～しなければならない」　　　　　　　　[義務]

I **must** help my mother.　（私は母を手伝わなければなりません）

▼ もっとくわしく

助動詞には will, can のほかに must, may, shall などがある。助動詞がふくまれている文の疑問文，否定文のつくり方は can, will の場合とまったく同じである。
〔ふつうの文〕
主語＋助動詞＋動詞の原形 ～.
〔否定文〕
主語＋助動詞＋not＋動詞の原形 ～.
〔疑問文〕
助動詞＋主語＋動詞の原形 ～?

だんだんむずかしくなってきたね。でも，You must not give up!

義務を表す **must** は **have to** で置きかえられる。
また，**must** には過去形がないので **had to** で代用する。

He **had to** carry the box yesterday.
（彼はきのう，その箱を運ばなければなりませんでした）

② **must not**「〜してはいけない」　　　　　　　　　[強い禁止]

You **mustn't** swim in the lake.　（その湖で泳いではいけません）

have to の否定 **don't have to** は「〜する必要はない」という意味で，must not のような[強い禁止]の意味はない。

You **don't have to** go.　　（あなたは行く必要がありません）

must　= have[has] to　（〜しなければならない）
mustn't ≠ don't[doesn't] have to

（〜してはいけない）　（〜する必要はない）

③「〜にちがいない」　　　　　　　　　　　　　　　[推定]

He **must** be a doctor.　（彼は医者にちがいありません）

▸2の答え➡ You **had to** get up at six.（あなたは6時に起きなければなりませんでした）
▸3の答え➡ (a)「あなたは公園へ行ってはいけません」
　　　　　　 (b)「あなたは公園へ行く必要はありません」

3 助動詞 may ── 許可，推量

may には次のような用法がある。

①「〜してもよい」　　　　　　　　　　　　　　　[許可]

You **may** swim from now.　（君たちは今から泳いでもいいです）

②「〜かもしれない」　　　　　　　　　　　　　　[推量]

It **may** snow.　（雪が降るかもしれません）

▸4の答え➡ may[または **can**]，**open**

4 助動詞に関連する重要表現

重要表現	訳	ポイント
Will you 〜?	①〜してくれませんか ②〜しませんか	①は相手（= you）に頼む ②は相手をさそう
Shall I 〜?	（私が） 〜しましょうか	Shall I open the door? なら，開けるのは I
Shall we 〜?	（私たちが）〜しましょ うか[= Let's]	答え方は Yes, let's. / No, let's not.
should	〜すべきである	shall の過去形だが， 現在の意味を表す
had better	〜するほうがよい	現在の意味を表す 目上の人には使わない

shall は will と同じ未来を表す助動詞だが，使われるのは Shall I 〜? と Shall we 〜? だけだ（これ以外の shall は高校で学ぶ）。

得点アップの コツ

助動詞を書きかえる問題で重要なのは次の3つである。

will = be going to
can = be able to
must = have to

●

must の疑問文
　Must I 〜?
に答える文は
肯定のときには
　Yes, you must.
否定のときには
　No, **you don't have to.** となる。
No, **you must not.** としないように注意する。

▼ もっとくわしく

助動詞は，1つの動詞につき1つまでしか使えない。だから，I ~~will can~~ go. などとしてはいけない。
can の未来形は
→ will **be able to**
must の未来形は
→ will **have to**

❗ ここに注意

Will you 〜? は34ページで扱った単純未来や意志未来で使われるよりも，相手に頼んだり，相手をさそったりするときに使われることが多い。

Will you wash the car?
（車を洗ってくれませんか）

 基礎問題

解答 ▶ 別冊 p.12

❶ 日本文の意味を表すように，下から適当な語(句)を選んで____ に書きなさい。

(1) 私たちはアジアについて多くを学ぶべきです。

We _____ learn a lot about Asia.

(2) 山田さんは家族のために熱心に働かなければなりません。

Mr. Yamada _____ work hard for his family.

(3) あなたはすぐにそこへ行くほうがよいです。

You _____ go there at once.

(4) 今テレビを見てもいいですか。

_____ I watch TV now?

| should　　may　　must　　had better |

❷ 次の疑問文に，（　）内の語を使って答えなさい。

(1) Can she play the piano well? (Yes)

_____

(2) May I use this computer? (No)

_____

(3) Must I read this book? (Yes)

_____

❸ 次の文を下線部に注意して日本語になおしなさい。

(1) <u>Will you</u> open the window?

（　　　　　　　　　　　　　　　　　）

(2) <u>Shall I</u> open the window?

（　　　　　　　　　　　　　　　　　）

(3) <u>Shall we</u> play tennis? ── Yes, let's.

（　　　　　　　　　　　　　　　　　）

(4) You <u>must not</u> swim in the river.

（　　　　　　　　　　　　　　　　　）

(5) You <u>don't have to</u> run today.

（　　　　　　　　　　　　　　　　　）

HELP

❶ **had better** は，この2語で1つの助動詞と考える。助動詞のあとの動詞は原形。

| 単語 |

a lot
　多く（のこと）
Asia[éiʒə エイジァ]
　アジア
hard[hɑːrd ハード]
　熱心に
at once
　すぐに

❷ 助動詞を使った問いには，ふつう助動詞を使って答える。

| 単語 |

well[wel ウェル]
　上手に
use[juːz ユーズ]
　使う

❸(1) Will you ～ ? は相手（＝ you）に頼む表現である。
(2) open するのは I（私）である。

40

実力問題

解答 ▶ 別冊 p.12

❶ 次の文を,（　）内の指示にしたがって書きかえなさい。

(1) Emi can ride a bike.（同じ内容の文に）
Emi ＿＿＿＿＿ ＿＿＿＿＿ ＿＿＿＿＿ ride a bike.

(2) We must answer the question.（過去の文に）
We ＿＿＿＿＿ ＿＿＿＿＿ answer the question.

(3) Ms. Smith can drive a car very well.（過去の文に）
Ms. Smith ＿＿＿＿＿ ＿＿＿＿＿ a car very well.

(4) Must I stay at home?（答えの文を書け）
Yes, you ＿＿＿＿＿. / No, you ＿＿＿＿＿ ＿＿＿＿＿ ＿＿＿＿＿.

❷ 次の文の＿＿に, **Shall** または **Will** を入れなさい。また, 答えの文を下から選んで書きなさい。

(1) ＿＿＿＿＿ you wash the glasses?　［答えの文］＿＿＿＿＿＿＿＿＿＿＿

(2) ＿＿＿＿＿ I help you with your homework?
［答えの文］＿＿＿＿＿＿＿＿＿＿＿

(3) ＿＿＿＿＿ we go to the zoo?　［答えの文］＿＿＿＿＿＿＿＿＿＿＿

(4) ＿＿＿＿＿ you be free tomorrow?　［答えの文］＿＿＿＿＿＿＿＿＿＿＿

> Yes, let's.　No, I won't.　Yes, please.　All right.

❸ 日本文の意味を表すように,（　）内の語を並べかえなさい。ただし, 各組とも不要な語が１つずつあります。

(1) 手伝ってくれませんか。
(me, may, you, will, help)?

＿＿＿＿＿＿＿＿＿＿＿＿＿＿＿＿＿＿＿＿＿＿＿＿＿

(2) 兄はウクレレを弾くことができます。
(the, is, play, my, to, able, brother, can, ukulele).

＿＿＿＿＿＿＿＿＿＿＿＿＿＿＿＿＿＿＿＿＿＿＿＿＿

(3) 電車の中では静かにしなければなりません。
(must, could, you, be, in, quiet, trains).

＿＿＿＿＿＿＿＿＿＿＿＿＿＿＿＿＿＿＿＿＿＿＿＿＿

(4) 彼は40歳をこえているはずがありません。
(be, he, old, over, cannot, years, must, forty).

＿＿＿＿＿＿＿＿＿＿＿＿＿＿＿＿＿＿＿＿＿＿＿＿＿

HELP
❶ (1) can を３語にする。　(2) **must** は **have to** と同じ意味。　(4) No のほうの答え方に注意。
❷ Yes, please.「はい, お願いします」／ All right.「わかりました」
❸ (1)「手伝う」help　(2) the は「楽器」の前につける。　(3)「静かにする」be quiet

✏️ チェックテスト2

時間 **20**分
解答 ▶ 別冊 p.13

得点

／100

1 （　）内の語(句)を加えて，次の文を書きかえなさい。 〈16点＝4点×4〉

(1) You are not in the classroom. (yesterday)

_____

(2) My brother goes to a museum. (tomorrow)

_____

(3) Yuri and Keiko study Chinese. (last Monday)

_____

(4) Did Tom wait for his friends here? (every day)

_____

2 次の文の（　）内から正しい語を選び，〇で囲みなさい。 〈15点＝3点×5〉

(1) Did they (go, goes, went) to the station yesterday?
(2) You (are, were, have) writing a letter at that time.
(3) Hiroki (must, have, has) to get up at six.
(4) Judy (isn't, doesn't, didn't) study Japanese last night.
(5) It may (is, be, have) rainy tomorrow.

3 日本文の意味を表すように，＿＿に適当な1語を入れなさい。 〈16点＝4点×4〉

(1) 私は来週大阪を訪れるつもりです。
I _____ visit Osaka _____ week.
(2) クミはそのとき何をしていましたか。
_____ _____ Kumi doing _____?
(3) 私を劇場へ連れて行ってくれませんか。
_____ _____ take me to the theater?
(4) すわってもよいです。しかし，騒いではいけません。
You _____ sit down, but you _____ _____ make a noise.

4 各組の文がほぼ同じ意味を表すように，＿＿に適当な1語を入れなさい。 〈15点＝5点×3〉

(1) {Will they study English in Australia?
_____ they _____ to _____ English in Australia?
(2) {Sachiko can ski very well.
Sachiko _____ _____ _____ ski very well.
(3) {Shall we go to the concert?
_____ _____ to the concert.

5 日本文の意味を表すように，（　）内の語(句)を並べかえなさい。ただし，各組とも不要な語(句)が1つずつあります。 〈8点＝4点×2〉

(1) ミホは多くの本を読むでしょう。

　(read, reading, is, to, a, books, Miho, going, of, lot).

_____

(2) あなたはタクシー(taxi)で駅へ行くほうがよいです。

　(have, had, go, better, taxi, you, the station, by, to).

_____

6 次の文の（　）内に入れるのに最も適する文を，ア～エの中から1つ選び○で囲みなさい。 〈5点〉

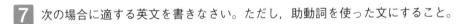

　A woman is carrying too many boxes and bags.　She can't open the door.　You are very near the door.　So, you say to her, "(　　)"

　ア　Can she help you?

　イ　Shall I help you?

　ウ　Will you help me?

　エ　Don't you help me?

7 次の場合に適する英文を書きなさい。ただし，助動詞を使った文にすること。 〈10点＝5点×2〉

(1) 相手の家族について質問してよいかをたずねる場合。

_____

(2) 友だちに鉛筆(えんぴつ)を借りたい場合。

_____

8 〈リスニング問題〉(1)～(3)の英文はそれぞれ2人の対話です。対話の最後に入る表現として最も適当な文を，ア～エの中から1つずつ選び，○で囲みなさい。 〈15点＝5点×3〉

(1) ア　I will go there soon.

　　イ　I will be back before dinner.

　　ウ　We will study English together.

　　エ　I came back in the afternoon.

(2) ア　That's too bad.　　イ　Here you are.

　　ウ　You're welcome.　　エ　I hope so.

(3) ア　Because it is the first month of the year.

　　イ　Because we can enjoy playing in the snow.

　　ウ　Because the summer vacation starts in that month.

　　エ　Because spring is my favorite season.

わかるゼミ3
形容詞・副詞の働き

名詞を修飾するのが「形容詞」

「本」は名詞だ。でも，ただ「本」と言われただけでは，一体どんな本だかよくわからない。英語の本なのか，大きい本なのか，古い本なのかさっぱりわからない。

つまり，「本」という名詞だけではうまく表現できないことが多い。そこで，名詞を説明する言葉が必要になってくるんだ。

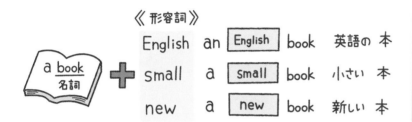

このように，名詞（または代名詞）を修飾する言葉が形容詞だ。形容詞には，次の種類がある。

① 性質や状態を表すもの	**beautiful**(美しい)，**kind**(親切な)，**large**(大きい)，**strong**(強い)，**good**(よい)，**blue**(青い)，**old**(古い) など
② 数量を表すもの	**many**(多数の)，**much**(多量の)，**some**(いくつかの)，**few**(少数の，少ししかない)，**little**(少量の，少ししかない) など
③ 代名詞を形容詞に使ったもの	**this**(この)，**that**(あの)，**all**(すべての)，**what**(何の) など

名詞以外のものを修飾するのが「副詞」

形容詞が名詞を修飾，説明するのに対し，名詞以外の動詞・形容詞やほかの副詞を修飾，説明する言葉が副詞だ。

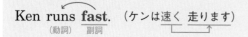

Ken runs fast. （ケンは速く走ります）
（動詞） 副詞

得点アップのコツ
〔形容詞の位置〕

形容詞は直接，名詞（または代名詞）の前につけて，名詞（代名詞）を修飾するのに使われる。

ただし，**something** のように，**-thing** で終わる語を修飾するときはそのあとに置かれる。

something hot
（何か熱いもの）

▼ もっとくわしく

日本語の形容詞は言い切る形が「い」で終わる。だから，英語を訳してみて，美しい，小さいなど「い」で終われば形容詞と考えてよい。ただし，

英語の(English)本
小さな(small)ラジオ

など，日本語になおすと「の」や「な」などで終わる語も，英語では形容詞なので，注意が必要だ。

44

前ページの文では，fast（速く）が動詞 run（走る）を修飾している。だから fast は副詞なんだ。

That is a **very** long bridge.　（あれはとても 長い橋です）
副詞　（形容詞）　（名詞）

上の文では very が形容詞 long を修飾しており，very は副詞だ。
また，形容詞にも副詞にも使える言葉もある。たとえば，前に出た He runs fast. の fast は副詞だが，次の文の

This is a **fast** car.　（これは速い 車です）
（形容詞）（名詞）

fast は名詞 car を修飾しており，形容詞である。
副詞には次のような種類がある。

① 時・頻度を表すもの	**before**（以前に），**ago**（〜前に），**now**（今），**then**（そのとき），**often**（たびたび），**sometimes**（時々），**always**（いつも），**usually**（たいてい）
② 場所を表すもの	**here**（ここに），**there**（そこに），**away**（離れて）
③ 程度・状態を表すもの	**very**（とても），**much**（たいへん），**fast**（速く），**almost**（ほとんど），**enough**（十分に），**well**（よく）

得点アップの **コツ**

〔副詞の位置〕
形容詞を修飾する副詞は形容詞の前に，動詞を修飾する副詞は動詞のあとにくる。だが，頻度を表す副詞 always, usually, often, sometimes, never は，一般動詞の前，be動詞のあとにつける。
副詞を修飾するのも副詞。

He studied really hard.
　　　　　　副詞　（副詞）
（彼は本当に一生けんめい勉強した）

❗ ここに注意

英語は語順がとても重要だ。
└ 単語を並べる順序
日本語では「ハナは犬を飼っている」の語順を入れかえて，「犬をハナは飼っている」としても意味はほぼ同じである。ところが，英語では語順によって主語や目的語が決まるので，たとえば
　Hanako has a dog. を A dog has Hanako. とすると，「犬はハナを飼っている」という変な意味になってしまう。

3

形容詞・副詞の語形は変化する

「この車はあの車より速い」と言うときは，fast に **er** をつけて fast**er** にする。このように，形容詞や副詞に er をつけた形は，2つのものを比較するのに使うから比較級と言う。

また，3つ以上のものの中から「最も〜」の意味を表すには **est** をつける。たとえば，10台の車の中で「この車が最も速い」なら「最も速い」は the fast**est** とするんだ。この est のついた形を最上級と言う。

最上級や比較級に対して，er，est のついていないもとの形を原級と言う。

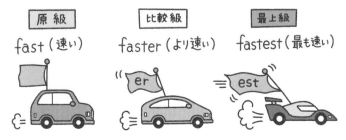

| 原 級 | 比 較 級 | 最 上 級 |
| fast（速い） | faster（より速い） | fastest（最も速い） |

形容詞や副詞は er，est をつけるとパワーアップするんだ。

9 形容詞・副詞

解答文一覧 ▶ 別冊 p.3

─ 問題にチャレンジ ─

▸1 He had (**a few, few, a little, little**) money.　囲 ( )内から適当なものを選べ。
　彼はお金を少ししか持っていませんでした。　→ **1**

▸2 We took a (**many, much, lot of**) pictures.　囲 ( )内から適当なものを選べ。
　私たちは多くの写真をとりました。　→ **2**

▸3 There are **some apples** on the table.　囲 下線部を **apple** にかえよ。
　テーブルの上にいくつかのりんごがあります。　→ **3**

1 「少ししかない」と「少しある」

　数が少ないことを表すときは **a few**, **few** を複数形の数えられる名詞の前に，また，量が少ないことを表すときは **a little**, **little** を数えられない名詞(物質名詞)の前につける。few も little も冠詞の **a** のないときは「ほとんどない」(否定)の意味を表すが，**a** のあるときは「少しある」(肯定)の意味を表す。

必修文例

I have **a few** books.	(私は少し本を持っています)
I have **few** books.	(私は少ししか本を持っていません)
We had **a little** water.	(〔私たちには〕水が少しありました)
We had **little** water.	(〔私たちには〕水が少ししかありませんでした)

	少しある	少ししかない[ほとんどない]
複数形の名詞	a few	few
物質名詞	a little	little

▸1 の答え→ **little** → money は物質名詞。また，「持っていなかった」と否定の意味を表している。

2 ポイントになる形容詞── many, much, some, any, no

　many と much はどちらも「たくさんの」，「多くの」という意味であるが，**数えられる名詞には many を使い，数えられない名詞には much を使う**。**a lot of** も「たくさんの」，「多くの」という意味で，こちらは数えられる名詞にも数えられない名詞にも使う。many も much も a lot of に書きかえることができる。

▼ もっとくわしく

few も **little** も，「少ししかない」と数量を表す形容詞だ(little にはもちろん「小さい」という意味もある)。形容詞だから，名詞の前に置かれる。しかし，**little** と **a little** は副詞として使われることも多い。

　She eats very **little**.
　(彼女は少ししか食べない)
　She eats **a little**.
　(彼女は少しは食べる)

❗ ここに注意

have は「～がある」と訳すと自然な日本文になることも多い。

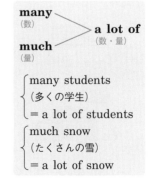

many (数)	＼	
	＞	**a lot of** (数・量)
much (量)	／	

　many students
　(多くの学生)
　= a lot of students
　much snow
　(たくさんの雪)
　= a lot of snow

また，some と any はどちらも「いくつかの」，「いくらかの」と訳す。**some** は肯定文に，**any** は疑問文・否定文に使う。any が否定文で **not ~ any** の形で使われるとき，「少しも［1つも］~ない」と強い否定を表し，**no ~**「少しも~ない」の形で書きかえられる。

必修文例

She had **some** pencils. （彼女は何本かの鉛筆を持っていました）

→ She did**n't** have **any** pencils. （彼女は鉛筆を1本も
= She had **no** pencils.　　　持っていませんでした）

数量を表す形容詞を整理しておこう。

数えられる名詞に使う	数えられない名詞に使う	意　　味
a few	**a little**	少しある
few	**little**	少ししかない
many	**much**	多くの
a lot of	**a lot of**	
some	**some**	いくつかの
any	**any**	いくらかの
no	**no**	少しもない

▶2の答え→ **lot of** → pictures は，数えられる名詞の複数形。（　）の前に a があるので a lot of で「多くの」の意味を表す。

3 There is[are] ~ . / Here is[are] ~.

there は「そこに［で］」という意味の副詞であるが，**There is [are] ~.** の形で使われるときは，「~がある［いる］」という意味になる。この場合の there は訳さない。

必修文例

There **is a desk** in the room. （部屋の中に机があります）
└単数 └主語
There **are desks** in the room. （部屋の中に机があります）
└複数 └主語

また，疑問文や答えの文では，there を主語のように使う。

Is there a knife in the kitchen? （台所にナイフがありますか）
　→ Yes, **there is**. （はい，あります）
　　 No, **there isn't**. （いいえ，ありません）

Here is[are] ~. は「ここに~がある」の意味を表す。

Here is a book. （ここに本があります）
Here are two stamps. （ここに2枚の切手があります）

▶3の答え→ **There is an apple on the table.** （テーブルの上にりんごが 1つあります）→ apple は母音で始まる名詞。**are** を **is** にかえるのも忘れないこと。

3

▼ もっとくわしく

p.19で扱った疑問詞のうち who（だれ），what（何），which（どちら）を疑問代名詞と言い，when（いつ），where（どこ），why（なぜ），how（どうやって）を疑問副詞と言う。また，名詞の前にもつく what（どんな），which（どちらの）は疑問形容詞。つまり疑問詞といっても，代名詞か副詞か形容詞なのだ。

▼ もっとくわしく

ふつう There is [are] ~. は不特定な人やものの存在を表す。
（○）There is **a pen** on the desk. →不特定なペン
　特定のもの(the, my, your, Ken's など)は主語にはしない。
（×）There is <u>my pen</u> on the desk. →特定のペンでは，「私のペンは机の上にあります」はどのように言うのか。この場合は
（○）**My pen is** on the desk.
　このように，「主語＋be動詞＋（場所）」で表す。

✏ 基礎問題

解答 ▶ 別冊 p.14

❶ 日本文の意味を表すように，（ ）内から正しいものを選び，○で囲みなさい。

(1) 昼食までに少し時間があります。

We have (a few, a little, little) time before lunch.

(2) 先月は雨が多かったです。

We had (many, a lot, a lot of) rain last month.

(3) 教室にはほとんど生徒はいませんでした。

There were (a few, few, a little, little) students in the classroom.

(4) あなたは何本かペンを持っていますか。

Do you have (some, any, many) pens?

(5) リョウコはとても上手にバイオリンを弾くことができます。

Ryoko can play the violin very (much, well, good).

❷ 次の文を，下線部に注意して日本語になおしなさい。

(1) <u>There is</u> a radio on the desk.

（　　　　　　　　　　　　　　　　　　　）

(2) <u>Here are</u> some books.

（　　　　　　　　　　　　　　　　　　　）

(3) My father <u>is</u> in Sydney.

（　　　　　　　　　　　　　　　　　　　）

(4) This computer is <u>not very</u> good.

（　　　　　　　　　　　　　　　　　　　）

(5) They <u>don't</u> have <u>any</u> children.

（　　　　　　　　　　　　　　　　　　　）

❸ 日本文の意味を表すように，（ ）内の語(句)を並べかえなさい。

(1) ミキは何か奇妙なことを言いました。

(strange, said, Miki, something).

_____

(2) トムはよく自分の部屋でテレビゲームをします。

(in, plays, video games, Tom, his, often, room).

_____

1 日本文の意味を表すように，＿＿に適当な１語を入れなさい。

(1) 箱には２，３個りんごがありました。
There ＿＿＿＿＿ a ＿＿＿＿＿ apples in the box.
(2) ケンはポケットに少ししかお金を持っていませんでした。
Ken ＿＿＿＿＿ ＿＿＿＿＿ money in his pocket.
(3) 私は日曜日にはいつも家にいるとはかぎりません。
I am ＿＿＿＿＿ ＿＿＿＿＿ at home on Sundays.
(4) 中国語を上手に使うことができる日本人はほとんどいません。
＿＿＿＿＿ ＿＿＿＿＿ can use Chinese well.

2 次の文を，（ ）内の指示にしたがって書きかえなさい。

(1) There is a book on the table. （a を two に）
＿＿＿＿＿＿＿＿＿＿＿＿＿＿＿＿＿＿＿＿＿＿＿＿＿＿＿＿
(2) Here are many tickets. （many を別の３語で言いかえて）
＿＿＿＿＿＿＿＿＿＿＿＿＿＿＿＿＿＿＿＿＿＿＿＿＿＿＿＿
(3) I have no pencils now. （any を使って同じ意味を表す文に）
＿＿＿＿＿＿＿＿＿＿＿＿＿＿＿＿＿＿＿＿＿＿＿＿＿＿＿＿
(4) There are some girls in the garden. （疑問文に）
＿＿＿＿＿＿＿＿＿＿＿＿＿＿＿＿＿＿＿＿＿＿＿＿＿＿＿＿

3 例にならって，次の文の誤りを正しなさい。ただし，太字の部分は正しいものとする。

例 There are little **oranges** in the box. 　　little → few
(1) Here is your **pens**. 　　＿＿＿＿ → ＿＿＿＿
(2) Were there some **books** on the desk? 　　＿＿＿＿ → ＿＿＿＿
(3) I saw **a lot of** bird in the park yesterday. 　　＿＿＿＿ → ＿＿＿＿
(4) There is red **something** in the sky. 　　＿＿＿＿ → ＿＿＿＿
(5) **How many books** there are in the library? 　　＿＿＿＿ → ＿＿＿＿
(6) Andy is a well soccer **player**. 　　＿＿＿＿ → ＿＿＿＿

HELP
1 (2) money は数えられない名詞。 (3) 「いつも～とはかぎらない」は not always ～で表す。
2 (2) ticket「チケット，切符」 (3) 「no ＋名詞」は「１つも～ない」の意味なので **not ～ any** に書きかえる。 (4) garden「庭」
3 (4)(5) 語順（単語の順序）をなおす。 (6) well は「よく」（副詞）である。形容詞「よい」は？

10 比較

解答文一覧 ▶ 別冊 p.3

─ 問題にチャレンジ ─

▸ **1** small, nice, happy, big, interesting
　　　小さい　　よい　　幸福な　　大きい　　おもしろい

　㊐ 各語の比較級・最上級をつくれ。 → **1**

▸ **2** This book is **as interesting as** that book.
　　この本はあの本と同じくらいおもしろいです。

　㊐ 否定文にして日本語になおせ。 → **2**

▸ **3** Tom can run **fast than** Bob.
　　トムはボブより速く走ることができます。

　㊐ 下線部を正しい形にせよ。 → **3**

▸ **4** Beth is tall.
　　ベスは背が高いです。

　㊐ **in her class** をつけて最上級の文にせよ。 → **4**

1 比較級・最上級のつくり方

形容詞・副詞に **er, est** をつけると比較級，最上級になる。

〔原級〕　　　　　〔比較級─ **er**〕　　　〔最上級─ **est**〕
long(長い) ── **longer**(より長い) ── **longest**(最も長い)

ただし，次のものは例外。
① **e** で終わる語→**r, st** だけをつける
　large(大きい)── larger ── largest
② 「子音字＋ **y**」で終わる語→**y** を **i** にかえて **er, est** をつける
　easy(やさしい)── easier ── easiest
③ 「1母音字＋1子音字」で終わる語→子音字を重ねて **er, est**
　big(大きい)── bigger ── biggest
④ 長い語(だいたい6〜7文字以上)→前に **more, most** をつける
　beautiful(美しい)── **more** beautiful ── **most** beautiful

▸**1**の答え→ small ── small**er** ── small**est**　　nice ── nicer ── nicest
happy ── happ**ier** ── happ**iest**　　big ── big**ger** ── big**gest**
interesting ── **more** interesting ── **most** interesting

2 as ＋原級＋ as 〜（〜と同じくらい…）

「**as** ＋原級＋ **as** 〜」の形で，「〜と同じくらい…」の意味になる。
否定文「**not as** ＋原級＋ **as** 〜」は「〜ほど…ない」の意味になる。

必修文例

I am **as** tall **as** John. （私はジョンと同じくらい背が高いです）
　　　as ＋原級＋ as 〜
I am not **as** tall **as** John. （私はジョンほど背が高くありません）
　　　not as ＋原級＋ as 〜

原　級＝もとの形
比較級＝「より〜」の意味で2つを比べる形
最上級＝「最も〜」の意味で3つ以上の中で，最上であることを表す形

得点アップの **コツ**
不規則に変化する例

good
よい
well
よく，上手に
〉better ─ best

many
多くの
much
多くの
〉more ─ most

bad
悪い
badly
悪く
ill
病気の，悪く
〉worse ─ worst

little ── less ── least
量が少しの，少し

▸2の答え→ This book **isn't[is not]** as interesting as that book.
（この本はあの本ほどおもしろくありません）

3 比較級＋ than ～（～より…）

比較級は **than** といっしょに使うことが多い。

Mike is **taller than** you. （マイクは君より背が高いです）
　　　　比較級＋ **than** ～

┌─ ポイント ─────────────────────────┐
A ～＋比較級＋ than B. ＝「A は B より…」
└──────────────────────────────────┘

2つの間の差を表すときは，比較級の前に差を表す表現を置く。

Ken is **three years older** than Nancy.
（ケンはナンシーより3歳年上です）

▸3の答え→ **faster** → Tom と Bob を比べる文。than の前の fast は比較級。

4 the ＋最上級＋ in[of] ～（～の中で最も…）

3つ以上のものの中で「最も」の意味を表すのが**最上級**である。**最上級**には **the** をつける。

必修文例

Mike is **the tallest in** his class.
　　　　the ＋最上級＋ in ＋単数名詞
（マイクはクラスの中で最も背が高いです）

Mike is **the tallest of** the three.
　　　　the ＋最上級＋ of ＋複数名詞
（マイクはその3人の中で最も背が高いです）

最上級を使って，「2番目」「3番目」という表現も覚えよう。これには，**second**，**third**，**fourth** …の序数を使う。

Tom is **the second tallest** boy in his class.
（トムはクラスの中で2番目に背の高い少年です）

▸4の答え→ Beth is **the tallest** in her class. （ベスは（彼女の）クラスで最も背が高いです） tall を **tallest** にして，その前に **the** をつける。

5 書きかえ公式

① **A ～ not as ＋原級＋ as B ⇔ B ～＋比較級＋ than A**
Tom can**not** run **as fast as** Bill. ⇔ Bill can run **faster than** Tom.
（トムはビルほど速く走れません）　（ビルはトムよりも速く走ることができます）

② **A ～＋比較級＋ than any other B ⇔ A ～ the ＋最上級＋ B**
Ken is **taller than any other** boy. ⇔ Ken is **the tallest** boy.
（ケンはどの少年よりも背が高いです）　　　（ケンは最も背の高い少年です）

③ 「**No（other）＋名詞の単数**」を使って表すことができる。
No other boy is **as tall as** Ken. （ケンほど背の高い少年はほかにいません）
＝ **No other boy** is **taller than** Ken. （ケンよりも背の高い少年はほかにいません）

---

as ＋原級＋ **as** ～の前に
　twice（2倍）
　three times（3倍）
　four times（4倍）
　　　⋮
をつけると，「～の○倍の…」という表現ができる。
　This is **three times as** long **as** that.
　（これはあれの3倍の長さです）
　This house is **half as big as** that one.
　（この家はあの家の半分の大きさです）

得点アップの コツ

which（どちら），比較級，or を使う次のような表現もある。
　Which is **easier**, this book **or** that book?
　（この本とあの本では，どちらがやさしいですか）

差を表す表現を **by** を使って後ろにもってくることもできる。
　Ken is older than Nancy **by** three years.
　（ケンはナンシーより3歳年上です）

～の中で
{ **in** ＋単数名詞
{ **of** ＋複数（の内容の）名詞

形容詞の最上級には必ず the をつけるが，副詞の最上級には the をつけないこともある。

基礎問題

解答 ▶ 別冊 p.14

❶ 次の語の意味を（　）内に書き，その比較級・最上級を順に＿＿＿に書きなさい。

(1) young　　（　　　　　　）＿＿＿＿＿＿＿　＿＿＿＿＿＿＿

(2) long　　　（　　　　　　）＿＿＿＿＿＿＿　＿＿＿＿＿＿＿

(3) busy　　　（　　　　　　）＿＿＿＿＿＿＿　＿＿＿＿＿＿＿

(4) early　　　（　　　　　　）＿＿＿＿＿＿＿　＿＿＿＿＿＿＿

(5) bad　　　（　　　　　　）＿＿＿＿＿＿＿　＿＿＿＿＿＿＿

(6) short　　　（　　　　　　）＿＿＿＿＿＿＿　＿＿＿＿＿＿＿

(7) pretty　　（　　　　　　）＿＿＿＿＿＿＿　＿＿＿＿＿＿＿

(8) hot　　　（　　　　　　）＿＿＿＿＿＿＿　＿＿＿＿＿＿＿

(9) good　　　（　　　　　　）＿＿＿＿＿＿＿　＿＿＿＿＿＿＿

(10) beautiful　（　　　　　　）＿＿＿＿＿＿＿　＿＿＿＿＿＿＿

(11) famous　　（　　　　　　）＿＿＿＿＿＿＿　＿＿＿＿＿＿＿

❷ 次の文が正しい英文になるように，（　）内から適当な語(句)を選び，○で囲みなさい。また，全文を日本語になおしなさい。

(1) Mike runs (fast, faster, fastest) than Tom.
（　　　　　　　　　　　　　　　　　　　　　　　　　）

(2) Taro is the (old, older, oldest) of the four.
（　　　　　　　　　　　　　　　　　　　　　　　　　）

(3) Mary is as (tall, taller, tallest) as (my sister, my).
（　　　　　　　　　　　　　　　　　　　　　　　　　）

(4) This is the (big, bigger, biggest) house (of, in) our town.
（　　　　　　　　　　　　　　　　　　　　　　　　　）

❸ 日本文の意味を表すように，（　）内の語を並べかえなさい。ただし，下線部の語はどちらか適当なほうを使いなさい。

(1) 東京と大阪では，どちらの都市が大きいですか。
(is, which, bigger, biggest), Tokyo or Osaka?
＿＿＿＿＿＿＿＿＿＿＿＿＿＿＿, Tokyo or Osaka?

(2) トムはマイクよりずっと上手に歌いました。
Tom sang (Mike, than, much, better, best).
Tom sang ＿＿＿＿＿＿＿＿＿＿＿＿＿＿＿＿.

(3) その川はあの川の3倍の長さです。
The river is (as, times, three, longer, long) as that one.
The river is ＿＿＿＿＿＿＿＿＿＿＿ as that one.

HELP

❶ 長い単語（＝だいたい6〜7文字以上）は **more**, **most** をつける。短い単語で **ful**, **ous**, **ly** で終わっているものは，more, most をつけて比較級・最上級を表すことが多い。

❷ as ... as があれば原級，than があれば比較級，the や in [of] があれば最上級の文である。
(2) of the four「その4人の中で」
(4) **of** のあとは複数形または複数の内容の名詞，**in** のあとは単数形の名詞。

❸ (1) 比較級の文である。
(2) much（ずっと〜）は比較級を強める働きをする。
(3) X times as ... as 〜.
「〜のX倍…」
that one = that river

単語
sang[sæŋ サング]
sing(歌う)の過去形

解答 ▶ 別冊 p.15

3

1 右の絵を見て身長を比べ，次の文の＿＿に適当な1語を入れなさい。

(1) Yui is ＿＿＿＿ ＿＿＿＿ ＿＿＿＿ her mother.
(2) Yui is ＿＿＿＿ ＿＿＿＿ ＿＿＿＿ as her father.
(3) Yui is ＿＿＿＿ ＿＿＿＿ her sister.
(4) Yui's sister ＿＿＿＿ ＿＿＿＿ ＿＿＿＿ as Yui.
(5) Yui's mother isn't as ＿＿＿＿ ＿＿＿＿ Yui's father.
(6) Yui's mother is ＿＿＿＿ ＿＿＿＿ Yui's sister.
(7) Yui's father is ＿＿＿＿ ＿＿＿＿ ＿＿＿＿ her family.
(8) Yui's father is much ＿＿＿＿ ＿＿＿＿ Yui's sister.

妹　ユイ　母　父

2 日本文の意味を表すように，＿＿に適当な1語を入れなさい。

(1) これはアメリカで最も有名な話の1つです。
This is one of ＿＿＿＿ ＿＿＿＿ ＿＿＿＿ stories in the USA.
(2) ビルは私の父ほど速く泳ぐことができません。
Bill ＿＿＿＿ swim ＿＿＿＿ ＿＿＿＿ as my father.
(3) 英語と数学では，あなたはどちらが好きですか。
＿＿＿＿ do you like ＿＿＿＿, English ＿＿＿＿ math?
(4) 中国は日本の25倍の広さです。
China is twenty-five ＿＿＿＿ ＿＿＿＿ large ＿＿＿＿ Japan.

3 各組の文が同じ意味を表すように，＿＿に適当な1語を入れなさい。

(1) ⎰ Kate is not as busy as Miki.
⎱ Miki is ＿＿＿＿ ＿＿＿＿ Kate.
(2) ⎰ Tom and Mike are the same age.
⎱ Tom is ＿＿＿＿ ＿＿＿＿ ＿＿＿＿ Mike.
(3) ⎰ Tom is younger than Betty.
⎱ Betty is ＿＿＿＿ than Tom.
(4) ⎰ Mt. Fuji is higher than any other mountain in Japan.
⎱ Mt. Fuji is ＿＿＿＿ ＿＿＿＿ ＿＿＿＿ in Japan.

HELP

1 身長が同じなら **as ～ as**，A ＞ B なら **A ＋比較級＋ than B**，A ＜ B なら **A not as ～ as B**
2 (1) famous [féiməs]（有名な）は more, most をつける。
(3) 「～のほうが好きだ」は **like ～ better.**。
3 (1) 「A not as ～ as B」は「B ＋比較級＋ than A」と同じ。 (3) younger の反対は？
(4) 最上級の文にする。

11 命令文，How [What] 〜！

解答文一覧 ▶ 別冊 p.3

問題にチャレンジ

▶ 1 You **look** at this picture.
あなたはこの写真を見ます。

圕 命令文になおせ。 → **1**

▶ 2 You **don't** go out.
あなたたちは外へ出ません。

圕 命令文になおせ。 → **2**

▶ 3 Kana swims **very fast**.
カナはとても速く泳ぎます。

圕 **How** を使った感嘆文になおせ。 → **3**

▶ 4 It is **a very interesting game**.
それはとてもおもしろいゲームです。

圕 **What** を使った感嘆文になおせ。 → **4**

---

1 命令文 ── 動詞の原形で始める

「〜しなさい」と相手に命令する文を命令文と言う。**命令文は動詞の原形で始まる。主語や助動詞は使わない。**

〔ふつうの文〕 You go to school. （あなたは学校へ行きます）
〔命 令 文〕 **Go** to school. （学校へ行きなさい）

命令文に please をつけ加えると「（どうぞ）〜してください」といういていねいな文になる。please は文のはじめ，または文の最後につけ加える。please を最後につける場合は，その前にコンマが必要になる。

Please come in. （または Come in, **please**.）
（どうぞお入りください）
└─コンマを忘れない

次のように，コンマで区切ったあとに呼びかけの語（名詞）を続けることもある。

Listen to me, **Jack**. （私の言うことを聞きなさい，ジャック）

▶ 1 の答え → **Look at this picture.** （この写真を見なさい）
└─大文字にする

2 否定の命令文 ── Don't で始める

「〜するな」の意味を表すには，命令文のはじめ，つまり動詞の前に **Don't** をつける。

〔ふつうの文〕 You don't run here. （あなたはここでは走りません）
〔命 令 文〕 **Don't run** here. （ここでは走ってはいけません）

▶ 2 の答え → **Don't go out.** （外へ出てはいけません）

▼ もっとくわしく

be動詞のある文を命令文にすると，**Be 〜.** の形になる。
たとえば，
　You **are** kind.
を命令文にすると
　Be kind.
　（親切にしなさい）
となる。
また，否定の命令文は
　Don't be late.
　（遅れるな）
のように **Don't be 〜.** の形になる。

命令文に will you? をつけると依頼を表す。
　Help me, **will you**?
　（手伝ってくれる？）

Don't run here.

3 How を使った感嘆文 ── How 〜!

How や What で始まり，文の最後に！（感嘆符）をつけた文を感嘆文と言う。形容詞（または副詞）に How をつけるだけでもりっぱな感嘆文ができる。

> **How tall!**　（なんて背が高いんでしょう）
> How ＋形容詞！
>
> **How fast!**　（なんて速いんでしょう）
> How ＋副詞！

次のように，主語と動詞をつけると意味のはっきりした文になる。

必修文例

> **How tall you are!**　（あなたはなんて背が高いんでしょう）
> How ＋形容詞＋主語＋動詞！
>
> **How fast he runs!**　（彼はなんて速く走るんでしょう）
> How ＋副詞＋主語＋動詞！

感嘆文をふつうの文になおすには，**主語と動詞を文のはじめに出して How を very にかえる。**もちろん感嘆符（！）もピリオド（.）にする。

> **How tall you are!**
>
> **You are very tall.**　（あなたはとても背が高いです）

これとは逆に，very のある文から How 〜！の感嘆文をつくるには，上と反対のことをすればよい。

> **He runs very fast.**　（彼はとても速く走ります）
>
> **How fast he runs!**

▸3の答え→ **How fast Kana swims!**（カナはなんて速く泳ぐのでしょう）

4 What を使った感嘆文 ── What 〜!

What を使った感嘆文では，**What のあとの形容詞の後ろに必ず名詞がくっついている。**（How の感嘆文にはこの名詞がない）

必修文例

> **What an old *book* this is!**　（これはなんて古い本なんでしょう）
> 形容詞＋名詞＋主語＋動詞

この文を very のある文に書きかえると，次のようになる。

→ **This is a very old book.**　（これはとても古い本です）

▸4の答え→ **What an interesting game it is!**（それはなんておもしろいゲームなんでしょう）

ポイント

| 感嘆文 | **How** ＋形容詞［副詞］＋主語＋動詞！ |
| | **What** ＋形容詞＋名詞＋主語＋動詞！ |

得点アップの **コツ**

感嘆文には必ずビックリマーク“！”（正しくは感嘆符）をつける。感嘆文は，びっくりしたり，感心したりした気持ちを表す文だから，！をつける。

得点アップの **コツ**

How 〜！と What 〜！の使い分けは，very のあとが，
① 形容詞（または副詞）だけなら **How**
② 形容詞＋名詞なら **What**

❗ **ここに注意**

very のある文を感嘆文に書きかえると very がなくなる。このとき，たとえば a very old book は what **an** old book としなければならない。
母音で始まる単語
感嘆文の書きかえでは **old，easy，interesting** の３つに気をつけよう。

✏ 基礎問題

解答 ▶ 別冊 p.15

❶ 次の英文を参考にして，日本文を英語になおしなさい。

(1) You read books every day.
毎日本を読みなさい。

_____

(2) You are a kind boy.
親切な少年でありなさい。

_____

(3) You must not be noisy here.
ここではうるさくしないで。

_____

❷ 日本文の意味を表すように，（ ）内の語（句）を並べかえなさい。ただし，必要に応じてコンマ（,）を補いなさい。

(1) 木村さんは，なんて上手に英語を話すのでしょう。
(Mr. Kimura, English, well, how, speaks)!

_____

(2) それらの本は，なんて役に立つのでしょう。
(are, books, what, useful, they)!

_____

(3) ルーシー，ドアを開けなさい。
(the, Lucy, door, open).

_____

(4) 携帯電話の電源を切ってください。
(cellular phone, turn, please, off, your).

_____

(5) 今テレビを見てはいけません。
(watch, now, TV, don't).

_____

❸ 次の文を日本語になおしなさい。

(1) How big that elephant is!
(   )

(2) What a beautiful mountain this is!
(   )

(3) Don't go out alone at night.
(   )

✋ HELP

❶ 命令文では主語を示さず，動詞の原形で始める。
(2) are（be動詞）の原形は be。

❷ (2) books と複数形なので，名詞に a はつかない。
(3) ルーシー（Lucy）は呼びかけの言葉。
(4)「～の電源を切る」turn off ～，「携帯電話」cellular phone [séljulər foun セリュラ～ フォウン]
(5) Don't で始まる否定の命令文（～するな）である。

命令文 ⟷
　You must ～
Don't ＋命令文 ⟷
　You must not ～
Please ＋命令文 ⟷
　Will you ～?

単語

useful
[júːsfəl ユースフル]
役に立つ

❸ (1) elephant [éləfənt エレファント]「象」
(2) mountain [máuntin マウンテン]「山」
(3) alone「1人で」

 実力問題

解答 ▶ 別冊 p.15

3

❶ 各組の文がほぼ同じ意味を表すように，＿＿に適当な1語を入れなさい。

(1) { You must start now.
     ＿＿＿＿＿ now.

(2) { You should be quiet in the library.
     ＿＿＿＿＿ ＿＿＿＿＿ in the library.

(3) { Will you take me to Disneyland?
     ＿＿＿＿＿ ＿＿＿＿＿ me to Disneyland.

(4) { You must not play baseball in this park.
     ＿＿＿＿＿ ＿＿＿＿＿ ＿＿＿＿＿ in this park.

❷ 次の文を感嘆文に書きかえなさい。

(1) Your song is very nice.

(2) This is a very interesting report.

(3) Those are very beautiful flowers.

(4) They study Japanese very hard in Australia.

❸ 日本文の意味を表すように，（　）内の語を並べかえなさい。ただし，各組とも不要な語が1語ずつあります。

(1) これはなんて速いコンピューターなんでしょう。
(a, an, is, fast, what, computer, this)!

(2) 彼女はなんて上手にテニスをするのでしょう。
(what, how, she, good, tennis, a, is, player)!

(3) 学校に遅れてはいけません。
(doesn't, don't, school, be, for, late).

HELP

❶(1)(2) 命令文 ⟷ **You must[should]** ～　(3) **Please** ＋命令文 ⟷ **Will you** ～？
Disneyland[díznilænd]「ディズニーランド」

❷(2) interesting は母音で始まることに注意。　(3)(4) very のあとを見て How か What かを判断。

❸(3)「～に遅れる」be late for ～

12 文構造の基本(1)

解答文一覧 ▶ 別冊 p.3

問題にチャレンジ

▶1 I read a book.　His name is Yamada.

私は本を読みました。　　　彼の名前は山田です。

Bill is kind.　Yumi looks happy.

ビルは親切です。　　　ユミは幸せそうです。

問 文のタイプの異なるものを答えよ。　　**→ 2**

▶2 (showed, pictures, my parents, I, a lot of).

私は両親に多くの写真を見せました。

問 語句を並べかえて日本文の意味になる英文にせよ。　**→ 3**

▶3 Mother bought a watch ＿＿＿＿ me.

母は私にうで時計を買ってくれました。

問 ＿＿に適当な1語を入れよ。　　**→ 4**

1 5つの文のタイプ

英文の骨組みになるのは，**主語(S)・動詞(V)・目的語(O)・補語(C)**の4つの要素である。主語と動詞があるすべての英文は，次の5つのタイプのどれかにあてはまる。

①I run.　（私は走ります）
　S V

②I am a student.　（私は学生です）
　S V　　C

③You make a box.　（あなたは箱をつくります）
　S　V　　O

④She gave them some apples.　（彼女は彼らにりんごをいくつか与えました）
　S　V　　O　　　O

⑤He calls the boy Tom.　（彼はその少年をトムと呼んでいます）
　S　V　　O　　C

2 「S + V + C」と「S + V + O」

動詞(V)の前と後ろを ＝ で結んでも意味が通じる文のタイプは「S + V + C」，意味が通じないときの文は「S + V + O」である。

必修文例

He is a doctor. → **he ＝ a doctor** （彼＝医者）
S　V　　C

I play tennis. → **I ≠ tennis** （私≠テニス）
S　V　　O

? Q&A

Q 「補語」とは何でしょうか。

A 「補語」は，不足している意味を補う語です。
「S + V + C」の文型では主語(S)の意味を補い，つけたす働きをします。
主語と目的語になるのは名詞(代名詞)だけですが，補語は名詞だけでなく形容詞がなる場合もあります。

ぼくたち 補語になります
（C）

このように**be動詞**の文は，ふつう「**S＋V＋C**」だ。**look**（～に見える）などの動詞を使った文も，He looks happy.（彼は幸せに見える）の look を be動詞に入れかえて，He is happy.（彼は幸せです）としても意味が通るので「**S＋V＋C**」の文である。

> ─ ポイント ─────────────
> ① 動詞の前後を＝で結んだとき意味が通じる
>   →「**S＋V＋C**」
> ② 動詞を**be**動詞に入れかえても，意味が通じる
>   →「**S＋V＋C**」

▸1の答え→ **I read a book.** →この文は「**S＋V＋O**」，ほかの文は「**S＋V＋C**」。

得点アップの コツ

「**S＋V＋C**」の文に使われる動詞の代表格は**be**動詞。このタイプの文に使われる動詞はほかに
feel（～の感じがする）
seem（～のようである）
look（～に見える）
get（〔変化して〕～になる）
become（〔成長して〕～になる）
などがある。
  It **got** cold.
  （寒くなりました）
  Yuta **became** a singer.
  （ユウタは歌手になりました）

3 「S＋V＋O＋O」

  show（見せる），**give**（与える），**buy**（買う），**teach**（教える），**ask**（たずねる）などの動詞は，目的語を2つとることができる。

He gave **her a book**. （彼は 彼女に 本を あげました）
S V O O

  2つの目的語を，～に，～をとはっきり訳すことが大切である。

> ─ ポイント ─────────────
> > show, teach, buy, tell, lend
> > give, ask など
>
> **S＋V**＋〔人〕＋〔物〕＝「**S** は〔人〕に〔物〕を～する」

▸2の答え→ **I showed my parents a lot of pictures.**

🛑 **ここに注意**

look にはいくつかの使い方がある。

> **look** ＋形容詞
>   ＝「～に見える」
> **look like** ＋名詞
>   ＝「～のように見える」
> **look after**
>   ＝「～の世話をする」
> **look at**
>   ＝「～を見る」
> **look for**
>   ＝「～をさがす」

4 「S＋V＋O＋O」→「S＋V＋O＋to[for] ～」

  「**S＋V＋O＋O**」の文は，to[for] を加えて書きかえることができる。

S + V ＋〔人〕＋〔物〕…………… He gave **me a book**.
　　　 ～に　　～を

S + V ＋〔物〕＋**to[for]**＋〔人〕… He gave **a book to me**.
　　　 ～を　　　　　　～に

  〔物〕と〔人〕の間には **to** を入れるのが基本だが，動詞が **make**，**buy**，**cook** なら **for** を使う。ただし，ask は例外で **of** を使う。

▸3の答え→ **for** →動詞のあとが「物＋人」になっている。

❶ 日本文の意味を表すように下から適当な語を選び，＿＿に入れなさい。ただし，それぞれ１回ずつ使うこと。

(1) 私の妹はきのう病気になりました。

My sister ＿＿＿＿ sick yesterday.

(2) マイクは幸せに見えました。

Mike ＿＿＿＿ happy.

(3) スミス先生はいい先生でした。

Mr. Smith ＿＿＿＿ a good teacher.

(4) 兄は熱心に勉強して弁護士になりました。

My brother ＿＿＿＿ hard and ＿＿＿＿ a lawyer.

| got became was studied looked |

HELP

❶ got は get の過去形。became は become の過去形。
get「（変化して）〜になる」
become「（成長して）〜になる」

単語

lawyer
[lɔ́ːjər ローヤァ]
弁護士，法律家

❷ 各組の文がほぼ同じ意味を表す英文になるように，＿＿に適当な１語を入れなさい。

(1) ｛ He gave his friend a beautiful flower.
　　 He gave a beautiful flower ＿＿＿＿ his friend.

(2) ｛ Bill made me a nice chair.
　　 Bill made a nice chair ＿＿＿＿ ＿＿＿＿.

(3) ｛ She asked him a question.
　　 She asked a question ＿＿＿＿ ＿＿＿＿.

(4) ｛ My friend sent a long e-mail to me.
　　 My friend sent me a ＿＿＿＿ ＿＿＿＿.

❷ (1)〜(3)は，各組の上の文が「S＋V＋O＋O」，(4)は下の文が「S＋V＋O＋O」。書きかえに必要な前置詞は動詞によって決まる。

buy, make など		
		→ **for**
ask のみ		→ **of**
これ以外		→ **to**

❸ 次の文を日本語になおしなさい。

(1) Will you teach me science?

（　　　　　　　　　　　　　）

(2) I will give you this album.

（　　　　　　　　　　　　　）

(3) Tom showed us a nice picture.

（　　　　　　　　　　　　　）

(4) Our teacher told us an interesting story.

（　　　　　　　　　　　　　）

❸ すべて「S＋V＋O＋O」の文。
(1) science[sáiəns サイエンス]「理科」
(2) album「アルバム」

実力問題

解答 ▶ 別冊 p.16

❶ 次の文の（　）内に，S・V・O・C のうち適当なものを入れて文の構造を示しなさい。

(1) My brother became a musician.
　　　（　　）　　（　　）　　（　　）

(2) We played baseball yesterday.
　　（　　）（　　）　（　　）

(3) Is that girl your sister?
　　（　　）（　　）　　（　　）

(4) Ms. Yamamoto made me a cup of tea.
　　　　（　　）　　　（　　）（　　）　（　　）

❷ 次の文を日本語になおしなさい。

(1) I felt very happy at the news.
　　（　　　　　　　　　　　　　　　　　　　　　　　　　　　　　　）

(2) I showed some of my friends my new model plane.
　　（　　　　　　　　　　　　　　　　　　　　　　　　　　　　　　）

(3) Will you tell me the way to the post office?
　　（　　　　　　　　　　　　　　　　　　　　　　　　　　　　　　）

❸ 日本文の意味を表すように，（　）内の語を並べかえなさい。

(1) 親切なカナダ人が毎日私たちに英語を教えてくれます。
　　(to, Canadian, teaches, kind, a, us, English) every day.
　　_____ every day.

(2) 教室の中は寒くなってきています。
　　(getting, in, classroom, the, is, it, cold).
　　_____

(3) 私にそれらの雑誌を見せてくれませんか。
　　(you, me, magazines, show, those, will)?
　　_____

HELP
　❶ (1)(2) 動詞のかわりに be 動詞を入れてみて，意味が通れば「S ＋ V ＋ C」。
　❷ (1) felt は feel（～と感じる）の過去形。at ～「～を聞いて」　(2) model plane「模型飛行機」
　　 (3) post office「郵便局」
　❸ (1) 〔～を〕＋ to ＋〔～に〕の順に語を並べる。「カナダ人」Canadian[kənéidiən]（カネイディアン）
　　 (2) 現在進行形の文。　(3) Will you ～ ? の文にする。「雑誌」magazine

チェックテスト3

時間 20分

解答 ▶ 別冊 p.16

1 次の文の（　）内から正しい語(句)を選び，○で囲み，それぞれ日本語になおしなさい。

〈21点＝語句1点×6, 訳3点×5〉

(1) (Are, Be, Do, Don't) kind to your friends.

(　　　　　　　　　　　　　　　　　　　　　　　　　　　　　　　　)

(2) There were (much, few, a little) stamps in the desk.

(　　　　　　　　　　　　　　　　　　　　　　　　　　　　　　　　)

(3) (Who, What, Which, How) beautiful flowers they are!

(　　　　　　　　　　　　　　　　　　　　　　　　　　　　　　　　)

(4) She showed interesting pictures (to, for, of) me.

(　　　　　　　　　　　　　　　　　　　　　　　　　　　　　　　　)

(5) He is (the, a, an) oldest (of, in) the four.

(　　　　　　　　　　　　　　　　　　　　　　　　　　　　　　　　)

2 次の文を（　）内の語を使って，同じ意味になるように書きかえなさい。

〈15点＝3点×5〉

(1) Mother made her sister a doll. (for)

_____

(2) John is taller than Mike. (as)

Mike _____.

(3) There are many schools in this town. (lot)

_____

(4) Don't use this knife. (must)

_____

(5) She studies English very hard. (How)

_____

3 日本文の意味を表すように，＿＿に適当な1語を入れなさい。

〈20点＝4点×5〉

(1) 私は今少し時間があります。

I have _____ _____ time now.

(2) 彼女は新しい服を着てとてもかわいらしく見えました。

She _____ very _____ in her new dress.

(3) クラスで一番速く走る人はだれですか。

Who is _____ _____ runner _____ your class?

(4) その少年は友だちに，1つもりんごをあげませんでした。

The boy didn't give his friends _____ _____.

(5) 彼はなんて上手に英語を話すのでしょう。

What _____ good English _____ he is!

4 次の文の____に，（　）内の語を適当な形にかえて入れなさい。　　　〈12点＝3点×4〉

(1) Haruko was the _____ girl in the world.　　　(happy)
(2) There _____ not a computer here two years ago.　　　(be)
(3) English is the _____ _____ subject of all.　　　(interesting)
(4) He can play the piano very _____.　　　(best)

5 日本文の意味を表すように，（　）内の語を並べかえなさい。　　　〈20点＝5点×4〉

(1) ナンシーのお父さんはいつも忙しいです。

(always, father, busy, Nancy's, is).

(2) 机の上には1本も鉛筆がありません。

(no, on, desk, pencils, are, the, there).

(3) 動物たちにそれを与えてはいけません。

(it, give, the, to, don't, animals).

(4) 私はシンガポールの写真を何枚か友だちに見せました。

(of, my, I, some, showed, pictures, Singapore, friends).

6 〈リスニング問題〉**Lisa** は下の路線図の **Heiwa** 駅にいます。そこで，**Asahi** 駅への行き方を教えてもらいました。その英文を聞き，(1)と(2)の質問に答えなさい。　〈12点＝6点×2〉

(1) Asahi 駅は**ア〜カ**のどれでしょうか。　　Asahi 駅の場所（　　　　　　　　　　　）
(2) 教えてもらった2通りの行き方は，何分ちがいますか。その差を数字で答えなさい。

2通りの行き方の時間差　（　　　　　　　　　分）

わかるゼミ4
現在完了ってなに？

「べんとうを忘れた」は過去？

日本語では，過去を表すのに「た」をつける。たとえば「朝，べんとうを持ってくるのを忘れた」は過去のことを表す文だ。

ところが，昼前からおなかがすいてきて，今[現在]は暗い気分。これは「忘れた」という過去のことが今[現在]まで続いているためだ。

だから，日本語の「た」は，「べんとうを忘れたことが腹立たしい」というように，「忘れた」という状態が今も続いていることを表したりする。

このように過去のことが今[現在]につながっている場合，英語では過去形でも現在形でもなく，現在完了形で表すのだ。

> 日本語の「た」→英語になおすと $\begin{cases} \text{過　去（動詞の過去形）} \\ \text{現在完了（現在完了形）} \end{cases}$

現在完了の大事な部品――過去分詞

現在完了は，「**have[has] ＋動詞の過去分詞**」で表す。

過去分詞というのは動詞の変化形の1つで，つくり方は過去形と同様に，規則動詞と不規則動詞でちがってくる。まずは次のページの「得点アップのコツ」を確認し，そのあとで1日も早く，教科書などについている不規則動詞の変化表を覚えてしまおう。

今[現在]とつなげて過去を見よう

それでは，英文で現在完了の意味を調べてみよう。

  I **wrote** to Tom. （私はトムに手紙を書きました）
   └ write の過去形
これは過去の文だね。この文を現在完了の文にしてみよう。

> I **have written** to Tom.
>   **have ＋過去分詞**

上で説明したように，現在完了は，過去のことが今[現在]まで続いていることを表すのだから，**今[現在]と過去の動作とがどのようにつながっているか**を考えてみることにしよう。

まず「手紙を書いた」という動作が，今[現在]ちょうど終わった場合，つまり**動作が完了した**場合だ。こういう場合，日本語では「（ちょうど）～したところだ」という意味になる。

▼ もっとくわしく

現在完了では過去分詞を使うが，これで動詞の形の変化はすべて出そろったことになる。動詞の形の変化をまとめておこう。

① 原形・現在形…be動詞以外は，原形と現在形は同じ（現在形では3単現の s のつく形もある）。

② 過去形…大部分の動詞は語尾に ed をつけた形（規則動詞）だが，そうでないもの（不規則動詞）もある。

③ 過去分詞…大部分の動詞は過去形と同じ形。

④ 現在分詞…進行形に使う動詞の ing形のこと。

このうち，①～③の3つの形の変化を，動詞の活用と言う。

必修文例

I have *just* **written to Tom.**　　　←① 完了
（私はちょうどトムに手紙を書いたところです）

この文は have と written の間に just（ちょうど）という副詞が入っているが，副詞がこのようにわりこむこともあるのだ。

・規則動詞 … 過去形と同じく ed をつけるだけでよいので簡単だ。ed のつけ方は p.30 で確認しておこう。

次に，書いた手紙をなくして，その結果，今[現在]まだ見つかっていない場合。見つかれば，手紙をなくしたことは過去のことになるが，見つかっていないので，今[現在]も手紙はない状態だ。つまり，**過去の動作の結果が今[現在]に残っている**のだ。日本語では「〜してしまった（その結果，今は…）」と言う。

・不規則動詞 … 1語1語異なった変化をするが，A－A－A，A－B－A，A－B－B，A－B－C のように変化のパターンがあるので，仕分けして覚えるとよい。

必修文例

I have lost the letter for Tom.　　　←② 結果
└lose（失う）の過去分詞
（私はトムへの手紙をなくしてしまいました〔その結果，今もない〕）

原　形 (現在形)	過去形	過去分詞
A － A － A 型		
put	put	put
A － B － A 型		
become	became	become
come	came	come
A － B － B 型		
buy	bought	bought
hear	heard	heard
keep	kept	kept
meet	met	met
A － B － C 型		
begin	began	begun
do	did	done
go	went	gone
know	knew	known

さらに，「1度，彼に手紙を書いたことがある」というように，**今[現在]までに経験したこと**を表す場合だ。この場合，ふつう日本語では「〜したことがある」と言うだろう。

必修文例

I have written to Tom *once*.　　　←③ 経験
└「1度」（副詞）
（私は1度，トムに手紙を書いたことがあります）

動詞によって使い分ける

英語の動詞には **be**（である，いる），**live**（住んでいる），**stay**（滞在している），**like**（好きだ），**want**（ほしい），**know**（知っている）のように，状態を表すものがある。

このような動詞を現在完了形に使うと，**過去からの状態が今[現在]までずっと続いていること**を表す。日本語で表すと「（ずっと）〜である」という意味になるのだ。

必修文例

I have been here *for an hour*.　　　←④ 継続
└be の過去分詞
（私は1時間〔ずっと〕ここにいます）

一方で，**run**（走る），**play**（スポーツなどをする，楽器を演奏する），**talk**（話す）などの動作を表す動詞で継続の意味を表す場合には，**現在完了進行形**を用いる。

現在完了の文では be 動詞も大切だ。すでに見てきたように，現在形や過去形をふくめると少し複雑に変化するので，確認もかねて，一般動詞とは別にその変化を追ってみよう。

必修文例

I have been playing tennis *since this morning*.
└play は動作を表す動詞
（私は今朝から〔ずっと〕テニスをしています）

be動詞の活用
原形… **be**
現在形… **am, are, is**
過去形… **was, were**
過去分詞… **been**

本単元では，現在完了の①〜④の用法と現在完了進行形を学ぶ。さあ，次のページから本格的に勉強していこう！

13 現在完了（完了・結果）

解答文一覧 ▶ 別冊 p.3

┌─ 問題にチャレンジ ─────────────────────────┐

▶1 (just, I, have, room, the, cleaned).
   私はちょうど部屋をそうじしたところです。

  問 並べかえて日本文の意味を表す英文にせよ。 →2

▶2 My sister hasn't cleaned her room yet.
   （yet は「まだ」という意味の副詞）

  問 日本語になおせ。 →2

▶3 (Canada, to, gone, has, Takashi).
   タカシはカナダへ行ってしまいました。

  問 並べかえて日本文の意味を表す英文にせよ。 →3

└──────────────────────────────────┘

1 現在完了形のつくり方

　現在完了は「**have ＋過去分詞**」の形で表す。主語が3人称単数のときは have のかわりに **has** を使う。この形1つで「完了」「結果」「経験」「継続」のすべてを表すことができる。覚えるのが1つの形なので簡単そうに見えるが、逆にどの用法の文かしっかり見分ける必要がある。

┌─ ポイント ─────────────────────┐
　　　　　　　　　┌─ has は主語が3人称単数のとき使う
　現在完了形は「have [has] ＋過去分詞」
　　　　　　　　　　　　　└─ 不規則動詞の過去分詞に注意
└──────────────────────────┘

2 「完了」を表す現在完了

今［現在］、ある動作が終わったこと、つまり完了したことを表すのが、現在完了の「完了」の用法だ。

┌──────────────────────────────┐
He has *just* **read the book.**
　　　　　　　└─過去分詞
（彼はその本をちょうど読んだところです）
└──────────────────────────────┘

　上の文は、「読む」という動作が今終わった（完了した）、という意味だ。読み終わったのは1分前か、5秒前かはわからない。とにかくちょうど今読み終わった（完了）わけだ。

　完了形の文は、ただ「読み終わった」という意味だけではなく、完了したあとの現在の状態、たとえば「**現在、その本の内容を思い起こして感動している**」など、なんらかの意味で**現在の状況**がそこにこめられている。

　このように現在完了が「完了」を表すときは、「～したところだ」と訳すが、「完了」の意味をはっきりさせるため、**just**（ちょうど）、**already**（すでに、もう）といった副詞がよく使われる。

ここに注意

この本では、わかりやすくするため、できるだけ短縮形は使わないが、現在完了形をつくる have, has はよく短縮されることがあるから注意しよう。

┌─────────────────────┐
I have	→ **I've**
you have	→ **you've**
he has	→ **he's**
she has	→ **she's**
we have	→ **we've**
they have	→ **they've**
└─────────────────────┘

必修文例

I have *just* **read** the book.
（私はちょうどその本を読んだところです）

She has *already* **finished** her homework.
（彼女はもう宿題を終えてしまいました）

①と②のちがいを図にしよう。ちがいがよくわかるはずだ。

①**I read the book.**	②**I have just read the book.**
現在につながっていない	現在につながっている
動作＝読む	動作＝読む
過去	今[現在] ▲

just や already は have[has] と過去分詞との間に入れる。また，already を使うときは「もう[すでに]～してしまった」と訳すとよい。

┌**ポイント**─────────

現在完了の「完了」
$\begin{cases} 「（ちょうど）～したところだ」 \\ 「（もう）～してしまった」 \end{cases}$

➡ **just，already，yet が完了を表す。**

└─────────────────

▸**1の答え**➡ **I have just cleaned the room.** →「ちょうど～したところです」を「**have** *just* ＋過去分詞」で表す。

▸**2の答え**➡ 姉[妹]はまだ自分の部屋をそうじしていません。→ yet の意味は，否定文では「まだ」，疑問文では「もう」になることに注意。

3 「結果」を表す現在完了

「結果」を表す現在完了は，「完了」を表す現在完了と同じように「～してしまった（その結果，今は…）」と訳すが，「結果」の表す意味は頭の中に入れておこう。

次の①は過去の文，②は現在完了の文だ。

①**I lost** my key.　　（私はかぎをなくしました）

②**I have lost** my key.　（私はかぎをなくしてしまいました）

①は「かぎをなくした」という過去の事実を言っている。今[現在]もそのかぎがないのか，それとも見つかっているのかまではわからない。②は「かぎをなくしてしまった（その結果，今もかぎがない）」というように，今[現在]どうなっているかを表す。つまり「かぎをなくした」という過去の動作の結果が今[現在]も残っていて，現在のことまでを表す。

▸**3の答え**➡ **Takashi has gone to Canada.** →この文は，「タカシはカナダへ行ってしまいました（その結果，今もカナダにいます）」という意味。**have[has] been to ～** を使った Takashi has been to Canada.（タカシはカナダへ行ったことがあります→もうカナダから戻ってきています）との意味のちがいに注意しよう。

⚠ **ここに注意**

「完了」を表す現在完了では，疑問文と否定文では **already** は使わず，そのかわり **yet** を使い，文の終わりにつける。

Has Mari read the book **yet**?

（マリはもうその本を読んでしまいましたか）

Mari **hasn't** read
└**has not**
the book **yet**.

（マリはまだその本を読んでいません）

┌──────────────┐
│ **yet** $\begin{cases} 疑問文で「もう」 \\ 否定文で「まだ」 \end{cases}$ │
└──────────────┘

🔽 **もっとくわしく**

〔現在完了の４つの用法のまとめ〕

●完了…～したところだ

●結果…～してしまった

●経験…～したことがある

＊過去の動作がその人の現在に影響（えいきょう）を残している。

●継続…ずっと～している

✎ 基礎問題

解答 ▶ 別冊 p.17

❶ 次の文を日本語になおしなさい。

(1) I haven't finished my homework yet.
( )

(2) Have you finished your homework yet?
( )

(3) Ryota has already finished his homework.
( )

(4) Jack has just finished his homework.
( )

❷ 次の文を疑問文とその答えの文，また否定文に書きかえるために，____ に適当な１語を入れなさい。

(1) I have just eaten breakfast.
〔疑問文〕 _____ you just _____ breakfast?
—— Yes, I _____. / No, I _____.
〔否定文〕 I _____ eaten breakfast.

(2) She has found the button.
〔疑問文〕 _____ she _____ the button?
—— Yes, she _____. / No, she _____.
〔否定文〕 She _____ found the button.

(3) The game has already begun.
〔疑問文〕 Has the game _____ _____?
—— Yes, it _____. / No, it _____.
〔否定文〕 The game _____ _____ _____.

❸ 日本文の意味を表すように，次の文の（ ）内から適当な語（句）を選び，〇で囲みなさい。

(1) He (is, have, has) started for school now.
彼は今学校へ出かけたところです。

(2) The men have (go, went, gone) to Africa.
その男たちはアフリカへ行ってしまいました。

(3) I (don't, haven't, don't have) washed my car yet.
私はまだ車を洗っていません。

(4) Mai (is, have, has) never played tennis.
マイはテニスをしたことがありません。

✋ **HELP**

❶ (1) homework「宿題」
not ～ yet で「まだ～ない」の意味を表す。
(2)でも yet が使われているが，(1)とは意味が異なる。

❷ 現在完了の疑問文，否定文や答えの文では，
have[has] を使う。
have[has] not は１語の短縮形で答える。
(1)「私はちょうど朝食をとったところです」（完了）
(2)「彼女はそのボタンを見つけました（その結果，今ボタンがある）」（結果）
(3)「試合はもう始まってしまいました」（完了）

単語
button
[bʌ́tn バトゥン]
ボタン

❸ (1)「完了」を表す現在完了の文では，**now**（今）という副詞も使われる。
(2)「アフリカへ行ってしまいました（その結果，彼らは今アフリカにいる）」という意味で，「結果」を表す。
(4) 主語の Mai は３人称単数。

解答 ▶ 別冊 p.17

1 日本文の意味を表すように，（　）内の語を並べかえなさい。

(1) シンジはコンピューターをこわしてしまいました。

(his, has, Shinji, computer, broken).

_____

(2) 今は8時30分です。しかし，その電車はまだ到着していません。

It is 8:30, but (yet, the, hasn't, train, arrived).

It is 8:30, but_____ .

(3) あなたは公園で何をなくしたのですか。

(have, the, lost, park, you, in, what)?

_____

2 次の文に（　）内の語を入れて全文を書きなさい。また，それぞれを日本語になおしなさい。

(1) My uncle has got to the bus stop. （just）

〔英　文〕_____

〔日本文〕（　　　　　　　　　　　　　　　　　　　　　　　　　　　）

(2) Emi has made a cake. （already）

〔英　文〕_____

〔日本文〕（　　　　　　　　　　　　　　　　　　　　　　　　　　　）

(3) I haven't read the letter from him. （yet）

〔英　文〕_____

〔日本文〕（　　　　　　　　　　　　　　　　　　　　　　　　　　　）

3 次の文を（　）内の語数で英語になおしなさい。

(1) マイクはちょうど昼食を食べたところです。（5語）

_____

(2) あなたはもうその本を読んでしまいましたか。（6語）

_____

(3) 私はまだ彼女に会っていません。（5語）

_____

HELP

❶ (2) yet（まだ）は文の終わりに置く。 (3)「疑問詞＋ **have[has]** ＋主語＋過去分詞〜 **?**」

❷ (1) bus stop「バスの停留所」　**just**（ちょうど），**already**（もう）は have[has] と過去分詞の間に
入れる。

❸ (3)「**have[has] not** ＋過去分詞〜 **yet**」の語順。

14 現在完了（経験・継続）

解答文一覧 ▶ 別冊 p.3

─ 問題にチャレンジ ─

▶**1** I **have been to** America once.
(once は「1度」という意味の副詞)

問 日本語になおせ。 → **1**

▶**2** Mike **has been** in the room all day.
(all day は「1日中」という意味の副詞句)

問 日本語になおせ。 → **2**

▶**3** How long **have** you **lived** here?
あなたはどのくらいここに住んでいますか。

問「2年間です」と英語で答えよ。
→ **2**

---

1 「経験」を表す現在完了

「経験」とはその名の通り「～したことがある」と，今[現在]までの経験を表す。

> I **have visited** Canada *four times*.
> (私は4回カナダを訪れたことがあります)

| I visited Canada. | I have visited Canada four times. |

動作＝訪れる ────「～したことがある」────▶

過去　　　　　　　　　　　　　今[現在]▲

once(1度)，**twice**(2度)，**～ times**(～回)などの回数を表す語句，「1度も～ない」と否定する **never**，「今までに」とたずねるときの **ever** などが，「経験」を表す現在完了の文にはよく使われる。

必修文例

Have you **ever seen** the bird?
(あなたは今までにその鳥を見たことがありますか)

Tom **has never read** this book.
(トムは1度もこの本を読んだことがありません)

─ ポイント ─
現在完了の「経験」→「～したことがある」

➡ **once, twice, ～ times, ever, never**
　　　　　　　　　　が「経験」のめじるし

問題1で使われている **have been to ～** は「経験」を表す言い方で「～へ行ったことがある」という意味を表す。to ～が「～へ」と目的地を表している。「継続(けいぞく)」の **have been in ～** と区別しておこう。

▶**1 の答え ➡** 私は1度アメリカへ行ったことがあります。

得点アップの コツ

現在完了の疑問文は **have**
[has] を主語の前に出してつくる。

Have you ever
climbed Mt. Fuji?
(あなたは今までに富士山に登ったことがありますか)
答えの文は，

Yes, I **have**. …①
(はい，あります)

No, I **haven't**. …②
└─**have not**
(いいえ，ありません)

のどちらかになる。この②の文からわかるように，現在完了の否定文は，have[has] のあとに **not** を入れてつくる。

He **has** *not* **seen** his
brother for ten years.
(彼は兄[弟]に10年間会っていません)

2 「継続」を表す現在完了

「継続」は続いていること，つまり過去に始まった動作や状態が今[現在]も続いていることを表し，「(ずっと)〜している」と訳す。

She has lived in Canada *for ten years.*
(彼女は10年間〔ずっと〕カナダに住んでいます)
└─今も住んでいる

> **She has lived in Canada for ten years.**
>
> 動作・状態＝住んでいる
>
> ──────継続──────→ 今も住んでいる
>
> 10年前　　　　5年前　　　　今[現在]

「継続」を表す現在完了の文では，**for**(〜間，〜の間)，**since**(〜から，〜以来)，**How long 〜?**(どのくらい〔の期間〕〜か)などの語句がよく使われる。

必修文例

I haven't seen her *for a long time.*
(私は長い間〔ずっと〕彼女に会っていません)

How long **have** you **lived** in Canada?
(あなたはどのくらい〔の期間ずっと〕カナダに住んでいますか)

┌─ ポイント ─
│ 現在完了の「継続」→「(ずっと)〜している」
│ ➡ **for 〜，since 〜，How long 〜?** などに注意
└─

▸2の答え➡ マイクは1日中(ずっと)その部屋にいます。→動詞 **be**(過去分詞は been)は，「である」「いる」の意味。

▸3の答え➡ **I have lived here for two years.** (私はここに2年間住んでいます)

How long 〜? の疑問文には **for** や **since** を使って答える。

必修文例

How long have you wanted this bag?
(あなたはどれくらいの期間このかばんがほしいですか)

I have wanted this bag **for two years.**
(私は2年間このかばんがほしいです)【期間】

I have wanted this bag **since last year.**
(私は去年からこのかばんがほしいです)【起点】

> for と since の
> ちがいに注意！

▼ もっとくわしく

経験の回数をたずねるときは，**How many times 〜?** を使う。「何度〜か」という意味。

How many times have you climbed Mt. Fuji?
(あなたは何回富士山に登ったことがありますか)
── Ten times.
(10回です)

❗ ここに注意

2つの have been を使った表現を区別しておこう。

> **have been in 〜**
> (〔ずっと〕〜にいる)【継続】
> **have been to 〜** (〜へ行ったことがある)【経験】

また，have been to 〜 で「行ってきたところだ」という意味もある。

I have been to the library. 【完了】
(図書館へ行ってきたところです)

have been to 〜 が経験なのか完了なのかは文脈によって判断すること。

4

基礎問題

解答 ▶ 別冊 p.17

❶ 例にならって，次の動詞の過去形と現在完了形を書きなさい。

| 例 | write | wrote / have written / has written |

(1) clean ＿＿＿＿＿＿ ＿＿＿＿＿＿ ＿＿＿＿＿＿

(2) go ＿＿＿＿＿＿ ＿＿＿＿＿＿ ＿＿＿＿＿＿

(3) read ＿＿＿＿＿＿ ＿＿＿＿＿＿ ＿＿＿＿＿＿

(4) get ＿＿＿＿＿＿ ＿＿＿＿＿＿ ＿＿＿＿＿＿

(5) come ＿＿＿＿＿＿ ＿＿＿＿＿＿ ＿＿＿＿＿＿

(6) finish ＿＿＿＿＿＿ ＿＿＿＿＿＿ ＿＿＿＿＿＿

(7) do ＿＿＿＿＿＿ ＿＿＿＿＿＿ ＿＿＿＿＿＿

(8) know ＿＿＿＿＿＿ ＿＿＿＿＿＿ ＿＿＿＿＿＿

❷ 次の現在完了の文を，（ ）内の語を使って完成しなさい。また，それぞれを日本語になおしなさい。

(1) We ＿＿＿＿ ＿＿＿＿ Chinese for three years.
(study)
（　　　　　　　　　　　　　　　　　　　）

(2) He ＿＿＿＿ ＿＿＿＿ a horse three times. (ride)
（　　　　　　　　　　　　　　　　　　　）

(3) She ＿＿＿＿ ＿＿＿＿ sick for a week. (be)
（　　　　　　　　　　　　　　　　　　　）

(4) I ＿＿＿＿ never ＿＿＿＿ with a French man.
(talk)
（　　　　　　　　　　　　　　　　　　　）

❸ 次の問いの文の答え方として正しいものを4つ選び，○で囲みなさい。

Have you ever been to Hong Kong?
（あなたは香港へ行ったことがありますか）

ア Yes, I have.

イ Yes, I've been there once.

ウ Yes, I have Hong Kong.

エ No, I have ever been there.

オ No, I haven't.

カ No, I have never been there.

🖐 HELP

❶ (1)(6)は規則動詞，それ以外は不規則動詞で，(2)(7)(8)は原形[現在形]・過去形・過去分詞がすべて異なる形。

❷ (1) study, (4) talk は規則動詞。
(2) ride（乗る）— rode — ridden と活用する。
horse「馬」
(1)(3)は「継続」で，(2)(4)は「経験」を表す現在完了になることに注意して日本語になおす。
(4) French man「フランス人の男性」

❸ 「経験」をたずねる疑問文はよく使われるから，答え方もマスターしておこう。
ever（今までに）は，ふつう疑問文に使い，答えには使わない。

単語

Hong Kong
[háŋ káŋ ハングカング]
香港

 実力問題

解答 ▶ 別冊 p.18

❶ 日本文の意味を表すように，（　）内の語（句）を並べかえなさい。ただし，各組とも不要な語（句）が1つずつあります。

(1) 私は生まれたときからずっと北海道に住んでいます。

(lived, was, I, I, since, have, in, born, from, Hokkaido).

_____

(2) トムとジャックはどのくらい日本に住んでいますか。

(have, Tom, lived, in, how, when, and, long, Jack, Japan)?

_____

(3) 私はインドへ行ったことがありません。

(India, I've, to, ever, never, been).

_____

(4) あなたは何度阿蘇山に登ったことがありますか。

(have, Mt. Aso, you, how, many, climbed, times, what)?

_____

❷ 次の文を，（　）内の指示にしたがって書きかえなさい。

(1) They have waited for the bus. （疑問文に）

_____

(2) Mike has been in Japan <u>for ten days</u>. （下線部をたずねる文に）

_____

(3) I have seen whales. （「1度も見たことがない」という文に）

_____

❸ 各組の文がほぼ同じ意味を表すように，____に適当な1語を入れなさい。

(1) {
Yuka came to this city last year and she is still in this city.
Yuka _____ been in this city _____ last year.

(2) {
It got very cold yesterday and it is still very cold today.
It _____ _____ very cold since yesterday.

(3) {
I got sick last Sunday and I am still sick now.
I _____ _____ _____ since last Sunday.

(4) {
They came to Kyoto two years ago and they are in Kyoto now.
They _____ _____ in Kyoto _____ _____ _____.

HELP

❶ (1)「生まれる」は be born。**since** はここでは接続詞で，あとに「主語＋動詞」が続く。

❷ (1) wait for ～「～を待つ」　(2) for ten days(10日間)は「期間」なので How long を使う。
　(3) whale [(h)weil] 「くじら」

❸ まず and よりあとの文を現在完了にして，now や still をとる。(1)～(3) still「今でも」

15 現在完了進行形

解答文一覧 ▶ 別冊 p.3

─ 問題にチャレンジ ─

▸1 I **have been running** for two hours. 圊 日本語になおせ。 → **1**
　(for two hours は「2時間（ずっと）」という意味の副詞句)

▸2 How long **have** you **been studying?** 圊「今朝からです」と英語で答えよ。 → **2**
　あなたはどのくらい〔の間ずっと〕勉強していますか。

1 現在完了進行形をつくる動詞

　現在完了の「継続」用法は，過去から状態が今［現在］までずっと続いていることを表し，「（ずっと）〜している」と訳す。この用法では，ある状態が続いている意味をもつ動詞が使われることはすでに学習してきた。

　それに対して，現在完了進行形は，run（走る）や play（スポーツなどをする，楽器を演奏する），talk（話す）などの**動作が過去から今［現在］までずっと続いていることを表す**ときに使う形である。「（ずっと）〜している」と訳すのは同じだ。

─ ポイント ─

継続の意味「（ずっと）〜している」を表すとき

状態を表す動詞	動作を表す動詞
（例）	（例）
・be動詞（である，いる）	・run（走る）
・live（住んでいる）	・play（スポーツなどをする，
・like（好きだ）	楽器を演奏する）
・want（ほしい）	・talk（話す）
・know（知っている）	・study（勉強する）
・belong（所属している）	・wait（待つ）
⇩	⇩
現在完了形（継続）	現在完了進行形

　状態を表す動詞は，原則として現在完了進行形では使われないことに注意しよう。

　✕ I have been knowing Tom for a long time.
　　　⬇ **know** は状態を表す動詞
　○ I have known Tom for a long time.
　　　（私は長い間トムのことを知っています）

▸**1 の答え**➡ have been 〜ing は「ずっと〜している」という意味なので，**私は2時間ずっと走っています。**

? **Q&A**

Q 状態を表す動詞か，動作を表す動詞か，どうやって見分けたらよいでしょうか。

A 瞬間的にやめることができる，あるいは，明確に始まりと終わりがあるのが動作だと言われます。同じ動詞でも，意味によって状態を表したり動作を表したりすることがあります。
（例）
have（持っている）→状態
have（食事をとる）→動作

2 現在完了進行形のつくり方

現在完了進行形は「**have been** ＋動詞の **ing**形」の形で表す。主語が3人称単数のときは have の代わりに has を使う。

─ ポイント ─

現在完了進行形は，「**have been** ＋動詞の **ing**形」

動作を表す動詞
現在完了形　進行形

They have been playing soccer for three hours.
(彼らは3時間〔ずっと〕サッカーをしています)

動作の継続 ＝（ずっと）〜している → 今も動作が続いている

3時間前　　　　　　　　　　　　　今〔現在〕

「継続」を表す現在完了の文と同様に，現在完了進行形の文でも，for(〜間，〜の間)，since(〜から，〜以来)，How long 〜 ?(どのくらい〔の期間〕〜か) などの語句がよく使われる。

─ ポイント ─

現在完了進行形の疑問文は，**have** を主語の前に出して，
　「**Have** ＋主語＋ **been** ＋動詞の **ing**形〜 **?**」
How long 〜 **?** の文では，
　「**How long have** ＋主語＋ **been** ＋動詞の **ing**形〜 **?**」

必修文例

Mary has been reading a book *since she came home*.
(メアリーは帰宅してから〔ずっと〕本を読んでいます)

Have you been singing *for an hour*?
— Yes, I have. / No, I haven't[have not].
(あなたは1時間〔ずっと〕歌っていますか — はい，歌っています／いいえ，歌っていません)

How long **have** you **been waiting** for the bus?
— **(I have been waiting** for the bus) *For* twenty minutes.
(あなたはどのくらいバスを待っていますか — 20分間です〔私は20分間ずっとバスを待っています〕)

▸2の答え➔ 起点を表す since を使って，(I've[I have] been studying)
Since this morning. (今朝からです〔私は今朝から〔ずっと〕勉強しています〕)

状況をしっかり考えて，文を組み立てよう！

⚠ **ここに注意**

現在完了進行形では been の形は変わらない。

▼ **もっとくわしく**

現在完了進行形を使うと，過去に始まった動作が今も続いていて，未来にも続くニュアンスがある。

▼ **もっとくわしく**

現在完了の文(I have waited for the bus for twenty minutes.)だと，「20分間ずっとバスを待っている」という継続の意味なのか，「20分バスを待ったことがある」という経験の意味なのか，判断がつかない。

そのため，継続の意味を表すためには現在完了進行形を使う。

基礎問題

解答 ▶ 別冊 p.18

❶ 次の文の（　）から正しい語（句）を選び，記号を○で囲みなさい。

(1) Kana has been （ ア watch イ watches ウ watched エ watching ） TV for thirty minutes.

(2) I've （ ア am イ being ウ been エ having ） practicing the piano since I was two.

(3) （ ア Have イ Has ウ Having エ Being ） you been running in the park for an hour?

(4) （ ア How many イ How long ウ How much エ How ） has Ken been listening to music?

(5) （(4)に答えて）（ ア For イ From ウ To エ Since ） last night.

❷ 日本文の意味を表すように，＿＿＿に適当な1語を入れなさい。

(1) 私は2時間ずっと湖の絵を描いています。
   I have ＿＿＿＿＿＿ ＿＿＿＿＿＿ a picture of the lake for two hours.

(2) 私は長い間ずっとドイツに住んでいます。
   I have ＿＿＿＿＿＿ in Germany for a long time.

(3) 昨日からずっと雨が降り続いています。
   It ＿＿＿＿＿＿ ＿＿＿＿＿＿ raining since yesterday.

(4) あなたはどのくらい電話で話していますか。
   How long have you ＿＿＿＿＿＿ ＿＿＿＿＿＿ on the phone?

(5) 彼は帰宅してからずっと宿題をしています。
   He has ＿＿＿＿＿＿ ＿＿＿＿＿＿ his homework since he came home.

❸ 次の文を（　）内の指示にしたがって書きかえなさい。

(1) I am studying math.
   （「2時間ずっと～しています」という文に）
   ＿＿＿＿＿＿＿＿＿＿＿＿＿＿＿＿＿＿＿＿＿＿

(2) Aya is standing there.
   （「今朝からずっと～しています」という文に）
   ＿＿＿＿＿＿＿＿＿＿＿＿＿＿＿＿＿＿＿＿＿＿

(3) I've been walking for an hour.
   （下線部が答えの中心となる疑問文に）
   ＿＿＿＿＿＿＿＿＿＿＿＿＿＿＿＿＿＿＿＿＿＿

HELP

❶ (1) 現在完了進行形は「have been ＋ 動詞の ing 形」。
(2) 短縮形 I've ＝ I have を使っている。
(5) last night「昨夜」は動作の起点を表している。

❷ (2) 「住んでいる」は状態を表しているので，現在完了形。
(3) rain「雨が降る」は動作と考えることができる。
(4) 「電話で」on the phone
(5) 「宿題をする」do *one's* homework

単語

lake [léik レイク] 湖
Germany
[dʒə́ːrməni
ジャ～マニィ] ドイツ

❸ (1)(2) 動作がいつ行われているのかに着目しよう。
(3) 「1時間」が答えの中心となるためには，疑問詞は何を使えばよいのか考えよう。

❶ 日本文の意味を表すように，（　）内の語(句)を並べかえなさい。ただし，1語は適当な形にかえて使うこと。

(1) 私は昨年からずっとこの本がほしいと思っています。

I (since, want, last, have, this book) year.

I _____ year.

(2) あなたはどのくらいの間ここでテニスをしていますか。

(long, been, you, have, how, play) tennis here?

_____ tennis here?

(3) 彼らは3時間ずっと家をそうじしています。

They have (clean, for, the house, three, been) hours.

They have _____ hours.

❷ 次の文を日本語になおしなさい。

(1) My brother has been sleeping for eleven hours.

_____

(2) Have you been reading the book since you came home?

_____

(3) How long has the baby been crying?

_____

(4) I've been playing a video game for a few hours.

_____

❸ 次の文を英語になおしなさい。

(1) 私は40分間，彼女のことをずっと待ち続けています。

_____

(2) ボブ(Bob)は2019年からずっとこのクラブに所属しています。

_____

(3) 昨夜から雨が降り続いていますか。

_____

(4) ((3)に答えて)いいえ，降り続いていません。

_____

HELP

❶ (1) want は状態を表す動詞なので，継続(けいぞく)の意味を表すときは現在完了形になる。

❷ (3) 動作が続いている期間をたずねる疑問文。cry「泣く」， (4) a few hours「数時間」

❸ (1) wait for ～「～のことを待つ」， (2)「～に所属している」belong は状態を表す。

16 現在完了と副詞

解答文一覧 ▶ 別冊 p.4

問題にチャレンジ

▶**1** **Have** you ever **been** to China?

　ア　I **have read** this book many times.

　イ　He **has** already **gone** to America.

　ウ　How long **have** you **lived** in the house?

問 現在完了の用法が同じものを
ア～ウから選べ。　　→ **1**

▶**2** I **have known** Mr. Sakai (　　).

　ア　a year ago　　　イ　last year

　ウ　since last year

問 (　)内に入る適当なものをア
～ウから選べ。　　→ **2**

1 副詞でわかる現在完了の用法

　現在完了には4つの用法があるが，「結果」は「完了」と区別しにくいので「完了」にふくめると，「**完了**」「**経験**」「**継続**」の3つの用法になる。この3つのどの用法にあたるかを考えるのが基本である。英文を見てすぐに用法と訳が頭にうかぶ方法のカギが副詞(句)にある。**3つの用法のそれぞれで使われる副詞(句)はたいてい決まっている**ので，副詞(句)を見れば，用法も訳もすぐわかる。

	現在完了の用法	副詞(句) ＊印の語は過去分詞の前に入る
完了	～したところだ ～してしまった	＊**just**(ちょうど)，**now**(今) ＊**already**(もう)，**yet**(もう，まだ) └肯定文で　　└疑問文・否定文で
経験	～したことがある	**once**(1度，1回) **twice**(2度，2回) ～ **times**(～度，～回)　}(回数) 　　└How many times～?(何度～か) ＊**ever**(今までに) 　└疑問文で ＊**never**(1度も～ない) ＊**often**(しばしば，よく) 　└How often～?(何度～か) **before**(以前に)
継続	(ずっと)～している	**for** ～(～間，～の間) **since** ～(～から，～以来) **How long** ～ ?(どのくらい～か)

🔽 もっとくわしく

once は「1度，1回」のほかに「かつて」の意味がある。この意味の once はふつう過去の文で使われる。

　I **once** lived in London.

　(私はかつてロンドンに住んでいました)

❗ ここに注意

左の表の副詞(句)のうち，since はふつう現在完了の文に使われるが，それ以外は現在の文や過去の文にもよく使われる。

必修文例

I **have** |**just**| **read** a book. → |**just**|→完了
(私は |ちょうど| 本を読んだところです)

She **has** |**never**| **been** there. → |**never**|→経験
(彼女は |1度も| そこへ行ったことが |ない| です)

They **have been** in Kyoto |**since**| 2017. → |**since**|→継続
(彼らは2017年 |から| ずっと京都にいます)

▸**1の答え → ア**→各文の副詞に着目する。問題文は **ever** があるので「経験」
を表す現在完了の文で、意味は「あなたは今までに中国へ行ったことがありま
すか」。**ア** many times …「経験」(私はこの本を何度も読んだことがありま
す)、**イ** already …「完了」(彼はすでにアメリカへ行ってしまいました)、
ウ How long …「継続」(あなたはどのくらいこの家に住んでいますか)。

得点アップの コツ

現在完了の文では使えない副
詞(句)をあげておこう。

yesterday (きのう)
last ~ (この前の~、昨~)
~ ago (~前に)
just now (たった今)
When ~? (いつ~か)

以上のほか、「時」を表す前置
詞を使った **at** ten(10時に)、
on Sunday(日曜日に)、**in**
2015(2015年に)なども使え
ない。

4

2 現在完了と仲の悪い副詞

　過去のことを今[現在]につなげて言うのが現在完了だ。しかも今
[現在]がどうなのかに重点を置いた表現なので、現在完了は「現在」
の1種と考えてよいほどだ。たとえば、「完了」を表す現在完了の文
では、**now**(今)という副詞さえ使われる。現在完了は、今とは関係
のない、過ぎ去ってしまったことを表す「過去」の文ではない。だか
ら、現在完了の文では、明らかに「過去」を表す語句は使えない。

(✕) I **have bought** this watch **yesterday**.
　　　　現在完了形 ◀── 時間がズレている ──▶ 過去

(〇) I **bought** this watch **yesterday**.
　　　　過去形 ◀── 時間が一致している ──▶ 過去
(私はきのうこのうで時計を買いました)

yesterday(きのう)は、明らかに「過去」なので、現在完了といっ
しょに使うことはできない。ただし、**since** のあとでは「過去」を表
す語句を使ってもよい。これは、**since**(~から、~以来)には「**過去の
時点から現在まで**」という意味がふくまれていて、「過去」を表す語句
を「現在」とつなげてしまうからだ。

I **have been** with this watch **since yesterday**.
　現在完了形 ◀──── 現在につながる ───── 「から」◀── 過 去
(私はきのうから[ずっと]このうで時計を身につけていました)

┌─ ポイント ─────────────
　現在完了の文 ── 明らかな「過去」を表す語句は使えない
　　　　　　　　　　　↓
　　　　yesterday、**last ~**、**~ ago** など
└──────────────────

▸**2の答え → ウ**→**ア**は「1年前」、**イ**は「昨年」と明らかに過去を表すから、**ウ**
が正解。「私は昨年から酒井さんを知っています」の意味になる。

? Q&A

Q this morning(今朝)は現
在完了の文に使えますか。
A もし午前中に「今朝」と言
えば、今[現在]のことになり
ますから this morning は
使えます。

　I've **been** at school
this morning.
　(今朝はずっと学校にいます)
しかし、午後に「今朝」と言
うと過去のことになりますか
ら、現在完了の文には使えま
せん。過去の文になります。

　I **was** at school **this
morning**.
　(今朝は学校にいました)
ほかに **today**(きょう)、
this week(今週)、
this month(今月)、
this year(今年)
なども現在完了に使えますが、
使い方に注意しましょう。

 基礎問題

解答 ▶ 別冊 p.19

❶ 次の英文の下線部の意味を [ ] 内に書き，全文の意味を（ ）内に書きなさい。

(1) My father has <u>just</u> come home.　　　[　　　　]
（　　　　　　　　　　　　　　　　　　　　　　　　）

(2) I have <u>already</u> visited Nara.　　　[　　　　]
（　　　　　　　　　　　　　　　　　　　　　　　　）

(3) I haven't finished my homework <u>yet</u>.　[　　　　]
（　　　　　　　　　　　　　　　　　　　　　　　　）

(4) Have they <u>ever</u> used *futon*?　　　[　　　　]
（　　　　　　　　　　　　　　　　　　　　　　　　）

(5) She has seen pandas <u>many times</u>.　[　　　　]
（　　　　　　　　　　　　　　　　　　　　　　　　）

❷ 次の文の（ ）内から正しい語を選び，〇で囲みなさい。

(1) Have you （ ア just　イ already　ウ ever　エ never ）
seen snow?

(2) I have lived in Nikko （ ア by　イ on　ウ till
エ since ） 2018.

(3) How （ ア large　イ many　ウ about　エ long ） have
you lived in Okinawa, Mr. White?

(4) Mom has been busy （ ア until　イ for　ウ since
エ though ） you left Japan.

(5) I haven't seen you （ ア for　イ since　ウ till
エ just ） a long time.

❸ 日本文の意味を表すように，＿＿＿に適当な1語を入れなさい。

(1) 彼はちょうど外出したところです。
He has ＿＿＿＿＿＿ gone out.

(2) 私は2度キャシーに手紙を書いたことがあります。
I have written to Kathy ＿＿＿＿＿＿.

(3) あなたはこれまでにその競技場へ行ったことがありますか。
Have you ＿＿＿＿＿＿ been to the stadium?

(4) 私たちの電車はもう出発してしまいました。
Our train has ＿＿＿＿＿＿ started.

(5) 生徒たちはもう教室をそうじしてしまったのですか。
Have the students cleaned the classroom ＿＿＿＿＿＿?

✋ **HELP**

❶ 下線部の副詞（句）から現在完了の用法を判断すればよい。
(5) panda「パンダ」

❷ (1)「経験」をたずねている。
(2) すぐあとにある2018に注目。「2018年から」となるように選ぶ。
(3)「期間」をたずねている。
(4) 前半は「母は（ずっと）忙(いそが)しい」，（ ）のあとは「あなたが日本を去って」だから，この2つをつなぐのは…？

単語

snow [snou スノウ]
雪
left [left レフト]
leave（去る）の過去形

❸ (2) write to ～「～に手紙を書く」
(3) have been to ～「～へ行ったことがある」

単語

gone
[gɔ(:)n ゴ（ー）ン]
go（行く）の過去分詞形
stadium [stéidiəm
ステイディアム]
競技場

80

実力問題

解答 ▶ 別冊 p.19

① 次の英文の内容について正しく述べた日本文を，１つずつ選び，〇で囲みなさい。

(1)　Have you ever read an English book?
　　ア　ついこの前に読んだ本が英語の本かどうかをたずねる文。
　　イ　以前に英語の本を読んだことがあるかどうかをたずねる文。

(2)　We have been good friends for three years.
　　ア　「私たち」は今もよい友だちである。
　　イ　「私たち」は３年間よい友だちだったが，今はどうかわからない。

(3)　Mr. Yamada has been to the airport.
　　ア　山田さんは今その空港にいる。
　　イ　山田さんはその空港に行ったことがある。
　　ウ　山田さんはその空港に行ってしまった。

② 次の文のまちがいをなおして，全文を書きかえなさい。ただし，太字の部分は正しいものとする。

(1)　He has lived in Brazil since **forty years**.
　　_____

(2)　I have lost my new umbrella **yesterday**.
　　_____

(3)　Do you **have** ever talked with him?
　　_____

(4)　The train has arrived **just now**.
　　_____

③ 次の文を英語になおしなさい。

(1)　「もう宿題はしたの」──「いや，まだだよ」
　　_____

(2)　あなたはこれまでにその村へ行ったことがありますか。
　　_____

(3)　彼はきのうからずっと忙しいです。
　　_____

HELP
　①(3)「完了」の用法では **have been to** ～は「～へ行って戻ってきた［往復した］ところだ」の意味。
　②(1) forty years（40年）は期間，(2) yesterday と(4) just now（たった今）は，過去を表す語句。
　③(2)「村」village　(3) He is busy. を現在完了にすると？

チェックテスト4

時間 **20分**

解答 ▶ 別冊 p.19

得点 ／100

1 次の英文の下線部の意味を書きなさい。 〈18点＝3点×6〉

(1) She hasn't washed the dishes <u>yet</u>. （　　　　　　　　）
(2) Has Takuya finished his homework <u>yet</u>? （　　　　　　　　）
(3) I've <u>never</u> been abroad. （　　　　　　　　）
(4) I have seen a kangaroo <u>once</u>. （　　　　　　　　）
(5) My brother finished his breakfast <u>just now</u>. （　　　　　　　　）
(6) Have you <u>ever</u> been to Europe? （　　　　　　　　）

2 次の文の（　）内から正しい語（句）を選び，記号を○で囲みなさい。 〈16点＝2点×8〉

(1) Shingo has just (ア wrote　イ written) the letter.
(2) Every boy (ア have　イ has) already eaten lunch.
(3) He (ア is　イ has been　ウ was) in Kenya two years ago.
(4) I have (ア just cleaned　イ cleaned just) the garden.
(5) When (ア have　イ did　ウ are) you read the book?
(6) The dog (ア have　イ has　ウ is) liked by many people.
(7) (ア Do　イ Did　ウ Have　エ Are) you eaten breakfast?
(8) I have never (ア see　イ saw　ウ seen　エ seeing) such a large building.

3 次の文を日本語になおしなさい。 〈15点＝5点×3〉

(1) Bob has been waiting for his brother for thirty minutes.
（　　　　　　　　　　　　　　　　　　　　　　　　　　　）
(2) I haven't finished the work yet.
（　　　　　　　　　　　　　　　　　　　　　　　　　　　）
(3) How many times has your father visited Tokyo?
（　　　　　　　　　　　　　　　　　　　　　　　　　　　）

4 日本文の意味を表すように，（　）内の語（句）を並べかえなさい。 〈15点＝5点×3〉

(1) ケンは今朝からずっと本を読んでいます。
(a book, has, this morning, reading, Ken, been, since).

_____

(2) ディズニーランドに行ったことがありますか。
Have (to, ever, been, you, Disneyland)?
Have _____?

(3)　メアリーが日本に来てから10年以上になります。

Mary (in, for, been, more, has, Japan, than) ten years.

Mary ＿＿＿＿＿＿＿＿＿＿＿＿＿＿＿＿＿＿＿＿＿＿＿＿＿ ten years.

5 各組の文がほぼ同じ意味を表すように，＿＿に適当な１語を入れなさい。　〈12点＝4点×3〉

(1) { My friend was sick last week.　He is still sick.
{ My friend ＿＿＿＿＿ ＿＿＿＿＿ sick ＿＿＿＿＿ last week.

(2) { Kumi and I went to Hong Kong last month.　We are now in Japan.
{ Kumi and I ＿＿＿＿＿ ＿＿＿＿＿ to Hong Kong.

(3) { I broke the window.　There isn't glass there now.
{ I ＿＿＿＿＿ ＿＿＿＿＿ the window.

6 英語の授業で，自分自身について英語でスピーチをすることになりました。下のメモを参考に，自分自身について３つのことがらを現在完了形を使って述べなさい。　〈12点＝4点×3〉

・ピアノを５年間習っている。　　　・英語で手紙を書いたことがある。

・外国に行ったことがない。　　　　・この町に10年間住んでいる。

・きのうペンをなくしてしまった。

・＿＿＿＿＿＿＿＿＿＿＿＿＿＿＿＿＿＿＿＿＿＿＿＿＿＿＿＿＿＿＿＿＿＿

・＿＿＿＿＿＿＿＿＿＿＿＿＿＿＿＿＿＿＿＿＿＿＿＿＿＿＿＿＿＿＿＿＿＿

・＿＿＿＿＿＿＿＿＿＿＿＿＿＿＿＿＿＿＿＿＿＿＿＿＿＿＿＿＿＿＿＿＿＿

7 〈リスニング問題〉(1)と(2)それぞれの対話を聞いて，その内容についての質問に対する最も適当な答えを，ア～エの中から１つずつ選び，○で囲みなさい。　〈12点＝6点×2〉

20

(1)　ア　They will leave Japan.

　　イ　They will visit Jim's Japanese friends.

　　ウ　They will go to Asakusa.

　　エ　They will watch a baseball game.

(2)　ア Hokkaido　　イ Tokyo　　ウ Nara　　エ Osaka

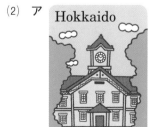   

わかるゼミ5
動詞の変身——不定詞・動名詞

困ったぞ！ 1つの文に動詞が2つ?!

「英文には必ず動詞がある」という約束があったね(⇨ p.5)。
たとえば，

    I play baseball. （私は野球をします）

という英文の動詞は play(する)で，動詞は1つだ。

そこで，英文では「1つの文に動詞は1つ」と覚えておこう。
でも，1つの文で動詞を2つ使いたいときは，どうする？

    「私は　野球を　するのが　好きです」

この日本文を英文で表そうとすると，play(する)と like(好きだ，好む)の2つの英語の動詞が必要だね。しかし，

    I **like play** baseball.

なんて書いてはいけないのだ。英文では「1つの文に動詞は1つ」なのだ！

さあ，どうしよう？

2つある動詞の一方に to か ing をつける

1つの文に動詞を2つ使いたいときには，2つのうちの一方の動詞を，動詞以外のものに変身させればいい。このとき，動詞の変身道具となるのが，to や ing なのだ。

> ✗ I **like play** baseball. ←動詞が2つあるからダメ
>   ⬇ この play に to や ing をつけてみよう
> ○ I **like to play** baseball. ← **play** の前に **to** を置く
> ○ I **like playing** baseball. ← **play** に **ing** をつける

これらの to play や playing は「～すること」という意味で，**名詞の働き**をしていて，もう動詞ではない。どちらの文にも動詞は like だけで，「私は野球をするのが好きだ[することを好む]」という正しい英文になっている。

to play のように，動詞が to という道具を使って変身すると，**不定詞**というものになる。playing のように，動詞が ing を使って変身すると，**動名詞**というものになる。to や ing はたいへん重要な道具だね。

❗ ここに注意

「1つの文に動詞は1つ」のルールは，不定詞や動名詞を使いこなすのにたいへん役に立つ。もちろん，このルールは例外もあるが，覚えておいてトクすることのほうが多い。

❓ Q&A

Q 左の説明にある文，
I like to play ～.
I like playing ～.
は，どんな文のタイプにあてはまるのですか？

A 「1つの文に動詞は1つ」ですから，どちらの文も like(好きだ，好む)が動詞(V)です。そして to play, playing(すること)が名詞の働きをしていて，目的語(O)になっています。だから，どちらの文も，「**S＋V＋O**」です。

不定詞には3つの用法がある

　不定詞は，動詞の前に to を置いたものだ。でも，動詞といっても，plays のように3単現の s をつけた形や，played のような過去形もある。3単現の文では to plays，過去の文では to played としなくてはならないのだろうか?

（3人称単数現在）

　いや，そのような形にはせず，不定詞では必ず動詞の原形を使うのだ。動詞 play の不定詞は to play 1つだけしかない。3単現の s や過去形のことを気にする必要はないのだ。次の形を頭に叩きこんでおこう。

不定詞＝ to ＋動詞の原形

　このように不定詞の形はかんたんだが，訳し方は3通りもある。つまり，不定詞には3つの用法があるのだ。

不定詞
to read の訳し方 〈
① 「読むこと」　　←名詞的用法
② 「読むために」　←副詞的用法
③ 「読むための」　←形容詞的用法

動名詞は名詞の役目をする

　動名詞は，動詞に ing をつけた形だ。もっとくわしく言うと，動詞の原形に **ing** をつけた形だ。これは，進行形をつくるときに使う動詞の ing形とまったく同じだね。

　でも，形はまったく同じでも，働きや意味がちがう。

(ア)　Yuki is **playing tennis**.
　　　　　　└動詞の現在分詞
　　（ユキはテニスをしています）

(イ)　Yuki likes **playing** tennis.
　　　　　　　　└動名詞
　　（ユキはテニスをするのが好きです）

　(ア)の進行形では，playing は is とともに動詞の働きをしていて，「している」という意味だ。しかし，(イ)の playing は，**名詞の働き**をしていて，「すること」という意味だ。

　つまり，**動名詞は「～すること」という意味**を表し，動詞からつくった**名詞**だと言ってよい。

　ちょっとつけたしておくと，(ア)の進行形に使っている playing は**動詞の現在分詞**だが，現在分詞は進行形以外にも使われて，形容詞の働きをする。これはあとで説明しよう（⇨ p.144）。

得点アップの コツ

動詞の原形とは，動詞のもとの形で，ふつう，3単現の s をつけない現在形と同じ形だ。だから，原形といえば，s をつけない現在形を使えばよい。ただし，am，are，is などの be動詞の原形は **be**，has の原形は **have**。

❗ ここに注意

不定詞には3つの訳し方（用法）があるが，このうちどの訳し方をするかは，英文の中で訳してみて，はじめてわかるものだ。

▼ もっとくわしく

不定詞の名詞的用法と動名詞とは「～すること」という意味が同じで，動名詞と現在分詞は動詞の ing形という形が同じだ。また，不定詞・動名詞・現在分詞はすべて動詞からつくられている。だから，この3つは兄弟のようなものだ。

	働き
不定詞	名詞 副詞 形容詞
動名詞	名詞
現在分詞	進行形の一部 形容詞

17 不定詞(1)

解答文一覧 ▶ 別冊 p.4

21

問題にチャレンジ

▸1 play　reads　goes　studied　is
　　　する　　読む　　行く　　勉強した　　です

問 それぞれの動詞を不定詞にせよ。→ **1**

▸2 (use, wanted, a computer, Ken, to).
　ケンはコンピューターを使いたかったです。

問 各語を並べかえて英文をつくれ。→ **2**

▸3 I went to America **to see** my uncle.
　私はおじに会うためにアメリカへ行きました。

問 下線部の不定詞の用法を答えよ。→ **3**

1 不定詞のつくり方

動詞を不定詞にするには，**to** を動詞の原形の前に置けばよい。

┌ ポイント ─────────────
│ **不定詞＝ to ＋動詞の原形**
│　　　　　　　　↖ 3単現の s をつけない現在形と同じ
│　　　　　　　　　　ただし，**be** 動詞の原形は **be**
└──────────────────

▸1の答え→ **to play**, **to read**, **to go**, **to study**, **to be**

2 不定詞の名詞的用法

不定詞(to ＋動詞の原形)を「～すること」と訳すのが名詞的用法だ。文中で**名詞**の働きをするので，動詞の**目的語**となる。

```
①I │ like │ books.        （私は 本 が好きです）
②I │ like │ to read books.（私は 本を読むこと が好きです
 主語  動詞  目的語〔名詞〕  （私は 本を読むの が好きです
```

①の文では books が like の目的語になっている。この books の
　　　　　　　　　└名詞　　 └動詞
かわりに，不定詞 to read books を入れたのが②の文だ。つまり，②の文では to read books が名詞の働きをし，動詞 like の目的語になっている。この **like to ～**の文は，「**～することが好きだ**」，または「**～するのが好きだ**」と訳せばよい。

では，不定詞を別の動詞の目的語にした文も見ておこう。

必修文例

I want to read the book.
（私はその本を読むことを欲します ⟶ 私はその本を読みたいです）

She started to run.
（彼女は走ることを始めました ⟶ 彼女は走り始めました）

得点アップの コツ

不定詞は動詞ではないが，動詞からできているので，動詞のように，いくつかの語を伴うことが多い。

　to read books
　（本を読むこと）
　to play the piano
　（ピアノを弾くこと）

▼ もっとくわしく

動詞 like を日本語の動詞に訳すと「好む」になる。

　I like books.
　（私は本を好む）

この訳し方では堅苦しいので，like を日本語の形容動詞「好きだ」に訳すと，「私は本が好きです」となる。英語の動詞をいつも日本語の動詞に訳す必要はない。日本語らしく訳せばよいのだ。

ポイント

名詞的用法の不定詞 { 「〜すること」の意味を表す 動詞の目的語になり，動詞の直後に来る

▶2の答え→ **Ken wanted to use a computer.**

なお，名詞的用法の不定詞は，動詞の目的語になるほか，文の**主語**になったり**補語**になったりすることもある。

To read books is interesting.
└─主語

（本を読むことはおもしろいです）

His work is **to make watches**.
└─補語

（彼の仕事はうで時計をつくることです）

3 不定詞の副詞的用法(1) ── 目的

不定詞が「〜するために」と**目的**の意味を表すのが副詞的用法。副詞的用法の不定詞は文中で**副詞の働き**をして，**動詞を修飾**する。

① Eri **went** there **yesterday**.
　　　↑

（エリは きのう そこへ行きました）

② Eri **went** there **to swim**.
　　　↑

（エリは 泳ぐために そこへ行きました）

①の文では，yesterday が went を修飾している。同じように②の文でも，副詞の働きをする不定詞 to swim が，動詞 went を修飾している。また，②の文からわかるように，動詞と不定詞の間に there のような語(句)がわりこんでいる。

▶3の答え→ 副詞的用法　→ to see は「会うために」と訳す。

もっとくわしく

副詞的用法の不定詞は，
　Why 〜？(なぜ〜か)
と理由をたずねる疑問文に答えるときに使われることがある。

　Why are you going?
（なぜ行くのですか）

　To see my mother.
（母に会うためです）

4 不定詞の副詞的用法(2) ── 原因・理由

副詞的用法の不定詞には，「〜して」と**原因**や**理由**を表す用法もある。

I'm **glad to go** to France.
　　　└──┘

（私はフランスに　行くことができてうれしいです）

不定詞 to go は前にある形容詞を修飾する副詞の働きをしている。

ポイント

副詞的用法の不定詞 { ①「〜するために」の意味→目的
 ②「〜して」の意味→原因・理由

 基礎問題

❶ 例にならって，動詞を不定詞の形にかえなさい。

例　go → to go

(1) study ＿＿＿＿＿　　(2) write ＿＿＿＿＿

(3) runs ＿＿＿＿＿　　(4) looks ＿＿＿＿＿

(5) has ＿＿＿＿＿　　(6) helped ＿＿＿＿＿

(7) said ＿＿＿＿＿

❷ 次の文を下線部に注意して，日本語になおしなさい。

(1) I like to play soccer.
（　　　　　　　　　　　　　　　　　　　　　　）

(2) They began to study Chinese.
（　　　　　　　　　　　　　　　　　　　　　　）

(3) We tried to clean the river.
（　　　　　　　　　　　　　　　　　　　　　　）

(4) Yui went to the library to read books.
（　　　　　　　　　　　　　　　　　　　　　　）

(5) Did you come to see me yesterday?
（　　　　　　　　　　　　　　　　　　　　　　）

(6) I'm sorry to hear that.
（　　　　　　　　　　　　　　　　　　　　　　）

❸ 日本文の意味を表すよう，（　）内の語数の語句を＿＿に入れなさい。

(1) 私は弟を助ける必要があります。
I ＿＿＿＿＿＿＿＿＿＿ my brother. （3語）

(2) フレッドは日本に住みたいです。
Fred ＿＿＿＿＿＿＿＿＿＿ in Japan. （3語）

(3) 私たちはテニスをするために公園へ行きます。
We go to ＿＿＿＿＿＿＿＿＿＿ tennis. （4語）

(4) そのネコは私のいすの上で眠るのが好きでした。
The cat ＿＿＿＿＿＿＿＿＿＿ on my chair. （3語）

(5) サキはシンガポールについて知るためにいくつか質問をしました。
Saki ＿＿＿＿＿＿＿＿＿＿ about Singapore. （5語）

🤜 実力問題

解答 ▶ 別冊 p.21

❶ 次の文を日本語になおして，下線部の不定詞の用法を [　] に書きなさい。

(1) I want <u>to speak</u> in Italian.　　　　　　　　　　　　　[　　　　　　用法]
(　　　　　　　　　　　　　　　　　　　　　　　　　　　　　　　)

(2) He climbed the tree <u>to get</u> some apples.　　　　　　　[　　　　　　用法]
(　　　　　　　　　　　　　　　　　　　　　　　　　　　　　　　)

(3) I was shocked <u>to see</u> the movie.　　　　　　　　　　　[　　　　　　用法]
(　　　　　　　　　　　　　　　　　　　　　　　　　　　　　　　)

(4) <u>To find</u> my watch wasn't easy.　　　　　　　　　　　　[　　　　　　用法]
(　　　　　　　　　　　　　　　　　　　　　　　　　　　　　　　)

❷ 日本文の意味を表すように，（　）内の語を並べかえなさい。

(1) あなたのコンピューターを使いたいのですが。
I (to, like, use, would) your computer.
I ＿＿＿＿＿＿＿＿＿＿＿＿＿＿＿＿＿＿＿＿＿ your computer.

(2) あなたは将来何になりたいですか。
(to, what, you, want, do, be) in the future?
＿＿＿＿＿＿＿＿＿＿＿＿＿＿＿＿＿＿＿＿＿ in the future?

(3) 私は数学の勉強をするために図書館へ行きました。
(library, math, to, the, study, went, I, to).
＿＿＿＿＿＿＿＿＿＿＿＿＿＿＿＿＿＿＿＿＿＿＿＿＿＿＿＿＿

❸ 次の文を英語になおしなさい。

(1) 私はアメリカへ行くために英語を勉強します。
＿＿＿＿＿＿＿＿＿＿＿＿＿＿＿＿＿＿＿＿＿＿＿＿＿＿＿＿＿

(2) 私の父は医者になりたかったです。
＿＿＿＿＿＿＿＿＿＿＿＿＿＿＿＿＿＿＿＿＿＿＿＿＿＿＿＿＿

🤚
HELP
❶「～すること」と訳せれば名詞的用法，「～するために，～して」と動詞や形容詞を修飾するときは副詞的用法である。(1) Italian「イタリア語」 (3) be shocked「ショックを受ける」
❷ (2)「将来に」in the future (3)「私は」＋「行きました」＋「図書館へ」＋「数学の勉強をするために」の順に文を組み立てる。「数学」math（mathematics の略）
❸ (2)「～になる」be [become] ～，「医者」doctor

― 問題にチャレンジ ―

▸1 There were many **apples**.

売るためのりんごがたくさんありました。

▸2 I didn't have **to do** yesterday. (anything)

きのうは何もすることがありませんでした。

▸3 Ryo wanted **to meet** you.

(a) **To play** tennis isn't difficult.

(b) Bob went to the river **to swim**.

(c) I wanted something **to eat**.

問 日本文の意味になるように，**to sell** を正しい位置に入れよ。 → **1**

問 日本文の意味になるように，（ ）内の語を正しい位置に入れよ。 → **2**

問 **to meet** と同じ用法の不定詞をふくむ文を(a)〜(c)より選べ。 → **3**

---

1 不定詞の形容詞的用法

不定詞（to ＋動詞の原形）が名詞を後ろから修飾して，「〜するための」と訳すのが形容詞的用法だ。

> He wants a **book to read**. （彼は**読むための**本がほしいです）

この文では，不定詞 to read が前の名詞 book の後ろにくっついて，「読むための」と book を修飾している。形容詞的用法の不定詞は，名詞のすぐあとにつく（後置修飾）のだ。

また，「〜するための」と訳して不自然だなと思えば，「〜する」とか「〜すべき」などと訳せばよい。

必修文例

We had no **water** to drink.

（私たちには飲むための水が少しもありませんでした

　　→私たちには 飲む水 が少しもありませんでした）

Here is a **picture** to show you.

（ここにあなたに見せるための写真があります

　　→ここにあなたに 見せる写真 があります）

―ポイント―

形容詞的用法の不定詞 ⎰ 「〜する」「〜すべき」とも訳す
　　　　　　　　　　 ⎱「〜するための」の意味
　　　　　　　　　　　名詞のあとにくっついて名詞を修飾する

▸1 の答え→ There were many apples **to sell**.

　　　　　　　　　　　　　　「売るための」

⚠ ここに注意

形容詞が名詞を修飾するときは，ふつう名詞の前に置かれる（⇨ p.44）。

しかし，形容詞的用法の不定詞は，名詞のあとに置かれて前の名詞を修飾する。

・形容詞→名詞

a **new book**

（新しい本）

・名詞←不定詞

a **book to read**

（読むための本）

2 something [anything] to 〜

　something, anything は，どちらも「何か(のもの)」の意味を表す代名詞で，some, any と同じように，**something** は肯定文に，**anything** は疑問文・否定文に使う(⇨ p.47)。

　この something, anything を不定詞が後ろから修飾することができる。代名詞(名詞の一種)である something, anything を修飾するので，この**不定詞は形容詞的用法**だ。

必修文例

We need **something to eat**.　　〔肯定文〕
(私たちは何か食べるもの[食べるためのもの]が必要です)

Do you have **anything to read**?　　〔疑問文〕
(あなたは何か読むもの[読むためのもの]を持っていますか)

ポイント
something to 〜(肯定文)
anything to 〜(疑問文・否定文)　　} →「何か〜するもの」

▸2の答え→ I didn't have **anything** to do yesterday. →「何もすることがなかった」→「何かすること[するべきこと]を持っていなかった」と考える。否定文なので anything を使っている。

3 不定詞の3用法の見分け方

　不定詞の用法を見分けるためには，文中での働きをよく考えて，次の表にある意味をあてはめてみる。

	名詞的用法	副詞的用法	形容詞的用法
意味	〜すること	〜するために，〜して	〜するための
働き	名詞の働きをして動詞の目的語や，主語・補語になる	副詞の働きをして動詞や形容詞を修飾する	形容詞の働きをして(代)名詞を修飾する
見分け方	動詞の目的語のとき，動詞のあとについている　動詞＋不定詞	動詞との間に別の語句がわりこんでいることが多い　動詞＋〜＋不定詞	(代)名詞のあとについている　(代)名詞＋不定詞

▸3の答え→ (a)→ Ryo wanted **to meet** you. (リョウはあなたに会いたがっていました)は，want to 〜の文なので**名詞的用法**。(a)は「テニスをすること」で**名詞的用法**(テニスをすることはむずかしくありません)，(b)は「泳ぐために」で**副詞的用法**(ボブは泳ぐために川へ行きました)，(c)は「何か食べる(ための)もの」で**形容詞的用法**(私は何か食べるものがほしかったです)。

得点アップの **コツ**

nothing も something などと同じように，あとに形容詞的用法の不定詞をつけることができる。

I have **nothing to eat**.
(私は食べるためのものを少しも持っていません)

5

▼ もっとくわしく

something, anything を修飾する形容詞は，後ろにつける(⇨ p.44)。

I want **something cold**.
(何か冷たいものがほしいです)
このあとに，さらに形容詞的用法の不定詞をつけることができる。

something cold to drink
(何か冷たい飲みもの)

❗ ここに注意

He went to the river **to swim**.
この文で不定詞 to swim の前に名詞 river があるから，形容詞的用法だ，と考えてはいけない。
形容詞的用法の不定詞は必ず名詞のあとにつくが，名詞のあとの不定詞は必ず形容詞的用法だ，とは言えない。意味は「彼は泳ぐために川へ行きました」で，目的を表す副詞的用法だ。

✎ 基礎問題

解答 ▶ 別冊 p.21

❶ 次の文を，下線部に注意して日本語になおしなさい。

(1) She has many accessories to sell.
(　　　　　　　　　　　　　　　　　　　　　　　　　)

(2) Do you want a book to read?
(　　　　　　　　　　　　　　　　　　　　　　　　　)

(3) This is a racket to give him.
(　　　　　　　　　　　　　　　　　　　　　　　　　)

(4) The runner wanted something to drink.
(　　　　　　　　　　　　　　　　　　　　　　　　　)

❷ 日本文の意味を表すように下から適当な語を選び，＿＿に入れなさい。（同じ語を2度以上使ってもよい）

(1) 彼はきょうすることがたくさんあります。
He has many ＿＿＿＿＿ ＿＿＿＿＿ ＿＿＿＿＿ today.

(2) 彼らは何か食べるものが必要です。
They need ＿＿＿＿＿ ＿＿＿＿＿ ＿＿＿＿＿.

(3) 妹はきのう運転する車がありませんでした。
My sister had no ＿＿＿＿＿ ＿＿＿＿＿ ＿＿＿＿＿ yesterday.

(4) その森には切るための木はほとんどありません。
There are few ＿＿＿＿＿ ＿＿＿＿＿ ＿＿＿＿＿ in the forest.

to car eat cut something things do trees drive

❸ 日本文の意味を表すように，（　）内の語を並べかえなさい。

(1) それらは売るための服ですか。
Are they (to, sell, clothes)?
Are they ＿＿＿＿＿＿＿＿＿＿＿＿＿＿＿＿＿＿＿？

(2) 彼にはその問題を解決するための考えが少しもありませんでした。
He had (to, no, solve, ideas) the problem.
He had ＿＿＿＿＿＿＿＿＿＿＿＿＿＿ the problem.

(3) 私は何か読むものがほしいです。
(read, want, to, something, I).
＿＿＿＿＿＿＿＿＿＿＿＿＿＿＿＿＿＿＿＿＿

✋ HELP

❶ すべて形容詞的用法の不定詞。前にある名詞や代名詞を修飾する。「～するための…」と訳すのが基本。
(1) accessory [æksésəri アクセサリィ]「アクセサリー」
(4) runner「走者，ランナー」，**something to ～**「何か～するもの」

❷ 形容詞的用法の不定詞は，修飾する（代）名詞のすぐ後ろに置けばよい。

単語
no [nou ノウ]
　形　少しもない
　（名詞の前に置かれる）
few [fjuː フュー]
　形　ほとんどない
　（数えられる名詞の前に置かれる）

❸ (2)「少しも～ない」は「**no**＋名詞」で表す。

単語
clothes [klouz クロウズ]
　衣服
solve [sɑlv サルヴ]
　（困難など）を解決する

実力問題

解答 ▶ 別冊 p.21

❶ 次の(1)～(3)の下線部と同じ用法の不定詞を使った文を，下のア～カから２つずつ選びなさい。

(1) I like to climb mountains.　　　　　　　[　　] [　　]

(2) These are apples to cook.　　　　　　　[　　] [　　]

(3) She goes to the island to spend her vacation.　[　　] [　　]

　ア　He went to the shop to buy some notebooks.
　イ　Do you want to come with us?
　ウ　Please come to see me next Saturday.
　エ　Here are some albums to show you.
　オ　To swim here is dangerous.
　カ　Give me something to eat.

❷ 日本文の意味を表すように，（　）内の語を並べかえなさい。

(1) 彼は美しい写真をとるためにカナダへ行きました。
　(beautiful, Canada, pictures, to, went, he, take, to).

_____

(2) 私は多くのことを知りたいです。
　(lot, want, things, know, I, a, of, to).

_____

(3) 彼らに何か話すことがありますか。
　(anything, you, to, tell, have, them, do)?

_____

❸ （　）内の語(句)を使って，次の文を英語になおしなさい。

(1) 私は今度の日曜日何もすることがありません。(nothing, this Sunday)

_____

(2) 京都には訪れるべき場所がたくさんあります。(places, in Kyoto)

_____

HELP
❶ (1)は「～すること」と訳せる名詞的用法，(2)は前にある名詞 apples を修飾する形容詞的用法，(3)は動詞 goes を修飾する副詞的用法の不定詞である。
❷ (1)「写真をとる」take a picture　(3)「何か～するもの[すること]」anything to ～
❸ (1) nothing to ～「少しも～するものがない」(2)「～があります」は **There is[are] ～.** で表す。

19 動名詞

解答文一覧 ▶ 別冊 p.4

― 問題にチャレンジ ―

▸**1** speak　　write　　sit　　swim
　　　話す　　　書く　　すわる　　泳ぐ

　圐 それぞれの動詞を動名詞にせよ。 →**1**

▸**2** Mr. Johnson likes **to get** up early.
　ジョンソンさんは早く起きるのが好きです。

　圐 動名詞を使って同じ意味の英文にせよ。 →**2**

▸**3** Jim **enjoyed** (to watch, watching) TV.
　ジムはテレビを見て楽しみました。

　圐 ( )内から適当なものを選べ。 →**3**

▸**4** Mika **wanted** (to eat, eating) a cake.
　ミカはケーキを食べたかったです。

　圐 ( )内から適当なものを選べ。 →**3**

1 動名詞は動詞からつくった名詞

　動詞の原形の前に to をつけて不定詞にすると，名詞の働きをさせることができる。同じように動詞の原形に ing をつけると名詞の働きをして，「～すること」という意味を表す単語ができる。これが動名詞だ。

動詞	動名詞
read（読む）	→ read**ing**（読むこと）
make（つくる）	→ mak**ing**（つくること）
cut（切る）	→ cut**ting**（切ること）

> -ing のつけ方は p.10で確認しよう。

ー ポイント ー
動名詞＝動詞の原形＋ing（つまり動詞の ing形）
「～すること」の意味→名詞の一種

▸**1**の答え→ speak**ing**, writ**ing**, sit**ting**, swim**ming** → write の e をとることと，sit, swim の最後の子音字（しいんじ）を重ねることに気をつける。

2 文の中での動名詞の働き

　動名詞の使い方は，不定詞の名詞的用法とよく似ている。どちらも，動詞からつくられた名詞の働きをする語句だからだ。

主語	動詞	目的語	
①I	like	**to read books**.	（私は本を読むことが好きです）
②I	like	**reading books**.	

？ Q&A

Q 動詞の ing形は進行形をつくるときに使いましたが，動名詞と同じなのですか？

A 進行形に使うときの動詞の ing形を現在分詞と呼びますが，名詞の働きをしないので，動名詞とはちがいます。現在分詞と動名詞はつくり方・つづり・発音がまったく同じですが，文の中での役目がちがいます。

得点アップの コツ

動名詞はもとは動詞なので，動詞と同じように，いくつかの語を伴（ともな）うことが多い。
　reading books
　（本を読むこと）
これは不定詞でも同じ（⇨ p.86）。

94

①は名詞的用法の不定詞 to read，②は動名詞 reading を使っているが，どちらも**名詞の働き**をして「読むこと」という意味を表し，動詞 like の**目的語**になっている。また，どちらの文の意味もほぼ同じだ。

必修文例

She began **crying**.（動名詞）	（彼女は泣くことを始めました
She began **to cry**.（不定詞）	⟶ 彼女は泣き始めました）
It started **raining**.（動名詞）	（雨が降ることが始まりました
It started **to rain**.（不定詞）	⟶ 雨が降り始めました）

なお動名詞は，動詞の目的語になるほかに，文の**主語**や**補語**にもなる。これも名詞的用法の不定詞と同じだ。

▸2の答え➜ Mr. Johnson likes **getting** up early. →子音字 **t** を重ねることに注意。不定詞 to get を動名詞 getting にする。

③ 動名詞と不定詞のどちらが好き？

like，**begin**，**start** などの動詞は，目的語に動名詞・不定詞のどちらでも使える。

しかし，動詞が **enjoy**（楽しむ），**finish**（終える），**stop**（やめる）などのときは，目的語に不定詞は使えない。これらは動名詞が好きな動詞だ。

（×） **I enjoy to sing** a song.
└不定詞は使えない

（〇） **I enjoy singing** a song.
└正しい

（私は歌を歌うことを楽しみます➜私は歌をうたって楽しみます）

これとは反対に，動名詞がきらいで，不定詞が好きな動詞もある。たとえば，**want**（したい），**hope**（望む），**learn**（学ぶ），**plan**（計画する），**wish**（願う）などの動詞は，目的語に不定詞しか使えない（つまり動名詞は使えない）。

（×） I want **studying** English.
└動名詞は使えない

（〇） I want **to study** English.
└正しい

（私は英語を勉強したいです）

┌ポイント ─────
① **目的語に動名詞しか使えない動詞**
　 enjoy，**finish**，**stop** など
② **目的語に不定詞しか使えない動詞**
　 want，**hope**，**learn**，**plan**，**wish** など

▸3の答え➜ Jim enjoyed **watching** TV. →動詞が **enjoy** なので，目的語は動名詞のほうを選ぶ。

▸4の答え➜ Mika wanted **to eat** a cake. →動詞が **want** なので，目的語は不定詞のほうを選ぶ。

▼ もっとくわしく

動名詞は，動詞の目的語になるが，文の**主語**・**補語**にもなり，さらに前置詞のあとにつけることもできる。

　Reading books is
　　└主語
interesting.
（本を読むことはおもしろいです）

　His work is **making**
　　　　　　　　└補語
watches.
（彼の仕事はうで時計をつくることです）

　I'm good **at skiing**.
　　　　　　　↑
（私はスキーをすることが得意です）

おもしろ暗記法

目的語に動名詞をとる動詞は，「メガフェプス」と覚えよう。

メ	mind	（いやに思う）
	enjoy	（楽しむ）
ガ	give up	（あきらめる）
	avoid	（避ける）
フェ	finish	（終える）
	escape	（逃れる）
プ	practice	（練習する）
ス	stop	（やめる）

❗ ここに注意

① I stopped **eating**.
② I stopped **to eat**.

①は，動詞 stop の目的語として動名詞 **eating** が使われていて，「私は食べることをやめた」の意味。
②は，動詞 stop のあとに不定詞 **to eat** があるが，この不定詞は stop の目的語ではなく，「食べるために」の意味の副詞的用法の不定詞だ。文の意味は，「私は食べるために立ち止まった」となる。「stop ＋動名詞」と「stop ＋不定詞」とでは，意味がまったくちがうことに注意。

 基礎問題

1 例にならって，次の動詞を動名詞にして訳しなさい。

例	speak	（話す）	speaking	（ 話すこと ）
(1)	work	（働く）	＿＿＿＿＿＿	（ ）
(2)	make	（つくる）	＿＿＿＿＿＿	（ ）
(3)	swim	（泳ぐ）	＿＿＿＿＿＿	（ ）
(4)	read	（読む）	＿＿＿＿＿＿	（ ）
(5)	write	（書く）	＿＿＿＿＿＿	（ ）
(6)	run	（走る）	＿＿＿＿＿＿	（ ）
(7)	come	（来る）	＿＿＿＿＿＿	（ ）
(8)	sit	（すわる）	＿＿＿＿＿＿	（ ）
(9)	study	（勉強する）	＿＿＿＿＿＿	（ ）
(10)	get	（得る）	＿＿＿＿＿＿	（ ）

2 次の文を日本語になおしなさい。

(1) I liked swimming in the lake.
（ ）
(2) Did it stop snowing, Sayaka?
（ ）
(3) I'm looking forward to making cakes.
（ ）

3 日本文の意味を表すように，（ ）内の語を並べかえなさい。

(1) 私たちはテニスをして楽しみました。
We (playing, tennis, enjoyed).
We ＿＿＿＿＿＿＿＿＿＿＿＿＿＿.
(2) ベイカーさんはきのうその本を読み終えました。
Mr. Baker (the, finished, book, reading) yesterday.
Mr. Baker ＿＿＿＿＿＿＿＿＿＿ yesterday.
(3) 彼らは公園で野球をし始めました。
They (playing, baseball, started) in the park.
They ＿＿＿＿＿＿＿＿＿＿ in the park.
(4) 窓を開けていただけますか。
(you, do, opening, mind) the window?
＿＿＿＿＿＿＿＿＿＿ the window?

✋ **HELP**

1 注意すべき ing形のつくり方

①発音しない **e** で終わる語→ **e** をとって **ing**
②「**1** 母音字＋**1** 子音字」で終わる語→子音字を重ねて **ing**

(2)(5)(7)は①，(3)(6)(8)(10)は②

2 動名詞(-ing)は「～すること」と訳せる。
(1) lake「湖」
(2) この it は天候を表す主語。「それ」と訳してはいけない。stop snowing →「雪が降ることが止まる」→「雪がやむ」
(3) **look forward to -ing**「～するのを楽しみに待つ」

3 (1) 動詞 enjoy，(2) 動詞 finish は動名詞を目的語にすることができる。
(3) 動詞 start は不定詞・動名詞の両方を目的語にすることができる。

enjoy	-ing
finish	-ing
start<	-ing / to ~

(4) mind（いやに思う）
「窓を開けるのをいやに思いますか」と考える。

実力問題

解答 ▶ 別冊 p.22

1 次の文の（ ）内の動詞を，動名詞または不定詞の適当な形に書きかえなさい。両方可能なときは，両方とも書きなさい。

(1) Mr. Smith began (walk) again. ＿＿＿＿＿＿ ＿＿＿＿＿＿

(2) We enjoyed (watch) TV. ＿＿＿＿＿＿ ＿＿＿＿＿＿

(3) I want (help) you. ＿＿＿＿＿＿ ＿＿＿＿＿＿

(4) She finished (do) her homework. ＿＿＿＿＿＿ ＿＿＿＿＿＿

(5) I hope (see) him. ＿＿＿＿＿＿ ＿＿＿＿＿＿

(6) Do you like (collect) stamps? ＿＿＿＿＿＿ ＿＿＿＿＿＿

(7) The baby stopped (cry) at last. ＿＿＿＿＿＿ ＿＿＿＿＿＿

2 日本文の意味を表すように，＿＿＿に適当な1語を入れなさい。

(1) 彼は昼食を食べ終えました。
He ＿＿＿＿＿＿ ＿＿＿＿＿＿ lunch.

(2) 彼女はその歌を聞いて楽しみましたか。
Did she ＿＿＿＿＿＿ ＿＿＿＿＿＿ to the song?

(3) ピアノを弾くのをやめてください。
Please ＿＿＿＿＿＿ ＿＿＿＿＿＿ the piano.

(4) 彼らはプールで泳ぐのが好きです。
They ＿＿＿＿＿＿ ＿＿＿＿＿＿ in the pool.

3 日本文の意味を表すように，（ ）内の語を並べかえなさい。ただし，1語は適当な形にかえて使うこと。

(1) 私は彼女と話をして楽しかったです。
(enjoyed, with, I, talk, her).

＿＿＿＿＿＿＿＿＿＿＿＿＿＿＿＿＿＿＿＿＿＿

(2) 1時間雨がやみませんでした。
(for, didn't, rain, an, stop, it, hour).

＿＿＿＿＿＿＿＿＿＿＿＿＿＿＿＿＿＿＿＿＿＿

(3) 彼はギターを弾くのが得意です。
(good, he, the, play, is, guitar, at).

＿＿＿＿＿＿＿＿＿＿＿＿＿＿＿＿＿＿＿＿＿＿

HELP

1 (7) at last「とうとう」，stopped のあとは，文全体の意味を考えて適当な形にすること。

2 (2) Did ～？の疑問文なので動詞は原形にする。「～を聞く」listen to ～

(3) 命令文なので動詞は原形にする。

3 (2) 天気を表す文は it を主語にする。「雨が降る」rain

1 次の文の（　）内から正しいものを選び，記号を〇で囲みなさい。 〈18点＝2点×9〉

(1) I don't want (ア to sleep　イ slept　ウ sleeping) now.

(2) Let's enjoy (ア to learn　イ will learn　ウ learning) English with us.

(3) She began (ア to worked　イ to work　ウ work) in the kitchen.

(4) My father went to a concert (ア to listen　イ listens　ウ listening) to classical music.

(5) We finished (ア to play　イ playing　ウ played) tennis.

(6) These are presents (ア to give　イ are giving　ウ giving) her.

(7) Do you mind (ア open　イ to open　ウ opening) the door?

(8) I (ア wanted　イ enjoyed　ウ finished) to take a walk then.

(9) He likes (ア to takes　イ takes　ウ taking) pictures.

2 日本文の意味を表すように，＿＿に適当な1語を入れなさい。 〈16点＝4点×4〉

(1) 彼は車を洗い始めました。
He started ＿＿＿＿＿ ＿＿＿＿＿ his car.

(2) 彼女は昼食を食べるために帰宅します。
She goes home ＿＿＿＿＿ ＿＿＿＿＿ lunch.

(3) マイクは冬にスキーをするのが好きです。
Mike likes ＿＿＿＿＿ in winter.

(4) 私たちは今週することが多いです。
We have a lot of things ＿＿＿＿＿ ＿＿＿＿＿ this week.

3 各組の文がほぼ同じ意味を表すように，＿＿に適当な1語を入れなさい。 〈15点＝3点×5〉

(1) { We sang many songs.　We enjoyed it.
{ We ＿＿＿＿＿ ＿＿＿＿＿ many songs.

(2) { I need some food.
{ I need ＿＿＿＿＿ ＿＿＿＿＿ eat.

(3) { He likes to read science books.
{ He likes ＿＿＿＿＿ ＿＿＿＿＿ books.

(4) { My brother visited England.　He wanted to study English history.
{ My brother visited England ＿＿＿＿＿ ＿＿＿＿＿ English history.

(5) { They don't have anything to tell me.
{ They have ＿＿＿＿＿ ＿＿＿＿＿ tell me.

4 次の文を日本語になおして，下線部の不定詞の用法を[ ]に書きなさい。　　〈12点＝4点×3〉

(1) He hopes <u>to run</u> the fastest.　　　　　　　　　　　[　　　　用法]
(　　　　　　　　　　　　　　　　　　　　　　　　　　　　　)

(2) Did they have anything <u>to drink</u>?　　　　　　　　　[　　　　用法]
(　　　　　　　　　　　　　　　　　　　　　　　　　　　　　)

(3) Please come <u>to see</u> me tomorrow.　　　　　　　　　[　　　　用法]
(　　　　　　　　　　　　　　　　　　　　　　　　　　　　　)

5 次の文を日本語になおしなさい。　　〈12点＝4点×3〉

(1) I am looking forward to playing the video game.
(　　　　　　　　　　　　　　　　　　　　　　　　　　　　　)

(2) Stop complaining about your meals.
(　　　　　　　　　　　　　　　　　　　　　　　　　　　　　)

(3) You should practice speaking English all the time.
(　　　　　　　　　　　　　　　　　　　　　　　　　　　　　)

6 次の文を，不定詞または動名詞を使って英語になおしなさい。　　〈15点＝5点×3〉

(1) 私は上手に英語を話したいです。

(2) 父はいつも働くのを楽しんでいます。

(3) 彼はギターを買うために熱心に働きました。

7 〈リスニング問題〉英文を聞いて，その内容についての(1)～(3)の質問に対する最も適当な答えを，ア～エの中から1つずつ選び，○で囲みなさい。　　〈12点＝4点×3〉

24

(1) ア For one week.　　　　　　　イ For two weeks.
ウ For three weeks.　　　　　エ For four weeks.

(2) ア Baseball.　　　　　　　　　イ *Judo.*
ウ *Kendo.*　　　　　　　　　エ *Kendo* and *judo.*

(3) ア Yuji and Peter's parents did.
イ Yuji and Peter's friends did.
ウ Yuji and Yuji's friends did.
エ Yuji and Yuji's parents did.

わかるゼミ6
「～される」は受け身

「～する」と「～される」

Mike likes the cat. （マイクはそのネコが好きです）

この文では，主語マイクの「好きだ」という気持ちを表し，その好きな相手（動詞の目的語）がネコなのだ。

この文をネコを主語にして言いかえると，「そのネコはマイクに好かれています」となる。主語のネコは，「好きだ」というマイクの気持ちを受けるので，「好かれている」という表現にかわる。

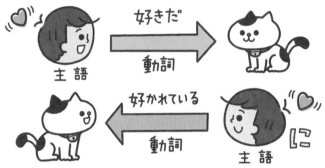

気持ちを表す場合だけでなく，動作をする場合も同じだ。

> **マイクは**ネコが**好きです。**——→ ネコはマイクに**好かれています。**
> **彼女は**手紙を**書きました。**——→ **手紙は彼女によって書かれました。**

右側の「好かれている」「書かれた」など「～される[された]」という表現は，**主語が動作や気持ちを受ける**ことを表しており，英語ではこれを受け身（または受動態）と言う。

受け身の文では，過去分詞が再登場

英語の受け身「～される」の文をつくるのには，現在完了のところでも使った**過去分詞**を使う。

過去分詞のつくり方には2通りあったけど，覚えているかな？規則動詞と不規則動詞でつくり方がちがったね。ここでもう一度見てみることにしよう。

	原形（現在形）	過去形	過去分詞
規則動詞	like（好きだ）	→ liked（好きだった）	→ **liked**
不規則動詞	make（つくる）	→ made（つくった）	→ **made**
	write（書く）	→ wrote（書いた）	→ **written**

洗う
洗われる

> **❗ ここに注意**
>
> 受け身の文は，必ずしも「～される[された]」と訳すとはかぎらない。
>
> たとえば，「京都は多くの人が訪れます」を，京都を主語にして表すとどうなるか。
>
> 「京都は多くの人によって訪れられます」で，受け身の文になる。けれども，ふつう日本語ではこういう言い方はしない。
>
> このように，日本語では受け身に訳さないことが多いので注意しよう。

> **▼ もっとくわしく**
>
> 受け身[受動態]に対して，「好きだ」「書いた」など「～する[した]」という表現は，主語が動作をしたり，主語の気持ちを表したりしていて，これを能動態と言う。

規則動詞の過去分詞は，過去形と同じで **ed** をつけるんだったね。不規則動詞の変化には，**A−A−A**，**A−B−A**，**A−B−B**，**A−B−C** の４つのパターンがあるのを覚えているかな？　くわしくは，p.65で確認しておこう。

受け身は「be動詞＋過去分詞」

　動詞の過去分詞は受け身の大切な部品だが，過去分詞だけで受け身になるのではなく，前に be動詞を置いて，「**be動詞＋過去分詞**」の形にして，はじめて「〜される」という受け身になる。be は原形だから，主語によって am，are，is を使い分け，過去の文なら was，were を使い分けなければならない。

　「be動詞＋過去分詞」と似た形に，「**be動詞＋現在分詞**」がある。進行形だね。be動詞の使い方は進行形の場合と同じだ。
　　　　　　　　└─動詞の ing形

　では，受け身の文をつくってみよう。

The cat **is liked**.　　　（そのネコは好かれています）
　　　be動詞(現在形)＋過去分詞
The letter **was written**.　（その手紙は書かれました）
　　　　　　be動詞(過去形)＋過去分詞

だれ[何]によって「〜される」のか

　上の文「そのネコは好かれています」「その手紙は書かれました」は受け身の文だ。だが，何かたりない！
　「ネコは好かれている」けれど，いったい，**だれに**[だれから]好かれているのだろうか？「手紙は書かれた」のはわかったが，その手紙は**だれによって**書かれたのだろう？
　「…に」「…によって」の部分が抜けていると，意味がはっきりしないね。この「…に」「…によって」を表す部分が **by ...** だ。そして，by ... を「be動詞＋過去分詞」のあとにつけると，「…に(よって)〜される」を表すことができる。by のあとに代名詞が来る場合は，その代名詞は**目的格**になるということに**要注意**だ。

必修文例

The cat **is liked** |by Mike|.
（そのネコは |マイクに[よって]| 好かれています）
The letter **was written** |by her|.
（その手紙は |彼女によって| 書かれました）└by のあとは目的格(⇨ p.22)

▼ **もっとくわしく**

p.65にあげたもの以外に，次の不規則動詞も代表的だ。

原　形 (現在形)	過去形	過去分詞
A−A−A型		
cut	cut	cut
A−B−A型		
run	ran	run
A−B−B型		
bring	brought	brought
build	built	built
catch	caught	caught
say	said	said
send	sent	sent
teach	taught	taught
A−B−C型		
choose	chose	chosen
give	gave	given
ride	rode	ridden
see	saw	seen
sing	sang	sung
speak	spoke	spoken
take	took	taken

6

20 受け身

解答文一覧 ▶ 別冊 p.4

問題にチャレンジ

▸1 This computer (**be use**) by Ken.

このコンピューターはケンによって使われています。

囲 ( )内の語を適当な形にせよ。
→ **1**

▸2 He **made** a lot of watches.

彼は多くのうで時計をつくりました。

囲 受け身の文に書きかえよ。
→ **2**

▸3 Mr. Takano **teaches** us music.

高野先生は私たちに音楽を教えます。

囲 2通りの受け身の文に書きか
えよ。 → **3**

▸4 **Did** you **take** that picture?

あなたはあの写真をとりましたか。

囲 受け身の文に書きかえよ。
→ **4**

1 受け身「～される」の基本形

「～される[された]」と受け身の意味を表す文では，主語のあとに「**be動詞＋過去分詞**」を使い，さらにそのあとに **by...** をつけて，「…によって～される[された]」という意味を表すのが基本的な形だ。

English **is spoken** **by many people.**
主語　　　be動詞＋過去分詞　　by...（…によって）
（英語は多くの人々によって話されています）

── ポイント ──

受け身[受動態] ＝ **be動詞＋過去分詞＋ by...**
└─am, are, is, was, were を使い分ける
→ 「…によって～される[された]」

▸1の答え→ **is used** →現在の受け身の文なので，be動詞は主語に合わせて is を使い，use は過去分詞にする。

2 能動態の文から受け身の文への書きかえ

能動態の文（⇨ p.100）を受け身の文に書きかえるには，①～③のようにする。

①能動態の文の目的語を，受け身の文の主語にする。
②能動態の文の動詞を「**be動詞＋過去分詞**」の形にする。be動詞は受け身の主語に合わせる。
③能動態の文の主語を目的格にして前に **by** をつけ，②のあとに入れる。
　　　　　　└─代名詞のときは me, him, her, us, them など

では「きのう私は車を洗った」という能動態の過去の文を「きのう車は私によって洗われた」という受け身の過去の文に書きかえてみよう。

ここに注意

受け身の文を「～される」と訳してみて，ちょっとおかしいなと思ったら，「～されている」と訳してみよう。受け身は「～されている」と状態を表すこともあるからだ。

好かれる←→好かれている
書かれる←→書かれている

得点アップの コツ

受け身の文は，「be動詞＋過去分詞」の be動詞を見れば，現在の文か過去の文かがわかる。

The book **was written**
　　主語　　be動詞＋過去分詞
by Mr. Smith.
by...（…によって）

→ be動詞が **was**（過去形）だから，受け身の過去の文。意味は「その本はスミス氏によって書かれました」となる。

	主語	動詞	目的語	その他の語句
能動態	I	washed	the car	yesterday.
受け身	The car 主語	was washed be動詞＋過去分詞	by me by ＋目的格	yesterday. その他の語句

▸2の答え➡ **A lot of watches were made by him.**（多くのうで時計が彼によってつくられました）➡ be動詞は主語が複数のときの過去形 were を使い、「be動詞＋過去分詞」は **were made** とする。

3 能動態の文から2つの受け身の文ができる

　目的語が **2つある**能動態の文（S＋V＋O＋O のタイプの文⇨ p.59）は、「～（人）に」の目的語を主語にした受け身の文と、「～（物）を」の目的語を主語にした受け身の文との、**2つの受け身の文**に書きかえることができる。

必修文例

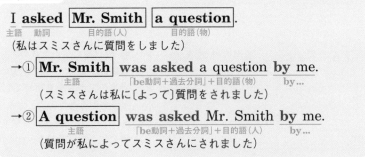

I **asked** Mr. Smith a question.
主語　動詞　　目的語(人)　　目的語(物)
（私はスミスさんに質問をしました）
➡① Mr. Smith was asked a question by me.
　　主語　　　「be動詞＋過去分詞」＋目的語(物)　　by...
（スミスさんは私に〔よって〕質問をされました）
➡② A question was asked Mr. Smith by me.
　　主語　　　「be動詞＋過去分詞」＋目的語(人)　　by...
（質問が私によってスミスさんにされました）

▸3の答え➡ We **are taught** music **by** Mr. Takano.（私たちは高野先生によって音楽を教えられています）/ Music **is taught** (to) us **by** Mr. Takano.（音楽は高野先生によって私たちに教えられています）➡ 目的語（人）us, 目的語（物）music をそれぞれ主語として、受け身の文をつくればよい。

4 受け身の疑問文・否定文

　受け身の文は be動詞のある文だから、be動詞の文と同じようにして疑問文・否定文をつくればよい。

疑問文「**be動詞＋主語＋過去分詞～ ?**」
Is this desk **used by** her?（この机は彼女によって使われていますか）
否定文「**主語＋ be動詞＋ not ＋過去分詞～**」
This desk **is not used by** her.
（この机は彼女によって使われていません）

▸4の答え➡ **Was** that picture **taken by** you?（あの写真はあなたによってとられたのですか）➡ that picture を主語にして、Did のかわりに be動詞の単数・過去形 was を使う。

！ ここに注意

受け身の文の by のあとには、能動態の文の主語が来るが、それが代名詞の場合、目的格の形になおすことを忘れないようにする。
➡ by me, by him,
　 by her, by them

6

▼ もっとくわしく

受け身の文では、動作をする人や物を by ... で示すが、特に動作をする人や物を示す必要のないときは、by ... は省略される。
　E-mail **is exchanged** all over the world.
（Eメールは世界中でやりとりされています）

得点アップの **コツ**

by のかわりに at, in, with などが使われることがある。

be surprised at ～
（～に驚く）
be interested in ～
（～に興味がある）
be covered with ～
（～におおわれる）
be made of ～
（～〔材料〕でつくられる）
be made from ～
（～〔原料〕からつくられる）
be known to ～
（～に知られている）
be filled with ～
（～で満たされている）

2単語以上で1つの動詞と考えて受動態をつくる場合がある。
speak to ～（～に話しかける）
laugh at ～（～をあざ笑う）
take care of ～
（～の世話をする）　など。
　I **was spoken to** by a girl.
（私は女の子に話しかけられました）
to は消さないこと！

 基礎問題

解答 ▶ 別冊 p.23

❶ 日本文の意味を表す受け身の文になるように，（　）内の語を正しい形になおして＿＿に書きなさい。ただし，1語とは限りません。

(1) English (use) in many countries.　　＿＿＿＿＿＿＿
英語は多くの国々で使われています。

(2) This book (read) by everyone.　　＿＿＿＿＿＿＿
この本はみんなに読まれています。

(3) The song (love) by the girls.　　＿＿＿＿＿＿＿
その歌はその少女たちに愛されています。

(4) The room ①(clean) by ②(he).　　①＿＿＿＿＿＿
その部屋は彼によってそうじされました。　②＿＿＿＿＿＿

(5) These dishes ①(wash) by ②(she).　①＿＿＿＿＿＿
これらの皿は彼女によって洗われました。　②＿＿＿＿＿＿

❷ 各組の文がほぼ同じ意味を表すように，＿＿に適当な1語を入れなさい。

(1) ⎰ Tom painted the pictures.
　　⎱ The pictures ＿＿＿＿＿ ＿＿＿＿＿ by Tom.

(2) ⎰ I needed a new computer.
　　⎱ A new computer ＿＿＿＿＿ ＿＿＿＿＿ by ＿＿＿＿＿.

(3) ⎰ Natsume Soseki wrote *Botchan*.
　　⎱ *Botchan* ＿＿＿＿＿ ＿＿＿＿＿ by Natsume Soseki.

(4) ⎰ They speak Spanish in Peru.
　　⎱ Spanish ＿＿＿＿＿ ＿＿＿＿＿ in Peru.

❸ ＿＿に適当な1語を入れて，(1)(2)の文を疑問文と否定文に書きかえなさい。また，疑問文の答えの文を完成しなさい。

(1) These cars are made in Germany.
〔疑問文〕 ＿＿＿＿＿ these ＿＿＿＿＿ made in Germany?
〔答えの文〕 Yes, ＿＿＿＿＿ ＿＿＿＿＿.
〔否定文〕 These cars ＿＿＿＿＿ ＿＿＿＿＿ in Germany.

(2) The movie was liked by old people.
〔疑問文〕 ＿＿＿＿＿ the movie ＿＿＿＿＿ by old people?
〔答えの文〕 No, ＿＿＿＿＿ ＿＿＿＿＿.
〔否定文〕 The movie ＿＿＿＿＿ ＿＿＿＿＿ by old people.

✋ **HELP**

❶ (1) English（英語）は単数扱い。
(2) 原形・過去分詞が同じ形の動詞に注意。

原形	過去形	過去分詞
read	**read**	**read**
リード	レッド	レッド
[riːd]	[red]	[red]
cut	**cut**	**cut**
put	**put**	**put**

(4)(5) by のあとの代名詞を目的格にする。

❷ 受け身にしたときの主語は単数か複数か，現在の文か過去の文か，を見極めて be 動詞の形を決める。
(4) They は「人々」と関係者全体を表すので by them は省略されるのがふつう。Peru（ペルー）は南米の国で，スペイン語が話されている。

単語
Spanish
[spǽniʃ スパニッシュ]
スペイン語

❸ 受け身の疑問文は，be 動詞のある疑問文と同じように，be 動詞を文のはじめに置けばよい。答えの文は，疑問文の主語を代名詞になおして答える。
受け身の否定文は，
「be動詞＋ not ＋過去分詞」
(1) these は this の複数形。

 実力問題

❶ 次の文の（　）内から適当な語を選び，〇で囲みなさい。また，全文をそれぞれ日本語になおしなさい。

⑴ My cake was (eat, eating, eaten, eated) by my sister.
（　　）

⑵ (Did, Does, Was) the letter found by Mike?
（　　）

⑶ The star (wasn't, isn't, doesn't didn't) known to us long ago.
（　　）

⑷ That desk is made (of, from, with) wood.
（　　）

⑸ The town is covered (of, from, with) snow.
（　　）

❷ 日本文の意味を表すように，＿＿に適当な1語を入れなさい。

⑴ 彼はコンピューターに興味があります。
He is ＿＿＿＿＿＿ ＿＿＿＿＿＿ computers.

⑵ 私は通りで外国人に話しかけられました。（「〜に話しかける」speak to 〜）
I ＿＿＿＿＿＿ ＿＿＿＿＿＿ ＿＿＿＿＿＿ ＿＿＿＿＿＿ a foreigner on the street.

⑶ そのネコは車にひかれました。（「（車などが）〜をひく」run over 〜）
The cat ＿＿＿＿＿＿ ＿＿＿＿＿＿ ＿＿＿＿＿＿ ＿＿＿＿＿＿ a car.

⑷ あなたの国ではどんな言葉が話されていますか。
＿＿＿＿＿＿ language is ＿＿＿＿＿＿ in your country?

❸ 次の文を受け身の文に書きかえなさい。

⑴ They found a lot of oil in America.
＿＿

⑵ Mr. Kent told me some interesting stories.（2通りの受け身の文に）
I ＿＿＿＿＿＿＿＿＿＿＿＿＿＿＿＿＿＿＿＿＿＿＿＿＿＿＿＿＿＿＿＿＿＿＿＿＿＿．
Some ＿＿＿＿＿＿＿＿＿＿＿＿＿＿＿＿＿＿＿＿＿＿＿＿＿＿＿＿＿＿＿＿＿＿＿＿．

HELP

❶ ⑵ あとに found（find の過去分詞）があることに注意。「be動詞＋主語＋過去分詞〜？」の受け身の疑問文。⑷ wood（木材）は desk の「材料」（「原料」ではない）。

❷ ⑴ by 以外の語を使う受け身の文。⑵⑶ speak to 〜，run over 〜 は，2単語で1つの動詞と考えて受け身をつくることに注意する。⑷ 疑問詞（Wh 〜）を文のはじめに置く。

❸ ⑴の文の主語 They は「一般の人々」を表すので，受け身では **by them** を省略する。

21 接続詞

解答文一覧 ▶ 別冊 p.4

26

問題にチャレンジ

▸**1 Either** you (　) I must go to the city hall.

あなたか私のどちらかが市役所へ行かなければなりません。

圏 日本文の意味を表すように, (　) 内に適当な1語を入れよ。→ **1**

▸**2** I play tennis. I use this racket.

私はテニスをするとき, このラケットを使います。

圏 日本文の意味を表すように, **when** を使って1つの文にせよ。 → **2**

▸**3** He is busy. I will help him.

もし彼が忙しいならば, 私は彼を手伝うつもりです。

圏 日本文の意味を表すように, **if** を使って1つの文にせよ。→ **3**

1 接続詞は「つなぎ言葉」である

　and, **or**, **but** などの単語を**接続詞**と言う。これらの単語は, その前後の語と語, 句と句, 文と文をつなぐ働きをする「**つなぎ言葉**」だ。

① I like **both** English **and** math.

(私は英語と数学の両方が好きです)

② Can I see you **either** on Tuesday **or** on Thursday?

(火曜日か木曜日にお会いしていいですか)

③ **Not** Ken **but** Shota went to America alone.

(ケンではなくショウタが1人でアメリカに行きました)

④ He is **not only** a scholar **but (also)** a poet.

(彼は学者だけでなく詩人でもあります)

⑤ Work hard, **and** you will succeed.

(熱心に働きなさい, そうすれば成功するでしょう)

⑥ Hurry up, **or** you'll be late for school.

(急ぎなさい, そうしないと学校に遅れるでしょう)

▸1の答え→ **or** → **either A or B** の形。

2 「時」を表す接続詞── when など

　when は「いつ？」と「時」をたずねる文に使うが, 「**時**」を表す**接続詞**としても使われて「**～(する)とき**」の意味を表す。

必修文例

① He worked hard 　**when**　 he was young.
② 　**When**　 he was young, he worked hard.

└コンマがある

(若かった 　**とき**　, 彼は熱心に働きました)

①も②も He worked hard. と, He was young. の2つの文を,

得点アップの コツ

よく見かける接続詞

and	～と, そして
or	～か, または
but	～だが, しかし

❗ ここに注意

so「それで」も接続詞である。

得点アップの コツ

both A and B
「AとBの両方」
either A or B
「AかBのどちらか一方」
not A but B
「AではなくB」
not only A but (also) B
「AだけでなくBも」
命令文, **and** ～
「…しなさい, そうすれば～」
命令文, **or** ～
「…しなさい, そうしないと～」

▼ もっとくわしく

either A or B と
neither A nor B はセットで覚えよう。

neither A nor B は
「AもBも～ない」

　I know **neither** Tom **nor** Ken.

(私はトムもケンも知りません)

when でつないで 1 つの文にしたもので，意味は同じだ。しかし形はちがっていて，①は when 〜をあと，②は when 〜を先に置いている。どちらでもよいが，先に置く文では，When 〜のあとにコンマをつける。このルールは，このあとで説明するほかの接続詞についてもあてはまる。

when のような「時」を表す接続詞には，ほかに **while**（〜する間に），**before**（〜する前に），**after**（〜したあとで），**as soon as**（〜するとすぐに）などがある。

必修文例

She made sandwiches | **while** | I was out.
（私が外出している | 間に |，彼女はサンドイッチをつくりました）

| **As soon as** | he got up, he went to school.
└─3語で接続詞の役目をする
（彼は起きる | とすぐに |，学校へ行きました）

▶2の答え→ **When I play tennis, I use this racket. / I use this racket when I play tennis.** →2通りの文が可能である。「私はテニスをするとき」を **when** I play tennis として，文をつなげばよい。
└─コンマを入れる
└─コンマなし

---

3 「理由」「条件」などを表す接続詞── because, if など

because は「〜だから」「〜ので」と「理由」を，**if** は「もし〜ならば」と「条件」を表す。

必修文例

I want something to eat | **because** | I am hungry.
（私はおなかがすいている | ので |，何か食べものがほしいです）

| **If** | you like the CD, I will lend it to you.
（| もし | その CD が好き | ならば |，あなたに貸しましょう）

so 〜 that ... は，「so ＋形容詞[副詞]＋ that ...」の形で，「とても〜ので…」と「結果」を表す。

She was **so** happy **that** she began to dance.
（彼女はとても幸福だったので，踊り始めました）

▶3の答え→ **If he is busy, I will help him./I will help him if he is busy.** →2通りの文が可能である。→「もし彼が忙しいならば」を **if** he is busy として，文をつなげばよい。
└─コンマを入れる
└─コンマなし

─ポイント─

●「時」を表す接続詞
when 〜 「〜（する）とき」
while 〜 「〜する間に」
before 〜 「〜する前に」
after 〜 「〜したあとで」
as soon as 〜
　「〜するとすぐに」

●「理由」「条件」を表す接続詞
because 〜
　「〜だから」「〜ので」
if 〜「もし〜ならば」
so 〜 that ...
　「とても〜ので…」

 基礎問題

解答 ▶ 別冊 p.24

❶ 次の意味を表す接続詞を，下から選んで書きなさい。

(1) もし～ならば ＿＿＿＿＿＿　(2) ～(する)とき ＿＿＿＿＿＿

(3) ～する前に ＿＿＿＿＿＿　(4) ～したあとで ＿＿＿＿＿＿

(5) ～するとすぐに ＿＿＿＿＿＿　(6) しかし ＿＿＿＿＿＿

(7) そして ＿＿＿＿＿＿　(8) または ＿＿＿＿＿＿

(9) ～だから ＿＿＿＿＿＿　(10) ～する間に ＿＿＿＿＿＿

> and　or　but　when　if　because　before
> after　while　as soon as

❷ 日本文の意味を表すように，＿＿に適当な1語を入れなさい。

(1) 外出する前には窓を閉めるべきです。

＿＿＿＿＿＿＿ you go out, you should close the windows.

(2) 彼は何もすることがなかったので，テレビを見ていました。

He was watching TV ＿＿＿＿＿＿ he had nothing to do.

(3) マイクはその犬を見るとすぐに逃げ出しました。

As ＿＿＿＿＿＿ as Mike saw the dog, he ran away.

(4) 私は夏も冬も好きです。

I like ＿＿＿＿＿＿ summer ＿＿＿＿＿＿ winter.

(5) 彼ではなくあなたが彼女に会わなければなりません。

＿＿＿＿＿＿ he ＿＿＿＿＿＿ you must meet her.

❸ 日本文の意味を表すように，（　）内の語(句)を並べかえなさい。

(1) 私が訪ねたとき，マユミは家にいませんでした。

Mayumi (her, at home, wasn't, I, visited, when).

Mayumi ＿＿＿＿＿＿＿＿＿＿＿＿＿＿＿＿＿＿＿.

(2) 私は宿題を終えたあとで外出するつもりです。

I (I, my, will, after, go out, finish, homework).

I ＿＿＿＿＿＿＿＿＿＿＿＿＿＿＿＿＿＿＿.

(3) あなたがEメールを送ったら，彼女は驚くでしょう。

She (if, will, an e-mail, you, be, send, surprised) to her.

She ＿＿＿＿＿＿＿＿＿＿＿＿＿＿＿＿＿ to her.

HELP

❶ まず「時」を表す接続詞を，次の順に覚えよう。

> ～(する)とき
> ～するとすぐに
> ～する前に
> ～する間に
> ～したあとで

❷ (2)「することがなかったので」は「理由」を表す。
(3) run away
「逃げ出す」
(4)「AもBも(両方とも)」は both A and B の形で表す。

単語

should [ʃud シュド]
～すべきである
nothing
[nʌ́θiŋ ナスィング]
何も～ない

❸ それぞれの文中で，接続詞にあたるものをさがそう。

単語

at home
在宅している

実力問題

1 次の文の（ ）内から適当な語を選び，○で囲みなさい。

(1) (When, If, Because) I was riding a bike, it started to rain.
(2) He can speak both English (and, but, or) Spanish.
(3) We will go either to New York (and, or, before) to San Francisco.
(4) (And, Or, If) he is not busy, he will come to our party.
(5) The girl was so pretty (that, both, than) I liked her the best in my class.
(6) Please lend the book to me (but, after, while) you read it.

2 次の文を日本語になおしなさい。

(1) It was cold, so I closed the window.
(　　　　　　　　　　　　　　　　　　　　　　　　　　　　)
(2) If it is fine tomorrow, we will go on a picnic.
(　　　　　　　　　　　　　　　　　　　　　　　　　　　　)
(3) "Why are you using the computer?" "Because I want to send an e-mail."
(　　　　　　　　　　　　　　　　　　　　　　　　　　　　)
(4) Brush your teeth before you go to bed.
(　　　　　　　　　　　　　　　　　　　　　　　　　　　　)

3 日本文の意味を表すように，（ ）内の語（句）を並べかえなさい。

(1) 私といっしょに来なさい。そうすればあなたにその料理の本を見せてあげましょう。
(I, the, me, show, come, will, cooking book, with, you, and).
_____

(2) あなたか私のどちらかが部屋をそうじしなければなりません。
(or, must, you, clean, the, either, I, room).
_____

(3) 彼は家に帰るとすぐに宿題をし始めました。
He (as, began, do, as, came, he, home, his, soon, to, homework).
He _____ .

(4) 彼は英語だけでなくフランス語も話します。
He (only, also, English, French, speaks, but, not).
He _____ .

HELP

1 (2)(3)(5)はそれぞれ both，either，so に着目する。 (3) San Francisco「サンフランシスコ」

2 (3) **Why 〜?** に対しては，ふつう **Because 〜.**（〜だからです）と答える。send an e-mail「E メールを送る」 (4) brush *one's* teeth「歯をみがく」teeth は tooth（歯）の複数形。

3 (1)「命令文〜，**and ...**」（〜しなさい，そうすれば…）の文。 (2) 主語が either A or B の形。
(3)「家に帰る」come home

22 前置詞

解答文一覧 ▶ 別冊 p.4

問題にチャレンジ

‣ **1** He studied math (**at, in, on**) the morning.　彼は午前中に数学を勉強しました。

問（　）内から適当な語を選べ。　→ **1**

‣ **2** There are some pens (　) the desk.
机の上に何本かペンがあります。

問（　）内に適当な前置詞を入れよ。　→ **2**

‣ **3** Do you go to school (　) bike?
あなたは自転車で学校へ行きますか。

問（　）内に適当な前置詞を入れよ。　→ **3**

1 「時」を表す前置詞

必修文例

I get up **at** seven thirty.　（私は7時30分 **に** 起きます）
Let's play tennis **on** Sunday.
（日曜日 **に** テニスをしましょう）
We can ski **in** winter.　（私たちは冬 **に** スキーができます）

　at は「7時に」のように時刻などの**短い時間**を表すのに使い，**in** は「冬に」のように季節などの**長い時間**をふくむときに使い，**on** はその中間の曜日や日〔日付〕を表すのに使う。

ポイント

at〔時刻〕	**on**〔曜日・日〕	**in**〔季節・年・月〕
at seven （7時に）	**on Sunday** （日曜日に）	**in fall** （秋に）
at noon （正午に）	**on April 1** （4月1日に）	**in April** （4月に）

ほかに「時」を表す前置詞には，次のようなものがある。

after「〜後に」*after* dinner（夕食後に）
before「〜前に」*before* lunch（昼食前に）
for「〜の間」*for* a week（1週間）
during「〜の間」「〜の間中」*during* the day（昼の間中）
└─特定の時間
from「〜から」*from* today（きょうから）
until[till]「〜まで（ずっと）」*until* seven（7時まで）
by「〜までには」*by* tomorrow（あすまでには）

‣ **1** の答え→ **in** → in the morning（午前中に）の表現。

▼ もっとくわしく

前置詞は，前に置く詞という意味だが，何の前に置くかと言えば，ふつう名詞・代名詞の前に置く。もちろん，名詞に a や the や形容詞などがつけば，その前に置くことになる。

▶ in と at を使った時間を表す表現

in the morning （午前中に）
in the afternoon （午後に）
in the evening（晩に）
at night（夜に）

❗ ここに注意

「時」を表す語句に every, last, this などがつけば，前置詞は使わない。
every morning（毎朝）
last year（去年）
this month（今月）

2 「場所」を表す前置詞

at「〜で」「〜に」（比較的せまい場所に使う）

I met him ***at*** the station. （私は駅で彼に会いました）

in ①「〜で」「〜に」（比較的広い場所に使う） ②「〜の中に［で］」

① Mr. Tanaka lives ***in*** America.

（田中さんはアメリカに住んでいます）

② Mr. Tanaka is ***in*** the room. （田中さんは部屋の中にいます）

above「〜より上のほうに」

over「(離れて)〜の真上に」

on「(くっついて)〜の上に」

under「(離れて)〜の真下に」

below「〜より下に［低く］」

near「〜の近くに」

by「〜のそばに」

around「〜のまわりに」***around*** the pool（プールのまわりに）

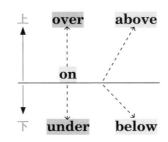

⎰ **in front of**「〜の前に」***in front of*** the car（車の前に）

└3語で1つの前置詞の役目をする

⎱ **behind**「〜の後ろに」***behind*** the car（車の後ろに）

⎰ **between**「〜の間に」***between*** A ***and*** B（AとBの間に）

└2つのもの

⎱ **among**「〜の間に」***among*** them（彼ら〔3人以上〕の間に）

└3つ以上のもの

⎰ **from**「〜から」⎱ ***from*** the station ***to*** school

⎱ **to**「〜へ」　⎰（駅から学校まで）

⎰ **into**「〜の中へ」***into*** the room（部屋の中へ）

⎱ **out of**「〜から（外へ）」***out of*** the room（部屋から〔外へ〕）

└2語で1つの前置詞の役目をする

▸2の答え➡ **on** → 「(くっついて)〜の上に」の意味を表す。

3 そのほかの前置詞

about「〜について」***about*** Nara（奈良について）

by ①「〜によって」②「(乗り物など)で」***by*** bus（バスで）

└受け身の文によく使われる→ p.102

for ①「〜のために」②「〜にとって」

① Tom sang ***for*** her. （トムは彼女のために歌いました）

② That's easy ***for*** you. （それはあなたにとってやさしいです）

with ①「〜といっしょに」②「(道具)で」***with*** a knife（ナイフで）

without「〜なしで」

She drinks coffee ***without*** sugar.

（彼女は砂糖なしでコーヒーを飲みます）

▸3の答え➡ **by** → 「(乗り物)で」は by で表す。

🔽 **もっとくわしく**

〔そのほかの「場所」を表す前置詞〕

for「〜へ向かって」

for Japan

（日本へ向かって）

through「〜を通って」

through the park

（公園を通って）

along「〜にそって」

along this street

（この通りにそって）

across「〜を横切って」

across the street

（通りを横切って）

6

🔽 **もっとくわしく**

前置詞は，あとの名詞・代名詞といっしょになって，まとまった意味を表し，その文の動詞を修飾するが前の名詞を修飾することもある。

He started for Japan.

動詞

（彼は日本へ向けて出発しました）

A letter for you, Tom.

名詞

（トム，あなたへの手紙です）

前の名詞を修飾するときは，「〜の」というように訳し方をくふうする。

> 同じ前置詞がちがう意味を表す場合があるので注意しようね。

基礎問題

解答 ▶ 別冊 p.24

❶ 日本文の意味を表すように，（　）内から適当な前置詞を選び，○で囲みなさい。

(1) アメリカでは9月から学校が始まります。

School begins (in, on, at) September in America.

(2) 土曜日は体育の授業がありません。

We don't have a P.E. class (in, on, at) Saturday.

(3) 3日間雨がやみませんでした。

It didn't stop raining (for, by, after) three days.

(4) 彼は今朝5時30分に起きました。

He got up (in, on, at) five thirty this morning.

(5) ミカは10時までにはここへ来るでしょう。

Mika will come here (by, before, until) ten o'clock.

❷ 絵の内容を表すように，下から前置詞を選び＿＿に入れなさい。

(1) My house is ＿＿＿＿＿＿ the hill.

(2) I am ＿＿＿＿＿＿ the house.

(3) The house is ＿＿＿＿＿＿ the sun.

(4) Birds are flying ＿＿＿＿＿＿ the house.

over	on	under	in

❸ 日本語の意味を表すように，＿＿に適当な前置詞を入れなさい。

(1) あなたのために　　　⟶　＿＿＿＿＿＿ you

(2) 彼らといっしょに　　⟶　＿＿＿＿＿＿ them

(3) バスで　　　　　　　⟶　＿＿＿＿＿＿ bus

(4) 放課後　　　　　　　⟶　＿＿＿＿＿＿ school

(5) その国について　　　⟶　＿＿＿＿＿＿ that country

(6) ついに　　　　　　　⟶　＿＿＿＿＿＿ last

(7) 鉛筆で　　　　　　　⟶　＿＿＿＿＿＿ a pencil

(8) ～を待つ　　　　　　⟶　wait ＿＿＿＿＿＿

(9) ～が得意だ　　　　　⟶　be good ＿＿＿＿＿＿

(10) ～の前に　　　　　　⟶　＿＿＿＿＿＿ front ＿＿＿＿＿＿

HELP

❶ 時を表す in, on, at は次のように使い分ける。

in	…月，季節，年
on	…曜日，ある1日
at	…時刻

(5) 「10時までには」は，10時という「期限」を表すから **by** を使う。「10時までずっと待つ」と言うときは **until** または **till** を使う。

単語

P.E. [píːi ピーイー]
（physical education の略）体育

❷ 鳥は家の上を飛んでいるから，**over**（～の真上に，～をこえて）を使う。

単語

hill [hil ヒル]　丘

❸ (3)(7)「（乗り物）で」，「（道具）で」のちがいに注意。日本語では同じ「～で」だが，英語では「**by** ＋手段」，「**with** ＋道具」と使い分ける。

(4)は「学校のあとで」と考える。

(6)や(8)～(10)は連語として覚えておこう。

実力問題

解答 ▶ 別冊 p.24

1 日本文を参考にして，次の文に最も適当な前置詞を下から選び，＿＿に書きなさい。

(1) He got _____ the town at last. （彼はついにその町に着きました）

(2) You must start _____ once. （あなたはすぐ出発しなければなりません）

(3) We enjoy skiing _____ winter. （私たちは冬にスキーを楽しみます）

(4) Ken was late _____ school yesterday. （ケンはきのう学校に遅れました）

(5) Children walked _____ the woods. （子どもたちは森を通って歩きました）

(6) A beautiful house stands _____ the lake. （美しい家が湖の近くに建っています）

(7) I met Namie _____ my way home from school.
（学校から帰る途中，私はナミエに会った）

on	through	at	near	in	to	for

2 日本文の意味を表すように，＿＿に適当な1語を入れなさい。

(1) 多くの車が日本でつくられています。

A _____ _____ cars are made in Japan.

(2) だれがその金魚の世話をするのですか。

Who takes _____ _____ the goldfish?

(3) これがタイで最も有名な公園の1つです。

This is _____ _____ the most famous _____ in Thailand.

3 日本文の意味を表すように，（　）内の語(句)を並べかえなさい。

(1) 彼は社会の先生です。

(is, of, teacher, a, social studies, he).

_____

(2) 彼の父親は朝から晩まで一生けんめい働きました。

(from, worked, night, till, his father, hard, morning).

_____

(3) あなたは彼らの助けなしにそれができますか。

(it, their, do, help, you, can, without)?

_____

HELP
1 前置詞を使った連語に注意。(1)「動詞＋前置詞」，(4)「be動詞＋形容詞＋前置詞」の連語だ。
2 (2)「金魚」goldfish (3)「～の1つ」は「one of ＋複数名詞」だから「公園」は複数形になる。
Thailand [táilænd タイランド]「タイ」
3 (2) from ～ till ...（～から…まで）を使う。(3)「～なしに」は without ～ を使う。

✏️ チェックテスト6

時間 **20分**

解答 ▶ 別冊 p.25

得点 /100

1 次の文の（　）内から正しいものを選び，○で囲みなさい。 〈18点＝2点×9〉

(1) We can swim in the sea (in, on, at) summer.

(2) The girl will come (and, but, if) she is not busy.

(3) English wasn't (understood, understanding, understands) in Japan in those days.

(4) We must read both this book (and, but, or) that book.

(5) Will you wait (of, for, to) me at the station?

(6) (Do, Does, Is) the dog loved by everyone?

(7) He couldn't sleep (in, on, at) night.

(8) I met my friend (in, between, on) my way to the library.

(9) (Though, But, Because) he was rich, he wasn't happy.

2 次の文を日本語になおしなさい。 〈12点＝3点×4〉

(1) Were the dishes washed by Kathy?

(　　　　　　　　　　　　　　　　　　　　　　　　　　　　　　）

(2) My sister was watching TV when I came home.

(　　　　　　　　　　　　　　　　　　　　　　　　　　　　　　）

(3) A lot of computers were made last year.

(　　　　　　　　　　　　　　　　　　　　　　　　　　　　　　）

(4) I want to visit either Kyoto or Nara.

(　　　　　　　　　　　　　　　　　　　　　　　　　　　　　　）

3 次の文が受け身なら能動態に，能動態なら受け身に書きかえなさい。 〈28点＝4点×7〉

(1) Tom opens the store.

_____

(2) The vase wasn't broken by Mike.

_____

(3) She looked after the girl for five years.

_____

(4) Is English spoken in that country?

_____

(5) Did Nancy bring many books?

_____

(6) The man gave me a lot of apples.　（2通りの文に）

_____

_____

4 例にならって，次の英文の下線部の誤りを正しなさい。 〈14点＝2点×7〉

例 He lived here <u>in</u> two years.   in ⟶   for

(1) No one believed his story <u>in</u> that time.   in ⟶ _____

(2) He was surprised <u>to</u> the news.   to ⟶ _____

(3) The girl sat between Masao <u>to</u> me.   to ⟶ _____

(4) I am <u>interesting</u> in math and science.   interesting ⟶ _____

(5) I must do my homework <u>till</u> next Monday.   till ⟶ _____

(6) The mountain was covered <u>by</u> snow.   by ⟶ _____

(7) We had to stay at home because <u>rain</u>.   rain ⟶ _____ _____

5 次の文を英語になおしなさい。 〈16点＝4点×4〉

(1) これらの写真はケンによってとられたのですか。

_____

(2) 私たちは放課後テニスをするつもりです。

_____

(3) 11歳（さい）のときに彼はアメリカへ行きました。

_____

(4) カナダでは英語とフランス語の両方が話されています。

_____

6 〈リスニング問題〉Kota が英語の授業で行ったスピーチを聞いて，その内容について
(1)～(3)の質問に対する最も適当な答えを，ア～エの中から1つずつ選び，◯で囲みな
さい。 〈12点＝4点×3〉   28

(1) ア Two hours ago.
    イ Last Sunday.
    ウ Last year.
    エ Two years ago.

(2) ア Because Mr. Smith played basketball very well.
    イ Because Kota spoke English well.
    ウ Because Mr. Smith remembered Kota.
    エ Because Mr. Smith went to the library.

(3) ア To watch movies with Mr. Smith.
    イ To talk with Mr. Smith.
    ウ To speak English with a lot of people.
    エ To go to many different countries.

わかるゼミ7
S, V, O, Cと句・節

英文はたったの5種類

どんな英文でも，たいてい主語と動詞がある。英文の構造，つまり文の骨組みを，英文ひとつひとつについて調べて共通なものをまとめると，じつにさまざまに見える英文も，たった5つのタイプに分類することができる。

① **S ＋ V**　　　　　← **S ＋ V** だけ
② **S ＋ V ＋ C**　⎱
③ **S ＋ V ＋ O**　⎰← **S ＋ V** のあとに **C** か **O**
④ **S ＋ V ＋ O ＋ O**　⎱
⑤ **S ＋ V ＋ O ＋ C**　⎰← **S ＋ V** のあとに **O** 2つか，**O** と **C**

<u>どんな複雑な英文でも，この5つのタイプのどれかになる</u>のだが，ここではどんな語(句)がS，V，O，Cになるかを調べて整理しておこう。

S, V, O, Cになる語

S，V，O，Cは英文の骨組みとなる要素，つまり文の要素だ。文の要素S，V，O，Cはどんな語からできているのだろうか。

必修文例

Yuka looks very happy.
S(名詞)　**V**　　　　**C**(形容詞)
(ユカはたいへん幸せに見えます)

My father bought a new watch.
　　S(名詞)　　**V**　　　　　　**O**(名詞)
(私の父は新しいうで時計を買いました)

She　　told　　me　　the way to the library.
S(代名詞)　**V**　　**O**(代名詞)　　**O**(名詞)
(彼女は私に図書館への道を教えてくれました)

上の3つの文で下線をつけたのは，文の要素S，V，O，Cを**修飾**している語句だ。だから，S，V，O，Cになっている語だけを見ると，次のようなことが言えるだろう。

⎧ **S**と**O**は，名詞・代名詞でできている。
⎨ **V**は言うまでもなく動詞。
⎩ **C**は形容詞か(上の例文にはないが)名詞・代名詞でできている。

文の要素の記号

S ＝主語　(〜は / 〜が)

V ＝動詞　(〜する / 〜である)

O ＝目的語　(〜を / 〜に)

C ＝補語　(いろいろな訳 / し方をする)

🔻 **もっとくわしく**

① SV 〜④ SVOO については p.58以降を復習しよう。
⑤ SVOC は p.126以降で学ぶ。

🔻 **もっとくわしく**

文の要素S，V，O，Cを修飾する語は，左の例文からもわかるように，new のような形容詞，very のような副詞，my のような代名詞の所有格，a や the の冠詞だ。このうち形容詞だけは左の例文の happy のように文の要素 C になることがある。

名詞句・名詞節は文の要素になる

「SとOは，名詞・代名詞でできている」とわかったが，次の文では O が長い語句になっている。

Yuka wanted to buy a new watch.
S（名詞）　V　　　　　O（名詞句）
（ユカは新しいうで時計を買いたかったです）

to buy a new watch は「新しいうで時計を買うこと」という意味で，to buy は名詞的用法の不定詞だね。つまり，to buy a new watch の5語で名詞と同じ働きをしている。名詞と同じ働きをする語の集まりを**名詞句**と言い，この名詞句が上の**文の要素 O** になっているのだ。だから，もっと正確には「SとOは，名詞・代名詞や名詞句でできている」と言うべきだろう。

そこで，いよいよこれから新しい範囲に入るのだが，それはどういうことかと言うと，名詞・代名詞や名詞句だけでなく，**名詞節も文の要素 O** になるということなのだ。

名詞句とか名詞節とか，話がややこしいが，しんぼうしてほしい。句も節も，2語以上が集まって名詞や形容詞や副詞などと同じ働きをするものを言うが，節のほうは**文の形をふくんだ語の集まり**だ。
└「主語＋動詞」をふくむ形

節というのは何も目新しいものではない。次のような文ですでに学んでいる（⇨ p.106）。

Yuka uses this racket when she plays tennis.
S（名詞）　V　　→O（名詞）　　（S）（V）（O）
（ユカはテニスをするとき，このラケットを使います）

この文の when she plays tennis の部分には S＋V（＝主語＋動詞）があって，「彼女がテニスをするとき」という意味のかたまりになっている。これが**節**だ。この when she plays tennis という節は，副詞と同じ働きをしていて，動詞 uses を修飾しているので，**副詞節**と呼ばれる。たいていの節は，上の文の副詞節のように when のような接続詞がはじめにくっついている。これから学ぶ**名詞節**も，that という接続詞を使うのが基本だ。

長い目的語に気をつけよう。

！ ここに注意

名詞的用法の不定詞は，**O** になるだけでなく，**S** になったり **C** になったりすることもできる（⇨ p.87）。不定詞の用法をよく復習しておこう。

得点アップの コツ

句について整理しておこう。

- ●**名詞句**…名詞的用法の不定詞，動名詞は名詞句をつくる。「疑問詞＋不定詞」も名詞句（⇨ p.130）。
- ●**形容詞句**…形容詞的用法の不定詞のほか，過去分詞や現在分詞も形容詞句をつくる（⇨ p.147）。
  また，前ページの例文の the way to the library（図書館への道）のような「前置詞＋名詞［代名詞］」も形容詞句になる（⇨ p.111）。
- ●**副詞句**…副詞的用法の不定詞は副詞句をつくる。「前置詞＋名詞［代名詞］」の形も多い。

！ ここに注意

副詞・副詞句・副詞節は，S，V，O，C のどの要素にもならない。だから5つの文のタイプを見分けるときは，これらをとり去って考えることがコツだ。

23 S + V + that節

解答文一覧 ▶ 別冊 p.4

─ 問題にチャレンジ ─

▶ 1 I **think** (this, that, it) she is Nancy's sister.　圏 ( )内から適当な語を選べ。
　　　私は彼女がナンシーの姉[妹]だと思います。　　　　　　　　→ **2**

▶ 2 Tom can play the guitar well.　I **know** it.　圏 that を使って1つの文にせよ。
　　　トムは上手にギターを弾ける。私はそれを知っています。　　→ **2**

▶ 3 I **hope** Saori will come here soon.　圏 hope を過去形にして全文を
　　　私はサオリがすぐここに来ればいいと思います。　　　書きかえよ。　　→ **3**

1 接続詞の that

　接続詞の that は，「**that + S + V 〜**」のように，文のはじめに
つけて「〜ということ」と訳す。

文 = **S + V 〜**	**that** + S + V 〜
he is kind	⟶ **that** he is kind
（彼は親切だ）	（彼は親切だということ）
she can sing well	**that** she can sing well
（彼女は上手に歌える） ⟶	（彼女は上手に歌えるということ）

　このように，文（S + V 〜）の前に that をつけると，that 以下が名
詞と同じ働きをする節，つまり**名詞節**にかわる。これを **that節**と言う。

┌─ポイント────────────────
　接続詞の **that** { 「〜ということ」と訳す
　　　　　　　　　　 that + S + V 〜は名詞節
　　　　　　　　　　　　 that 節

2 I think + that節

　I know it. の文の it のかわりに，that he is kind という名詞
節を入れてみよう。　└─代名詞

I know it. ───────　（私はそれを知っています）
S　　V　　O(代名詞)
I know that he is kind.　（私は彼が親切だということを知っています）
S　　V　　O(名詞節)

　どちらも S + V + O の文（第3文型）で，O（目的語）はふつう名
詞・代名詞だが，**接続詞 that で始まる名詞節**，つまり **that節**も文
全体の **O**（目的語）になる。

ここに注意

that は「あれ」（代名詞）と
か「あの」（形容詞）の意味で
はおなじみの単語だ。しかし，
ここで学ぶのは 接続詞の
that。だから，その働きも
訳し方もこれまでの that と
はちがう。

●

接続詞については，p.106〜
107を復習しておこう。ただ
し，そこで学んだ when, if,
because などの接続詞は，
文のはじめについて副詞節を
つくる働きをする。
　　when + S + V 〜
　　　　　副詞節

I hope | that he will come soon |.
(私は，| 彼がすぐ来るだろうということ | を望みます)

She thinks | that he is happy |.
(彼女は，| 彼が幸せだということ | を思います)

that の訳し方の基本は「～ということ」だが，日本語として不自然になるときは「～すること」や「～と」など，少しくふうして訳そう。

なお，この **that** は省略されていることも多いので注意しよう。that が省略されても，文の意味は同じだ。

➡ I hope he will come soon.
　　└that を省略

➡ She thinks he is happy.
　　└that を省略

― ポイント ―――――――――――――――
　　　　　省略できる
I know (that) + S′ + V′～. （私は S′ が V′ するということ
S　V　　　O（名詞節）　　を知っています）

▸1 の答え➡ **that** → I think + that 節の形にする。

▸2 の答え➡ **I know that Tom can play the guitar well.** （私はトムが上手にギターを弾けるということを知っています）→ 2 つの文の意味を考えると，I know it. の it が前の文全体を指しているので，it のかわりにthat Tom can play the guitar well を入れる。

▊3▐ 時制の一致

I think that the book is interesting.
S　V　　　　　　　O

（私はその本がおもしろいと思います）

この文には think と is の 2 つの動詞があるが，think は文全体の骨組みになっている **V**（動詞），is は that 節の中にある動詞だ。では，think を過去形にすると，どうなるだろうか。

I think that the book **is** interesting.
　　↓
I thought that the book **was** interesting.
　過去　　　　　　　　　　過去

think が過去形になれば，それにつられて that 節の is も過去形になる。これを時制の一致と言う。文の骨組みになる **V**（動詞）が過去形になれば，**that** 節の動詞も過去形にしなければならない。

▸3 の答え➡ **I hoped Saori would come here soon.** （私はサオリがすぐここに来ればいいと思いました）→ that を省略した文で，hope が過去形になれば，that 節の will come も過去形にする。

> 助動詞 will の
> 過去形は **would** だよ。
> 注意しよう!!

Q I think that he is happy. のような文は，1 つの文に 2 つの動詞があるのですね。

A 「1 つの文に動詞は 1 つ」のルールを覚えていますか（⇨ p.84）。that の後ろの文は that 節（名詞節）になっていて，文全体の動詞は think だけです。

7

┌―――― 文全体 ――――┐
S + V + that
　　　　↑
that + S′ + V′
　　　└―文―┘

▼ もっとくわしく

V（動詞）が現在形であれば，**that** 節の動詞は現在・過去・未来のどの形を使ってもよい。

I think he is busy.
　　現在　　現在
（私は彼が忙しいと思います）

I think he was busy.
　　現在　　過去
（私は彼が忙しかったと思います）

I think he will be
　　現在　　　　未来
busy tomorrow.
（私は彼があす忙しいだろうと思います）

一般的な真理で「時間に関係のない事実」を述べるときは，時制の一致をともなわず，現在形のままでよい。

We learned that the moon
　　　過去
goes around the earth.
現在
（私たちは月が地球のまわりを回っていることを学びました）

✏ 基礎問題

解答 ▶ 別冊 p.26

❶ 次の文を日本語になおしなさい。

(1) I didn't know that he was busy.

私は(　　　　　　　　　　　　　)を知らなかったです。

(2) Masato found that the book was interesting.

マサトは(　　　　　　)がおもしろい(　　　　　　)。

(3) He said that she would come with us.

彼は(　　　　　　　　　　　　　　)と言いました。

(4) We hope you will pass the examination.

(　　　　　　　　　　　　　)すればいいと思います。

(5) I think that she likes cats.

(　　　　　　　　　　　　　　　　　　　　　　)

❷ 次の文を **that** を使って 1 つの文に書きかえなさい。

(1) She is a good teacher.　I know it.

＿＿＿＿＿＿＿＿＿＿＿＿＿＿＿＿＿＿＿＿

(2) We should share the housework.　I think so.

＿＿＿＿＿＿＿＿＿＿＿＿＿＿＿＿＿＿＿＿

(3) It will snow tomorrow.　I hope it.

＿＿＿＿＿＿＿＿＿＿＿＿＿＿＿＿＿＿＿＿

(4) She couldn't sleep well.　She said so.

＿＿＿＿＿＿＿＿＿＿＿＿＿＿＿＿＿＿＿＿

❸ 次の文の下線部を過去形にして，全文を書きかえなさい。

(1) I think this bike is Tom's.

＿＿＿＿＿＿＿＿＿＿＿＿＿＿＿＿＿＿＿＿

(2) She hopes she will be a designer.

＿＿＿＿＿＿＿＿＿＿＿＿＿＿＿＿＿＿＿＿

(3) The man doesn't think it will rain.

＿＿＿＿＿＿＿＿＿＿＿＿＿＿＿＿＿＿＿＿

(4) He often says that he wants to go to space.

＿＿＿＿＿＿＿＿＿＿＿＿＿＿＿＿＿＿＿＿

HELP

❶ (1)〜(4) S ＋ V ＋ that 〜
の文は，文の主語 (S) を「は」,
that の次の主語を「が」と
訳すのが基本。
I think (that) she 〜.
(私は彼女が〜と思う)
(3) would ＝ will の過去形。
(4) examination「試験」
(5) 文の主語が I のときはそ
れを訳さないほうが日本語と
して自然なこともある。

❷ I know that 〜. や
I think that 〜. などの文
をつくる。(1)(3) では it が,
(2)(4) では so が前の文の内容
を指している。

単語

should [ʃud シュド]
　〜すべきである
share [ʃeər シェア]
　分担する

❸ 文の動詞が過去なら that
のあとも過去だ。
(時制の一致)
S ＋ V ＋ that ＋ S´＋ V´
V が過去なら V´ も過去
(1)(2)(3) は，that が省略され
た形。
(2)(3) は助動詞 will があるの
で，それを過去にする。
will ＋動詞の原形
　⇩
would ＋動詞の原形

120

 実力問題

解答 ▶ 別冊 p.27

1 日本文の意味を表すように，＿＿に適当な1語を入れなさい。

(1) あなたはコンピューターがとても役に立つということを知っていますか。

Do you _____ _____ computers _____ very useful?

(2) 彼はリンダが台所で料理をしていると言いました。

He _____ _____ Linda _____ cooking in the kitchen.

(3) 私はそのタクシー運転手は親切だと思いました。

I _____ the taxi driver _____ kind.

2 次の文を日本語になおしなさい。

(1) Do you know that soccer was first played in England?

(　　　　　　　　　　　　　　　　　　　　　　　　　)

(2) I know that Kana sings very well.

(　　　　　　　　　　　　　　　　　　　　　　　　　)

(3) I hear that you are popular with your teammates.

(　　　　　　　　　　　　　　　　　　　　　　　　　)

(4) Did you notice that woman was Ellen?

(　　　　　　　　　　　　　　　　　　　　　　　　　)

3 日本文の意味を表すように，(　)内の語を並べかえなさい。

(1) あすはとても寒くなると思います。

(it, think, cold, be, will, I, very, tomorrow).

_____

(2) あなたは彼がパイロットだったということを知っていますか。

(that, was, pilot, know, do, a, he, you)?

_____

(3) 私はあなたが試験に合格したことを知っています。

(have, examination, the, you, I, passed, know).

_____

HELP

1 (2)(3)は，時制の一致に注意する。 (3)は接続詞の that が省略されている。

2 (3) I hear that ～ 「(うわさでは)～だそうだ」 (4) notice 「～に気づく」，woman の前の that は接続詞の that ではなくて，「あの」 の意味を表す that。 Ellen 「エレン(女性の名)」

24 S＋V＋O＋that節, S＋V＋C＋that節

解答文一覧 ▶ 別冊 p.5

問題にチャレンジ

▸1 My mother **told me** ＿＿＿＿ I should stay home.　母は私に，家にいるべきだと言いました。

問 ＿＿＿に適当な1語を入れよ。→ **1**

▸2 I **am glad that** you passed the test.

この that は「〜ということ」を意味する接続詞。

問 日本語になおせ。→ **2**

▸3 I (that, sure, you, am) can do it.

私はあなたがきっとそれをできると思います。

問 各語を並べかえて，日本文の意味を表す英文にせよ。→ **2**

---

1 「S ＋ V ＋ O ＋ that節」

p.59で学習した「S ＋ V ＋ O ＋ O」を振り返ってみよう。

> He　gave　**her**　**a book**. （彼は　彼女に　本を　あげました）
> S　V　O　O
> 「…に」 「〜を」

　ここでは，「〜を」を意味する2つ目の目的語に that節がくる文を見ていこう。that節は，「that ＋ S ＋ V 〜」という形の名詞節で，「〜ということ」という意味のまとまりである（p.118）。

　これを「S ＋ V ＋ O ＋ O」の文にあてはめると，たとえば，次のような文になる。

ポイント

「that ＋ S ＋ V」

She told me that the book was interesting.
S　V　O　O

（彼女は　私に　本がおもしろかったということを　言いました）

＝彼女は私に，本がおもしろかったと言いました

この「S ＋ V ＋ O ＋ that節」の文では，次のような動詞がよく使われる。

tell（過去形 told）	〜を…に言う（情報を伝える）
show	〜を…に示す
teach（過去形 taught）	〜を…に教える

必修文例

I showed him that I can play the violin.

（私は彼に，バイオリンを弾けることを示しました）

▸1の答え→ **that** （that I should stay home「家にいるべきだということ」ということを私に言った，となる。）

> **❶ ここに注意**
>
> 「S ＋ V ＋ O ＋ that節」の文でも，「〜に」を意味する1つ目の目的語に代名詞がくる場合は目的格にすることに注意。訳すときも忘れずに！

2 「S + V + C + that節」

p.58で学習した「S + V + C」を振り返ってみよう。

$$\underset{\text{S}}{\underline{\text{I}}} \quad \underset{\text{V}}{\underline{\text{am}}} \quad \underset{\text{C}}{\textbf{glad}}.$$ （私は　うれしいです）

be動詞を挟んで，S=C（私＝うれしい）の関係があった。

ここでは，that節を後ろに付けた「S + V + C + that節」の文を見ていこう。

ポイント

be動詞　形容詞　「that + S + V」

$$\underset{\text{S}}{\underline{\text{I}}} \quad \underset{\text{V}}{\underline{\text{am}}} \quad \underset{\text{C}}{\textbf{glad}} \quad \textbf{that you won.}$$

原因

（私は　あなたが勝ったということで　うれしいです）

＝私はあなたが勝ってうれしいです

この形では，感情や心理を表す形容詞が使われ，**that**節がその原因・理由を表している。

この「S + V + C + that節」の文では，次のような形容詞がよく使われる。

glad	be動詞＋ glad that ～	～してうれしい
happy	be動詞＋ happy that ～	～してうれしい
sure	be動詞＋ sure that ～	きっと～だと思う
surprised	be動詞＋ surprised that ～	～して驚く
sorry	be動詞＋ sorry that ～	～して申し訳なく思う

会話では，that はよく省略される。

必修文例

I **am glad (that)** you came.
（私はあなたが来てうれしいです）

I **am sure (that)** it will rain today.
（私はきっときょうは雨が降ると思います）

My mother **was surprised (that)** I made dinner.
（母は私が夕食をつくって驚きました）

I **am sorry (that)** I am late.
（遅くなって申し訳ございません）

▶ 2の答え➡ 私はあなたが試験に合格してうれしいです。（that節が形容詞 glad の理由を表している。）

▶ 3の答え➡ **I am sure that you can do it.**（主語のあとに「be動詞＋形容詞＋ that節」が続く。）

得点アップの コツ

感情や心理を表す形容詞の原因・理由を表す別の言い方には，不定詞の副詞的用法がある（⇨ p.87）。

ほぼ同じ意味を表す文として書きかえ問題にもなる。

I **am glad to go** to France.

I **am glad that** I can go to France.

（私はフランスに行くことができてうれしいです）

✏ 基礎問題

解答 ▶ 別冊 p.27

❶ 次の文の( )内から正しい語を選び，○で囲みなさい。

(1) I am glad (this, it, that) you won.

(2) I am sure (that, what) it will rain tomorrow.

(3) I told (she, her, hers) that I am hungry.

(4) He tells (I, me, mine) that you are a good player.

(5) She was sorry (for, that) she was late.

❷ 次の文を that を使って 1 つの文に書きかえなさい。

(1) I can jump high. I will show it to you.

　_____

(2) I passed the test. My father was happy about it.

　_____

(3) Yumi will like the present. We are sure about that.

　_____

(4) This movie was exciting. Tom told me so.

　_____

❸ 日本文の意味を表すように，_____に適当な語を入れなさい。

(1) 私はきっとそのかぎを見つけることができると思います。
　I _____ _____ _____ I can find the key.

(2) 彼女は私が英語を話すことができたので驚きました。
　She _____ _____ _____ I could speak
　English.

(3) 佐藤先生は私たちに本を読むことは大切だと言います。
　Mr. Sato _____ _____ _____ it is
　important to read books.

(4) 私は窓を割ったことを申し訳なく思います。
　I _____ _____ _____ broke the window.

✋ **HELP**

❶ (2)「きっと〜だと思う」は「be動詞＋sure that 〜」。
(3)(4)「S＋V＋O＋that 節」の O が代名詞のときは，「〜に」という意味。形は？

❷ 1 文目の内容を that を使って「〜ということ」という意味のまとまりにしよう。そのあと，文の内容に応じて，「S＋V＋O＋that節」あるいは「S＋V＋C＋that節」にあてはめる。動詞の時制に注意。

❸ (1) find「〜を見つける」
(2) 過去形になっていることに注意。
(3) that節 が it is 〜 to ... の形。
(4) that が省略されている。

単語

broke[bróuk ブロウク]
break の過去形

実力問題

解答 ▶ 別冊 p.27

1 日本文の意味を表すように，（　）内の語（句）を並べかえなさい。

(1) 私たちはサッカーの試合に負けて悲しいです。
We are (that, lost, sad, we) the soccer game.
We are _____ the soccer game.

(2) 私は友だちに，図書館に行くと言いました。
I (my friends, would, that, go to, I, told) the library.
I _____ the library.

(3) 私は彼がきっと将来歌手になると思います。
(be, sure, I'm, a singer, he, will) in the future.
_____ in the future.

(4) ボブは私に，ピアノを弾けることを示しました。
Bob (play, that, showed, he, me, can) the piano.
Bob _____ the piano.

2 次の文を英語になおしなさい。

(1) 私はあなたが元気になってうれしいです。
_____

(2) 母は私に，料理は楽しいということを教えてくれました。
_____

(3) ジョン（John）は私たちに，あす京都に行く予定だと言いました。
_____

(4) 私はあなたがパーティーに来て驚きました。
_____

3 次の英文を日本語になおしなさい。

(1) Everyone is sad that you are not here.
（　　　　　　　　　　　　　　　　　　　　　　　　　　　　）

(2) I'm sure you'll like it.
（　　　　　　　　　　　　　　　　　　　　　　　　　　　　）

(3) She told her mother that she will come home early.
（　　　　　　　　　　　　　　　　　　　　　　　　　　　　）

HELP
1 (1) lost は lose「負ける」の過去形。
(3) that節の that が省略されている。「将来」in the future
2 動詞の時制に注意。 (1)「元気になる」get well (2)「～に…を教える」は teach。
3 (1) everyone「だれもが，みんな」

25 文構造の基本⑵

解答文一覧 ▶ 別冊 p.5

31

― 問題にチャレンジ ―

▶ 1 (call, 'koi', we, the fish) in Japan.

日本ではその魚を「コイ」と呼びます。

問 ( )内の語(句)を並べかえて
正しい英文にせよ。 → **1**

▶ 2 This song _____ me happy.

この歌を聞くと楽しくなります。

問 ____に適当な1語を入れよ。
→ **2**

▶ 3 My uncle **gave** me an old guitar.

おじは私に古いギターをくれました。

問 この文のタイプは? → **3**

▶ 4 They **called** the land India.

彼らはこの土地をインドと呼びました。

問 受け身の文になおせ。 → **4**

1 「S + V + O + C」

英文の5つのタイプの中で最後に学ぶのが,この「S + V + O + C」だ。

> Mike **calls** the dog Chibi. (マイクはその犬をチビと呼んでいます)
> **S** **V** **O** **C**

「S + V + O + C」で特に注目すべき点は,**O = C** の関係が成り立っているということだ。この文では,**the dog = Chibi** である。

> They **named** their baby Ken. (彼らは赤ちゃんをケンと名づけました)
> **S** **V** **O** **C**

この文では,their baby は Ken だから,O = C の関係が成り立っていることがわかる。

▶ 1の答え→ **We call the fish 'koi' in Japan.** →"その魚を「コイ」と呼ぶ"のだから,the fish が O,'koi' が C だ。we は一般の人々(この文では日本人全体)を指すので訳さないほうがよい。

2 「S + V + O + C」で使われる make

make はいろいろな意味を持つ動詞だが,「make + O + C」の形で使われて,「～を…(の状態)にする」という意味を表すことがある。

問題2は直訳すると,「この歌は私を楽しい状態にする」であり,これを自然な日本語になおすと,「私はこの歌を聞くと楽しくなる」という意味になる。この文でも me = happy だから,O = C の関係が成り立つ。

❗ ここに注意

「S + V + O + C」で,O = C の関係が成り立つからといって O と C の順を逆にしてはいけない。

(×) Mike calls Chibi the dog.

上の文は Mike calls Chibi (マイクはチビを呼んでいる)に the dog(犬と)がくっついたものだ。このように O と C を逆にすると「マイクはチビを犬と呼んでいる」となり,わけのわからない文になってしまう。

The news **made us** very **sad**.
（そのニュースは私たちをたいへん悲しくさせました）
→そのニュースを聞いて私たちはとても悲しくなりました。

ーポイントー
いろいろな**S＋V＋O＋C**
call＋O＋C（OをCと呼ぶ）
name＋O＋C（OをCと名づける）
make＋O＋C（OをCの状態にする）
｝「**O＝C**」の関係

▸2の答え➡ **makes**→3単現のsをつけるのを忘れない。

3 「S＋V＋O＋C」と「S＋V＋O＋O」

「S＋V＋O＋C」と「S＋V＋O＋O」の文は，どちらもS＋Vのあとに文の要素が2つある。しかし，似ているのはそこまでで，訳し方や使われている動詞がちがうので，まとめておこう。

文のタイプ	動 詞 の 例	訳 し 方
S＋V＋O＋C	**call**（呼ぶ） **name**（名づける） **make**（～にする）	「OをCと…」 （O＝Cである）
S＋V＋O＋O	**show**（見せる） **give**（与える） **teach**（教える） **ask**（たずねる）	「OにOを…」 （O＝Oではない）

▸3の答え➡ **SVOO**→動詞がgave（giveの過去形）であり，meとan old guitarを＝（イコール）で結ぶこともできない。

4 「S＋V＋O＋C」の文を受け身にする

「S＋V＋O＋C」の文を受け身の文に書きかえるときは，ふつうの文を受け身の文にするときの手順（⇨ p.102）にしたがって，**O**（目的語）を主語にする。C（補語）はそのまま**V**（動詞）のすぐあとに残す。

必修文例

Mike	calls	the dog	Chibi.
S	V	O	C

〔受け身〕**The dog** is called Chibi by Mike.
S　V（be動詞＋過去分詞）　C　by〜
（その犬はマイクにチビと呼ばれています）

▸4の答え➡ **The land was called India (by them).** （その土地は〔彼らによって〕インドと呼ばれました）

▶ もっとくわしく

「S＋V＋O＋C」の文に使われているC（補語）を目的格補語と言う。これは，O＝Cの関係からわかるように，この補語はO（目的語）の意味や性質を補うので，目的格の補語，つまり目的格補語と呼ぶ。
また，「S＋V＋C」のC（補語）は主語の意味や性質を補い説明するので主格補語と言う。
● S＋V＋O＋C
　（O＝C, Cは目的格補語）
● S＋V＋C
　（S＝C, Cは主格補語）

〔SVOCとSVOOの見分け方〕
⑴ Tom made him a good tennis player.
⑵ Tom made him a good tennis racket.
⑴⑵は一見同じタイプのように見えるが，⑴は

$$\underset{\text{S}}{\text{Tom}}\ \underset{\text{V}}{\text{made}}\ \underset{\text{O}}{\text{him}}$$
$$\underset{(\quad)}{\text{a good tennis player.}}$$

（トムは彼をすばらしいテニス選手にしました）
himとa good tennis playerの関係はイコールなので a good tennis player は C で，SVOCの文だ。

$$\underset{\text{S}}{\text{Tom}}\ \underset{\text{V}}{\text{made}}\ \underset{\text{O}}{\text{him}}$$
$$\underset{(\quad)}{\text{a good tennis racket.}}$$

（トムは彼にすばらしいテニスラケットをつくりました）
himとa good tennis racket はイコールで結べないので，a good tennis racket は O になる。

❗ ここに注意

C（補語）は受け身の文の主語にできないので気をつけよう。だから「S＋V＋C」の文は，受け身にはできない。

 基礎問題

解答 ▶ 別冊 p.28

❶ 日本文の意味を表すように，＿＿に適当な 1 語を入れなさい。

(1) 私たちは彼女をミキと呼んでいます。

We ＿＿＿＿＿＿ ＿＿＿＿＿＿ Miki.

(2) 彼らは赤ちゃんをシュンと名づけました。

They named their ＿＿＿＿＿＿ ＿＿＿＿＿＿.

(3) グリーンさんは私たちに英語を教えました。

Ms. Green taught ＿＿＿＿＿＿ ＿＿＿＿＿＿.

(4) 彼はその犬を何と名づけましたか。

What did he ＿＿＿＿＿＿ ＿＿＿＿＿＿ ＿＿＿＿＿＿?

❷ 例にならって「S ＋ V ＋ O ＋ C」の文を書きなさい。

例 He is Mike. [I call]

→ I call him Mike.

(1) The dish is *champloo*. [They call]

＿＿＿＿＿＿＿＿＿＿＿＿＿＿＿＿＿＿＿＿＿＿＿＿

(2) The month is July. [He named]

＿＿＿＿＿＿＿＿＿＿＿＿＿＿＿＿＿＿＿＿＿＿＿＿

(3) I am happy. [Her smile makes]

＿＿＿＿＿＿＿＿＿＿＿＿＿＿＿＿＿＿＿＿＿＿＿＿

(4) She was angry. [The news made]

＿＿＿＿＿＿＿＿＿＿＿＿＿＿＿＿＿＿＿＿＿＿＿＿

❸ 次の文を日本語になおしなさい。

(1) I call her Kate.

（　　　　　　　　　　　　　　　　　　　）

(2) They named the ship "Fuji."

（　　　　　　　　　　　　　　　　　　　）

(3) He showed me a beautiful dress.

（　　　　　　　　　　　　　　　　　　　）

(4) What do you call the dog?

（　　　　　　　　　　　　　　　　　　　）

HELP

❶ 文の動詞が **call**（呼ぶ）か，**name**（名づける）なら「S ＋ V ＋ O ＋ C」の文だ。

(3)「S ＋ V ＋ O ＋ O」（～に～を…する）の文。

(4)「S ＋ V ＋ O ＋ C」の疑問文。C は What なので文のはじめにある。

❷ 問題文の be 動詞をとって [ ] 内の主語と動詞のあとにつければ「S ＋ V ＋ O ＋ C」の文ができる。

(1) *champloo* は「チャンプルー」という沖縄の料理の名前。

(2) July「7 月」はシーザーが名づけた月の名前。

単語

dish[diʃ ディッシュ] 料理

angry[ǽŋgri アングリィ] 怒って

❸ (1)(2)「S ＋ V ＋ O ＋ C」の文で，V が call [name] のときは「O を C と呼ぶ [名づける]」と訳すのが基本。

(3) dress「ドレス，服」

(4)「S ＋ V ＋ O ＋ C」の疑問文。C が What になるので，文のはじめに置かれる。

 実力問題

解答 ▶ 別冊 p.28

1 次の文を，下線部に注意して日本語になおしなさい。

(1) Kumi <u>calls</u> a taxi.
（ 　　　　　　　　　　　　　　　　　　　　　　　　　 ）

(2) Kumi <u>calls</u> her friends every evening.
（ 　　　　　　　　　　　　　　　　　　　　　　　　　 ）

(3) Kumi <u>calls</u> her dog Pochi.
（ 　　　　　　　　　　　　　　　　　　　　　　　　　 ）

7

2 次の文を受け身の文に書きかえなさい。

(1) They named the kangaroo Spot.
_____

(2) My friend gave me some books. （2通りの受け身の文に）
_____
_____

(3) Everyone calls the city the Big Apple.
_____

3 日本文の意味を表すように，（ ）内の語(句)を並べかえなさい。

(1) パスポートを見せてください。
(me, your, show, passport), please.
_____ , please.

(2) その桜の花は村を有名にしました。
(the village, made, the cherry blossoms, famous).
_____

(3) この色は英語で何と言いますか。
(English, color, call, this, you, do, what, in)?
_____

HELP

1 (1)の call は「呼ぶ」，(2)の call は「電話をかける」の意味。

2 動詞が call か name なら「S＋V＋O＋C」の文。 (1) kangaroo [kǽŋgərúː]「カンガルー」

(2) 2つの目的語をそれぞれ主語にする。

3 (1) 2つの目的語は「〜に」＋「〜を」の順に並べる。命令文であることに注意する。

(2)「桜の花」cherry blossoms（通例〜s の形で使う） (3)「S＋V＋O＋C」の疑問文。

26 疑問詞 ＋ to 〜, tell ＋〔人〕＋ to 〜

解答文一覧 ▶ 別冊 p.5

── 問題にチャレンジ ──

▸1 I didn't know ＿＿＿ ＿＿＿ make.

　私は何をつくればいいのかわかりませんでした。

問 ＿＿に適当な1語を入れよ。 → **1**

▸2 Do you know ＿＿＿ ＿＿＿ go?

　あなたはどこへ行けばいいか知っていますか。

問 ＿＿に適当な1語を入れよ。 → **1**

▸3 My mother **told** me ＿＿＿ clean the room.

　母は私にその部屋をそうじするように言いました。

問 ＿＿に適当な1語を入れよ。 → **2**

▸4 Mary wanted **to live** in Okinawa.

　メアリーは沖縄に住みたかったです。

問 **wanted** のあとに **him** を入れて日本語になおせ。 → **2**

1 「疑問詞＋不定詞」（what to 〜など）

不定詞(to ＋動詞の原形)の前に疑問詞 what をつけると what to 〜「何を〜したらいいのか」という表現になる。

> **what** to read　何を読めばいいのか

what to 〜は，what がついていても文の最初に置く必要はないし，たいていは文の O(目的語)や，直接目的語として使われる。

必修文例

I don't know **what to read**.
S V 　　　 O

（私は何を読めばいいのかわかりません）

Please tell me **what to do**.
　　 V 　 O 　　 O

（私に何をすればいいのか教えてください）

> don't know は「わからない」と訳すのがコツだ。

what to 〜と同じような「疑問詞＋不定詞」の表現には when to 〜，where to 〜，how to 〜などがある。

──ポイント──

　　　　　　　┌動詞の原形
疑問詞＋ **to** 〜＝疑問詞の意味＋「〜したら[すれば]いいのか」

what to 〜 ＝何を〜したらいいのか

when to 〜 ＝いつ〜したらいいのか

where to 〜＝どこへ[に／で]〜したらいいのか

how to 〜 ＝どのようにして〜すればいいのか

▼ もっとくわしく

what to 〜などの「疑問詞＋不定詞」は，文のO(目的語)や，直接目的語になる。名詞的用法の不定詞(名詞句)もOになるが(⇨ p.117)，それと同じように「疑問詞＋不定詞」は名詞句で，名詞の働きをしているからOになる。

得点アップの コツ

「疑問詞＋不定詞」の表現は，I don't know 〜とか Do you know 〜とかの「S＋V＋O」のOに使われることが多い。文の動詞 know，learn などと結びつけて使い方や訳し方になれておこう。

必修文例

I haven't learned how to use it.
(私は それの使い方 を習っていません)

He told her when to start.
(彼は いつ始めたらいいのか を彼女に言いました)

▶1の答え➡ **what, to**　　　　▶2の答え➡ **where, to**

2 「S＋V＋O＋不定詞」[tell など＋〔人〕＋ to〜]

まず次の文を見てもらおう。

I **told her** **to come** here.
S　　V　O(人)　不定詞
(私は彼女に言いました)(ここに**来るようにと**)
──→(私は彼女にここに**来るようにと**言いました)

この文は,「S＋V＋O」に「不定詞」がくっついたものと考えることができる。この「S＋V＋O＋不定詞」の文では,**V**には tell, ask, want などの動詞がよく使われる(上の文は tell の過去形 told)。また,**O**には「人」を表す名詞・代名詞(上の文は代名詞 her)が使われるのがふつうだ。だから,この文の形は,次のように表すことができる。

「**tell**〔**ask, want** など〕＋〔人〕＋ **to** 〜」
　　　　　　　　　　　　　　└─不定詞

この形の文では,tell は「言う〔命ずる〕」と命令の意味を,ask は「頼む」と依頼の意味を,want は「〜してほしい」という意味を表す。つまり,〔人〕に to 〜(不定詞)の表す動作をするように命じたり,頼んだり,望んだりする表現だ。

ポイント
tell ⎫
ask ⎬＋〔人〕＋ **to** 〜→〔人〕に ⎰〜するように言う
want ⎭　　　　　　　　　　　　　⎨〜してくれるように頼む
　　　　　　　　　　　　　　　　⎩〜してほしい

必修文例

She told me to wash the dishes.
(彼女は私にお皿を洗うように言いました)

I often told him to work harder.
(私は彼にもっと熱心に働くようによく言いました)

He asked Bob to help him.
(彼はボブに自分を手伝ってくれるように頼みました)

I want you to go there.
(私はあなたにそこへ行ってほしいです)

▶3の答え➡ **to** →「そうじするように」だから to clean と不定詞にする。
▶4の答え➡ メアリーは彼に沖縄に住んでほしかったです。→ wanted のあとに him を入れると Mary wanted **him** to live in Okinawa. となる。

次の2つの文を比べよう。
① I want to go.
　 S V O
　 (私は行きたいです)
② I want you to go.
　 S V O
　 (私は君に行ってほしいです)
to go という不定詞は,どちらの文でも「行く」という動作を表しているが,その動作をする人は,①と②の文ではちがう。①の文では,主語の I が「行く」という動作をする人だが,②の文で「行く」という動作をする人は目的語の you だ。つまり,②の文では you to go は「君が行く」という意味で,you は不定詞 to go の主語のような役目をしている。そこで,you は to go の意味上の主語と言える。このように「S＋V＋O＋不定詞」の文では,O は不定詞の意味上の主語になっているから,②の文を「(私は)君が行ってほしいです」と訳してもよい。

得点アップのコツ

I want you to 〜.
(あなたに〜してほしい)
この言い方はよく使われるので,確実に覚えておこう。
また,これよりていねいな言い方もある(⇨ p.87)。

I would like you to help me.
((できれば)あなたに助けていただきたいのです)

7

 基礎問題

解答 ▶ 別冊 p.28

❶ 日本語の意味を表すように，＿＿に適当な 1 語を入れなさい。

(1) 何をしたらいいか ＿＿＿＿＿ ＿＿＿＿＿ do

(2) どこへ行けばいいか ＿＿＿＿＿ ＿＿＿＿＿ go

(3) いつ出発すればいいか ＿＿＿＿＿ ＿＿＿＿＿ start

(4) 泳ぎ方 ＿＿＿＿＿ ＿＿＿＿＿ swim

(5) 何を見たらよいか ＿＿＿＿＿ ＿＿＿＿＿ see

HELP

❶「疑問詞＋ to ～」の表現。

❷ 次の文を下線部に注意して，日本語になおしなさい。

(1) I want you to sing a song.
( )

(2) Mr. Brown didn't know how to write a *haiku*.
( )

(3) He asked me to teach English.
( )

(4) Do you know when to go there?
( )

(5) Mother told me to wash the dishes.
( )

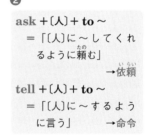

❷

ask ＋〔人〕＋ **to ～**
＝「〔人〕に～してくれ
るように頼む」
→依頼

tell ＋〔人〕＋ **to ～**
＝「〔人〕に～するよう
に言う」 →命令

❸ 日本文の意味を表すように，＿＿に適当な 1 語を入れなさい。

(1) 私はこの習慣を守りたいです。
I ＿＿＿＿＿ ＿＿＿＿＿ keep this habit.

(2) 私はあなたにこの習慣を守ってほしいです。
I ＿＿＿＿＿ you ＿＿＿＿＿ keep this habit.

(3) 彼女は何を読めばいいかわかりませんでした。
She didn't know ＿＿＿＿＿ ＿＿＿＿＿ read.

(4) 彼は私に宿題をするように言いました。
He ＿＿＿＿＿ me ＿＿＿＿＿ do my homework.

(5) あすどこへ行けばいいか教えてください。
Please tell me ＿＿＿＿＿ ＿＿＿＿＿ go tomorrow.

(6) マイは彼に CD を貸してくれるように頼みました。
Mai ＿＿＿＿＿ him ＿＿＿＿＿ lend her his CD.

❸(1)の文で習慣を守るのは
「私」，(2)の文では「あなた」。
(4)「〔人〕に～するように言
う」
(6)「〔人〕に～してくれるよう
に頼む」

単語

habit[hǽbit ハビト]
習慣
lend[lénd レンド]
貸す

解答 ▶ 別冊 p.28

① 日本文の意味を表すように，＿＿に適当な1語を入れなさい。

(1) 彼は私にテレビを見るのをやめるように言いました。

He ＿＿＿＿＿＿ ＿＿＿＿＿＿ ＿＿＿＿＿＿ stop watching TV.

(2) あなたはいつ出発すればいいか知っていますか。

Do you ＿＿＿＿＿＿ ＿＿＿＿＿＿ ＿＿＿＿＿＿ start?

(3) 私はあなたに映画にいっしょに行ってほしいです。

I ＿＿＿＿＿＿ ＿＿＿＿＿＿ ＿＿＿＿＿＿ go to the movies with me.

(4) あなたは彼女にフルートを演奏してくれるように頼みましたか。

Did you ＿＿＿＿＿＿ ＿＿＿＿＿＿ ＿＿＿＿＿＿ play the flute?

② 次の文を日本語になおしなさい。

(1) She told him to be kind to his friends.

( )

(2) Meg asked her mother to wake her up at six.

( )

(3) He wants to learn how to write his name in *hiragana*.

( )

(4) Please tell me which train to take.

( )

③ 次の文を英語になおしなさい。

(1) 彼女は私にその本を読むように言いました。

＿＿＿＿＿＿＿＿＿＿＿＿＿＿＿＿＿＿＿＿＿＿＿＿＿

(2) 彼は何をすればいいかわかりませんでした。

＿＿＿＿＿＿＿＿＿＿＿＿＿＿＿＿＿＿＿＿＿＿＿＿＿

(3) 私は彼女に私を待ってくれるように頼みました。

＿＿＿＿＿＿＿＿＿＿＿＿＿＿＿＿＿＿＿＿＿＿＿＿＿

(4) このカメラの使い方を私に教えてください。

＿＿＿＿＿＿＿＿＿＿＿＿＿＿＿＿＿＿＿＿＿＿＿＿＿

HELP

① (1)(3)(4)は「S＋V＋O(人)＋不定詞」の文。V には tell, ask, want のどれかを使う。

② (3) in *hiragana*「ひらがなで」 (4) **which train to take**「どの電車に乗るべきか」

③ (2)「わかりませんでした→知りませんでした」 (3)「～を待つ」wait for ～ (4)「教える」tell

 **It is ～ to…,**
too ～ to…

33

解答文一覧 ▶ 別冊 p.5

問題にチャレンジ

▸1 **To write** a letter in Chinese is difficult.
中国語で手紙を書くことはむずかしいです。

問 It で始まる文に書きかえよ。
→ **1**

▸2 It is fun ＿＿＿＿ me **to go** skiing.
私にとってスキーに行くことは楽しいです。

問 ＿＿に適当な 1 語を入れよ。
→ **1**

▸3 This story is ＿＿＿＿ long ＿＿＿＿ read in one day.
この物語はとても長いので，1 日で読むことはできません。

問 ＿＿に適当な 1 語を入れよ。
→ **2**

▸4 Ken was **too** young **to drive** a car.
ケンは若すぎたので，車の運転ができませんでした。

問 that を使った文に書きかえよ。
→ **2**

1 It is ～ to …

　文の主語には，I，She，Mike，It などの名詞・代名詞を使うことが多い。しかし，ほかにも，「～すること」と訳す**不定詞**も，名詞と同じ働きをするので，**文の主語になる**（⇨ p.87）。

To read this book　is　easy.
　　　　S　　　　　V　　C

（この本を読むことは　　　やさしい）

　でも，**主語が長いと，読みにくい**。そこで，文の主語が不定詞の場合は，その長い主語のかわりに，とりあえず **It** を文の主語にしてしまう。そして，もとの長い主語（不定詞）は，文の後ろにつける。

必修文例

① To read English books is interesting.
　　　　S　　　　　　　V　　C
　　　↓
② **It** is interesting **to read English** books.
　　形式主語　　　　　　　　　　真主語

　①も②も「英語の本を読むことはおもしろい」という意味。
　②の文の **It** を**形式主語**（仮主語），不定詞 **to read** English books を**真主語**と言う。真主語はもとの①の文の主語で「英語の本を読むこと」と訳すが，形式主語の **It** は「それ」と訳す必要はない。

❗ ここに注意

不定詞だけではなく，動名詞も文の主語になることができる。

Reading this book
　　　　　S
is easy.
V　C

❓ Q&A

Q 不定詞や動名詞が主語になるとき，動詞 be は is でいいのですか。

A 現在形なら is，過去形なら was でいいのです。主語になる不定詞や動名詞は，3 人称単数として扱います。

この It is 〜 to ... の文の to ...(不定詞)の前に,「for ＿」が入ることがある。

> It is interesting **for me to read** English books.
> (私には英語の本を読むことはおもしろいです)

この「for ＿」は, for me(私には)のように,「――には」と訳してもよいが,「私が英語の本を読むことは」のように「――が」と訳してもよい。また,「――にとって」と訳したほうがいい場合もある。

┌─ ポイント ────────────────
It is 〜 to ... ───→「…することは〜だ」
　└形式主語　└真主語(不定詞)
It is 〜 for ＿ to ... ───→「―には…することは〜だ」
　└形式主語　　　　└真主語(不定詞)
└──────────────────────

▶1の答え➡ **It is difficult to write a letter in Chinese.** → To write a letter in Chinese をあとにまわす。

▶2の答え➡ **for** →「私は(私にとっては)」を for me で表す。

2 too 〜 to ...

下の「必修文例」①〜③を使って説明しよう。

too 〜 to ... は「とても〜なので…できない」と訳す。不定詞
　　　　　　　　　└不定詞
を使った重要表現である(①)。

また, **so 〜 that ＿ cannot[can't] ...** も「とても〜なので…できない」と, too 〜 to ... と同じ意味を表す。①の文を so 〜 that ＿ can't ... に書きかえると②の文のようになる。意味は同じだ。

③の文は, 時制の一致(⇨ p.119)によって, so 〜 that ＿ couldn't ... と, can't が過去形 **couldn't** になっている。

必修文例
① I am `too` tired `to walk`.
② I am `so` tired `that` I `can't` walk.
　　(私は `とても` `疲れ`ている `ので歩けません`)
③ I was **so** tired **that I couldn't** walk.
　　　過去 ←――時制の一致――→ 過去
　　(私はとても疲れていたので歩けませんでした)

┌─ ポイント ────────────────
too 〜 to ... 　　　　　　　⎫
so 〜 that ＿ can't ... 　⎬「とても〜なので…できない」
　　　　　　　　　　　　　　　⎭
└──────────────────────

▶3の答え➡ **too, to**

▶4の答え➡ **Ken was so young that he couldn't drive a car.**
→ so 〜 that ＿ can't ... の文にする。

▼ **もっとくわしく**

It is 〜 for ＿ to... の文の for のあとの＿部分は, 文法的に言うと, 後ろの不定詞(to...)の意味上の主語を表す。また, It is 〜 for ＿ to... の for のかわりに of を使うことがある。It is のあとの形容詞が人の性質や態度を表す場合である。

> It was kind **of** you to help me.
> (手伝ってくれてありがとう)

of を使う形容詞にはほかにもこのようなものがある。
　nice(親切な)
　foolish(ばかな)
　careless(不注意な)

得点アップの**コツ**

too 〜 to ... には, いろいろな訳し方がある。I am **too** busy **to** read a book. は,
①「とても忙しいので, 本を読むことができない」
②「あまりにも忙しすぎて本を読むことができない」
③「本を読むにはあまりにも忙しすぎる」
の3通りに訳すことができる。

▼ **もっとくわしく**

too 〜 to... と似た形に, 〜 **enough to...**(とても〜なので…できる)という形がある。too 〜 to... は「…できない」という意味だが, 〜 enough to... は「…できる」の意味だ。

> He's clever **enough to** answer it.
> (彼はとても利口なのでそれに答えることができます)

基礎問題

解答 ▶ 別冊 p.29

❶ 次の文を，例にならって It で始まる文に書きかえなさい。

例 To cook eggs is easy.
　→ It is easy to cook eggs.

(1) To use a dictionary is a good thing.
　→ _____

(2) To write it in English is difficult.
　→ _____

(3) To take pictures well is not easy.
　→ _____

(4) To read books about aliens is very interesting.
　→ _____

❷ 次の文を日本語になおしなさい。また，同じ意味の英文になるように，___に適当な1語を入れなさい。

(1) He is so tired that he can't walk.
　（　　　　　　　　　　　　　　　　　　　）
　= He is _____ tired _____ walk.

(2) We are too hungry to study.
　（　　　　　　　　　　　　　　　　　　　）
　= We are so hungry _____ we _____ study.

(3) Ellen was too busy to come here.
　（　　　　　　　　　　　　　　　　　　　）
　= Ellen was _____ busy that she _____ come here.

❸ 日本文の意味を表すように，（　）内の語(句)を並べかえなさい。

(1) テレビでドラマを見ることは楽しいです。
　(dramas, is, to, it, fun, watch) on TV.
　_____ on TV.

(2) 手話を使うことは彼女には簡単です。
　(to, it, for, easy, use, her, sign language, is).
　_____

(3) 彼は年をとりすぎて働くことができませんでした。
　(was, to, he, work, old, too).
　_____

HELP

❶ 不定詞が主語の文を It is ～ to ... の文に書きかえる。

To ... is ～.
　⇩
It is ～ to ....

(3) 否定文になることに注意。

単語
alien
[éiliən エイリアン]
宇宙人

❷ (1) so ～ that ＿ can't ... を，too ～ to ... に書きかえる問題。
(2)(3) too ～ to ... を，so ～ that ＿ can't ... に書きかえる問題。too ～ to ... が過去の文なら so ～ that ＿ couldn't ... になるので注意。

❸ (1)(2) は it で文を始める。
(2)「彼女には」の部分は for her で表す。
(3) too ～ to ... の文。

単語
drama [drɑ́ːmə ドゥラーマ] ドラマ
sign language 手話

実力問題

解答 ▶ 別冊 p.29

1 日本文の意味を表すように，＿＿に適当な1語を入れなさい。

(1) そんなことをするなんて，あなたはばかです。

It is foolish ＿＿＿＿＿＿ you ＿＿＿＿＿＿ do such a thing.

(2) テニスを上手にすることは簡単ではありません。

＿＿＿＿＿＿ ＿＿＿＿＿＿ tennis well is not easy.

(3) 何時間もコンピューターを使うことは目によくありません。

＿＿＿＿＿＿ computers for many hours ＿＿＿＿＿＿ not good for our eyes.

(4) この問題はむずかしすぎて答えることができません。

This question is ＿＿＿＿＿＿ difficult ＿＿＿＿＿＿ answer.

(5) とても寒かったので，私たちは海で泳ぐことができませんでした。

It was ＿＿＿＿＿＿ cold that we ＿＿＿＿＿＿ swim in the sea.

2 各組の文がほぼ同じ意味を表すように，＿＿に適当な1語を入れなさい。

(1) { To sleep well at night is important.
＿＿＿＿＿＿ is important ＿＿＿＿＿＿ sleep well at night.

(2) { She is too happy to sit down.
She is so happy ＿＿＿＿＿＿ she ＿＿＿＿＿＿ sit down.

(3) { It is not an easy thing to live in a foreign country.
＿＿＿＿＿＿ ＿＿＿＿＿＿ in a foreign country is not an easy thing.

(4) { He was so busy that he couldn't go on a trip.
He was ＿＿＿＿＿＿ busy ＿＿＿＿＿＿ go on a trip.

3 次の文を，（ ）内の表現を使って英語になおしなさい。

(1) 彼らは忙しすぎて昼食を食べることができませんでした。（too ～ to ...）

(2) 自転車に乗ることは簡単です。（It is ～ to ...）

(3) 彼はとても遅く来たので，彼女に会うことができませんでした。（so ～ that ＿ can't ...）

HELP
❶ (4)「むずかしすぎて」は「とてもむずかしいので」と同じ意味。
❷ It is ～ to ...，too ～ to ...，so ～ that ＿ can't ... のどれがあてはまるか考える。
❸ (2)「自転車に乗る」ride a bike (3)「遅く来る」come late

28 原形不定詞

解答文一覧 ▶ 別冊 p.5

問題にチャレンジ

‣ **1** Please (use, me, let) your dictionary.
（私に）あなたの辞書を使わせてください。
　問 並べかえて日本文の意味を表す英文にせよ。　→ **2**

‣ **2** The teacher (do, us, made) a lot of homework.　その先生は私たちにたくさんの宿題をさせました。
　問 並べかえて日本文の意味を表す英文にせよ。　→ **3**

‣ **3** Tom (me, do, helped) my homework.
トムは私が宿題をするのを手伝ってくれました。
　問 並べかえて日本文の意味を表す英文にせよ。　→ **4**

1 原形不定詞の形

これまで学習した不定詞は「to +動詞の原形」という形だった。

<u>I</u> <u>told</u> <u>her</u> **to come** here.
S　V　　O　　不定詞　（私は彼女にここに**来るようにと**言いました）

この文では，不定詞 to come here で表している動作をするのは，O の her ということだった。

ここでは，同じ働きをする原形不定詞を使った文を見ていくことにしよう。まず，原形不定詞の形を押さえておこう。

ポイント
原形不定詞＝ **to** がつかずに，動詞の原形のみで不定詞と同じ働きをする。
動作主や時制の影響は受けない。

2 「let ＋ O ＋原形不定詞」

許可の意味を持つ動詞 let を次の形で使うと，「…に〜させてやる（許可）」という意味になる。

ポイント
「**let ＋ O ＋原形不定詞**」（…に〜させてやる）
She **let** **me** **use her pen.**
　S　　V　　O　　　原形不定詞
（彼女は私にペンを<u>使わせてくれました</u>）

この文では，不定詞 use her pen で表している動作をするのは，O の me になる。

「let ＋ O ＋原形不定詞」の文は，よくていねいな命令文の形で使われるので，覚えておきたい。命令文なので，主語 you が隠れているだけで，「私に〜させて（ください）」という意味になる。

得点アップの **コツ**

語群の中に使わない単語が1つある並べかえ問題では，to が余分な語になることがある。原形不定詞をとる動詞を覚えておくとよい。

! **ここに注意**

let の活用は let – let – let。主語が3人称単数のとき，現在形では lets，過去形では let になることに注意。

138

Please **let** **me** **know**. （私に知らせてください）
V　　O　　原形不定詞

▼ **もっとくわしく**

let や make のように，「～させる」という意味を持つ動詞のことを「使役動詞」と呼ぶ。have も同じように使うことができ，「have ＋ O ＋原形不定詞」で「…に～（当然のこととして）させる」という意味になる。

必修文例

My teacher **lets me use** the dictionary in class.
（私の先生は授業中私に辞書を使わせてくれます）

Please **let me see** the picture.
（その写真を私に見せてください）

▸1の答え➡ **let me use** （「let ＋ O ＋原形不定詞」の語順になる。）

3 「make ＋ O ＋原形不定詞」

make を使うと，「…に（強制的に）～させる）」という意味になる。

┌─ ポイント ────────────
「**make ＋ O ＋原形不定詞**」（…に（強制的に）～させる）
My mother 　**made**　 **me**　 **clean the room.**
　　　S　　　　　V　　　O　　　原形不定詞
　　　　　　　　　　　　　　（母は私に部屋をそうじさせました）
└──────────────────

　この文でも，不定詞 clean the room という動作をするのは O の me になる。make は本人の意志とは関係なく「（強制的に）～させる）」という意味であることを覚えておこう。

▸2の答え➡ **made us do** （「make ＋ O ＋原形不定詞」の語順になる。）

4 「help ＋ O ＋原形不定詞」

help を使うと，「…が～するのを手伝う」という意味になる。

┌─ ポイント ────────────
「**help ＋ O ＋原形不定詞**」（…が～するのを手伝う）
I　**helped**　**him**　**wash his car.**
S　　V　　　　O　　　原形不定詞
　　　　　　　　　（私は彼が車を洗うのを手伝いました）
└──────────────────

　この文では，不定詞 wash his car という動作をするのはあくまでも O の him で，S にあたる I はそれを手伝うだけである点に気をつけたい。
　（※ help は，「help ＋ O ＋ to ＋動詞の原形」の形でも同じように使われる。）

必修文例

Rina **helped her mother move** the table.
（リナはお母さんがテーブルを動かすのを手伝いました）

I **helped him clean** his room.
（私は彼が部屋をそうじするのを手伝いました）

▸3の答え➡ **helped me do** （「help ＋ O ＋原形不定詞」の語順になる。）

 基礎問題

❶ 次の文の（　）内から正しい語(句)を選び，〇で囲みなさい。

(1) I helped Ken (wash, wash for) his car.
(2) My mother made me (stay, to stay) home.
(3) I want you (go, to go) shopping with me.
(4) Please let me (use, to use) your computer.
(5) She asked me (help, to help) her.

 HELP

❶ 「S＋V＋O＋不定詞」の文で，不定詞は２つの形がありうる。
文の動詞が help や let のときは「動詞の原形(原形不定詞)」になる。(3)の want や(5)の ask は「to＋動詞の原形」が後ろに続く。

❷ 日本文の意味を表すように，＿＿に適当な１語を入れなさい。

(1) 私は祖父がめがねを見つけるのを手伝いました。
　　I ＿＿＿＿＿ my grandfather ＿＿＿＿＿ his glasses.
(2) 彼女は子どもたちをそこへ行かせません。
　　She doesn't ＿＿＿＿＿ her children ＿＿＿＿＿ there.
(3) メアリーは私たちが英語で話すのをいつも助けてくれます。
　　Mary always ＿＿＿＿＿ ＿＿＿＿＿ ＿＿＿＿＿ in English.
(4) 彼はよく私を笑わせてくれます。
　　He often ＿＿＿＿＿ ＿＿＿＿＿ ＿＿＿＿＿.

❷ (2) 「～させない」という否定文。
(3) O が代名詞のときは，「～に」の形(目的格)にする。

単語
find
[faind ファインド]
見つける

❸ 次の各組の文を日本語になおしなさい。

(1)
My brother helped me.
＿＿＿＿＿＿＿＿＿＿＿＿＿
My brother helped me carry the box.
＿＿＿＿＿＿＿＿＿＿＿＿＿

(2)
Let's drink coffee.
＿＿＿＿＿＿＿＿＿＿＿＿＿
Please let me drink coffee.
＿＿＿＿＿＿＿＿＿＿＿＿＿

❸ 動作をする人がだれなのかをまちがえないように訳す。

✊ 実力問題

1 日本文の意味を表すように，（　）内の語（句）を並べかえなさい。

(1) トムは放課後，私が宿題をするのを手伝ってくれました。
Tom (do, helped, my homework, me) after school.
Tom ＿＿＿＿＿＿＿＿＿＿＿＿＿＿＿＿＿＿＿＿＿＿＿＿ after school.

(2) 兄は私に彼の本を読ませてくれました。
My brother (read, let, his, me) books.
My brother ＿＿＿＿＿＿＿＿＿＿＿＿＿＿＿＿＿＿＿＿ books.

(3) 夕食後，母は私に皿を洗わせました。
After dinner, (the dishes, made, wash, me, my mother).
After dinner, ＿＿＿＿＿＿＿＿＿＿＿＿＿＿＿＿＿＿＿＿＿.

(4) あなたの消しゴムを使わせてください。
Please (use, me, let) your eraser.
Please ＿＿＿＿＿＿＿＿＿＿＿＿＿＿＿＿＿＿＿ your eraser.

2 次の文を日本語になおしなさい。

(1) I helped an old woman cross the street.
（　　　　　　　　　　　　　　　　　　　　　　　　　　）

(2) Our teacher let us play basketball in the gym.
（　　　　　　　　　　　　　　　　　　　　　　　　　　）

(3) Don't make children cry.
（　　　　　　　　　　　　　　　　　　　　　　　　　　）

(4) My mother won't let me go out at night.
（　　　　　　　　　　　　　　　　　　　　　　　　　　）

3 次の文を英語になおしなさい。

(1) 彼が到着したら，私に知らせてください。

＿＿＿＿＿＿＿＿＿＿＿＿＿＿＿＿＿＿＿＿＿＿＿＿＿＿＿＿＿

(2) 私はいつも母が夕食を作るのを手伝います。

＿＿＿＿＿＿＿＿＿＿＿＿＿＿＿＿＿＿＿＿＿＿＿＿＿＿＿＿＿

(3) この部屋をそうじするのを手伝ってもらえますか。

＿＿＿＿＿＿＿＿＿＿＿＿＿＿＿＿＿＿＿＿＿＿＿＿＿＿＿＿＿

🖐 **HELP**

1 (1) 宿題をするのは「私」。do *one's* homework「宿題をする」 (3) wash the dishes「皿を洗う」 (4) eraser「消しゴム」

2 (1) cross「〜を横断する」 (2) gym「体育館」 (4) won't は will not の短縮形。go out「外出する」

3 (1)「〜したら」は when [if] 〜で表す。「到着する」arrive (2) 頻度を表す言葉は一般動詞の前に置く。 (3)「〜してもらえますか」は Can you 〜？や Will you 〜？などで表す。

1 次の文の（　）内から正しい語（句）を選び，〇で囲みなさい。　　〈15点＝3点×5〉

(1) We (call, say, tell) him Mike.
(2) The milk is (too, so, very) hot to drink.
(3) He (called, said, told) her to share the housework.
(4) My teacher made me (do, to do, doing) my homework.
(5) She is (too, so, very) tired that she (can, can't, couldn't) walk.

2 次の文を日本語になおしなさい。　　〈15点＝5点×3〉

(1) I will show you that I can cook well.
(　　　　　　　　　　　　　　　　　　　　　　　　　　　　　　　　　)
(2) Her friend told her which way to go.
(　　　　　　　　　　　　　　　　　　　　　　　　　　　　　　　　　)
(3) He didn't let his son play in the park.
(　　　　　　　　　　　　　　　　　　　　　　　　　　　　　　　　　)

3 日本文の意味を表すように，＿＿＿に適当な1語を入れなさい。　　〈20点＝4点×5〉

(1) あなたはいつ出発すればいいか知っていますか。
Do you know ＿＿＿＿＿＿＿＿ to start?
(2) 私たちはその犬をクロと名づけました。
We named the ＿＿＿＿＿＿＿ ＿＿＿＿＿＿＿.
(3) 私は彼らに中国語を習ってほしいです。
I ＿＿＿＿＿＿＿ them ＿＿＿＿＿＿＿ learn Chinese.
(4) 私は彼女が客室乗務員だということを知りませんでした。
I didn't know ＿＿＿＿＿＿＿ she ＿＿＿＿＿＿＿ a flight attendant.
(5) 彼はとても疲れているので立ち上がることができません。
He is ＿＿＿＿＿＿＿ tired that he ＿＿＿＿＿＿＿ stand up.

4 日本文の意味を表すように，（　）内の語（句）を並べかえなさい。　　〈12点＝4点×3〉

(1) その知らせは彼女を悲しませました。
(sad, the, made, her, news).
_____

(2) 私は彼がその試験に合格することを確信しています。
(am, I, that, sure, will, he, the exam, pass).
_____

(3) 若い人たちが彼に対して親切にするのは必要なことです。

It (kind, people, for, is, be, necessary, young, to) to him.

It _____ to him.

7

5 次の文を，（ ）内の指示にしたがって書きかえなさい。 〈20点＝4点×5〉

(1) I think that you can do it. （think を過去形にして）

_____

(2) To take pictures is very easy. （It で始まる文に）

_____

(3) She calls the cat Tama. （受け身の文に）

_____

(4) She was so sleepy that she couldn't drive a car. （不定詞を使って同じ内容の文に）

_____

(5) He said to me, "Close the door." （" " を使わずに同じ内容の文に）

_____

6 （ ）内の語句を参考にして，次の文を英語になおしなさい。 〈6点〉

沖縄では，にがうりはとてもポピュラーです。私たちは，それを沖縄の言葉で「ゴーヤ」と呼んでいます。（ *nigauri*, *goya*, the Okinawa language ）

_____

_____

_____

7 〈リスニング問題〉英文を聞いて，その内容についての(1)～(3)の質問に対する最も適当な答えを，ア～エの中から1つずつ選び，〇で囲みなさい。 〈12点＝4点×3〉

35

(1) ア He was 5 years old.
　　イ He was 12 years old.
　　ウ He was 14 years old.
　　エ He was 36 years old.

(2) ア His teacher did.
　　イ His host family did.
　　ウ His host father did.
　　エ His friends did.

(3) ア He wants them to talk about something they like in English.
　　イ He wants them to have many friends at school.
　　ウ He wants them to go to New York to have a good experience.
　　エ He wants them to enjoy playing basketball.

わかるゼミ8
名詞を修飾する語句と節

名詞を修飾する語句

　名詞について，名詞を修飾する語と言えば，まず形容詞だ。でも，名詞につくのは形容詞だけではない。

① 形容詞　　　　a **big** dog（大きい　犬）

②「前置詞＋名詞［代名詞］」

　　　　　　　　a letter **for you**（あなたへの　手紙）

③ 形容詞的用法の不定詞

　　　　　　　　a picture **to give** him（彼にあげる　写真）

　②の for you，③の to give him は，それぞれ名詞 letter，picture にくっついて，その名詞を修飾している。2語以上が集まって形容詞と同じような働きをしているので**形容詞句**と言うが，①の形容詞 big とちがい，名詞の後ろにくっついて，**後ろから名詞を修飾している**（後置修飾と言う）ことに注意しよう。

　日本語は，①大きい犬，②あなたへの手紙，③彼にあげる写真のように，名詞を修飾する語句が，名詞の前に置かれている（前置修飾と言う）。

現在分詞・過去分詞も名詞を修飾する

　上の①～③がこれまでに学んだ名詞を修飾する語句だが，名詞を修飾する語句は，まだほかにもある。まずは次の2つの文を見てみよう。

　I know **the girl**. **She** is speaking English well.

　（私はその少女を知っています。彼女は英語を上手に話しています）

　後ろの文が「be動詞＋現在分詞」の進行形になっていることに注目しておいてほしい。後ろの文の She は，前の文の the girl を受けている代名詞で，**the girl ＝ She** だ。だから，後ろの文まで読むと，the girl は「英語を上手に話している少女」とわかる。
　この「英語を上手に話している少女」という日本語を，英語で表してみると，次のようになる。

ここに注意

ここで語というのは1つの単語のことだ。句は2つ以上の語が集まって意味のかたまりとなっているものだ。2つ以上の語の集まりでも，「主語＋動詞」の文の形をふくむものを節と言う。（⇨ p.117）

語 ← 単語

句 ← 単語 単語 単語 …

節 ← 単語 単語 単語 …
　　　　　S ＋ V

よく「語句」という言い方をするが，これは語を指すとき，句を指すとき，語と句の両方を指すときがある。使うのに便利な言葉だ。

得点アップの コツ

名詞にくっつくものをよく理解しておくことが大切だ。英語は名詞を修飾する言葉を中心に表現をふくらませていくので，英文が長くなり表現が豊かになるにつれて，名詞を修飾する語句や節が大活躍する。

英語を上手に話している少女

the girl speaking English well

　これは，後ろの文の現在分詞 speaking ～を，名詞 the girl にくっつけたものだ。そこで 2 つの文は，次のように 1 つの文にまとめることができる。

必修文例

I know **the girl speaking** English well.

（私は英語を上手に話している少女を知っています）

　このように，**現在分詞は**名詞について，「**～している**」と進行形と同じような意味で名詞を修飾する。また，受け身の文に使った**過去分詞**も，「**～された**」と受け身の意味で名詞を修飾するが，これらについては次ページでくわしく学ぶことにしよう。

名詞を修飾する節

　名詞にくっつくのは語句だけではない。文もくっつくのだ。文を名詞にくっつける役目をするのが関係代名詞だ。そのメンバーは **who**，**which**，**that** の 3 つだ。おなじみの顔ぶれだが，これまで学んだ who，which，that の意味・用法ではなく，関係代名詞として次のような働きをしてくれる。

　　1．文と文をつなぐ[関係づける]
　　2．代名詞（he，she，it，they など）のかわりをする

　つまり，**文と文を関係づける代名詞**が関係代名詞だ。
　この関係代名詞を使うと，前と後ろの文をつなぎ，前の文の名詞を後ろの文で修飾することができる。

必修文例

I know **the girl. She** is speaking English well.

I know **the girl who** is speaking English well.

（私は英語を上手に話している少女を知っています）

　関係代名詞 who は，後ろの文の**代名詞 she** のかわりに文をつないでいる。そして，who 以下はもとの後ろの文そのままなので，「主語＋動詞」をふくんだ語の集まり，つまり節になって，前の**名詞**
the girl を修飾している。

　だから節（もとの文）も，名詞を修飾できるのだ。名詞を修飾する節をつくるのが，p.150 以降で学ぶ関係代名詞だ。

8

? Q&A

Q 文と文をつなぐのは接続詞だと学びましたが，関係代名詞も，文と文をつなぐのだから接続詞ですか。

A 関係代名詞は，文と文をつなぐから接続詞と同じような役目をします。でも，and，or や when，if のような接続詞とちがって，代名詞の役目もします。この点が接続詞と決定的にちがいます。

▼ もっとくわしく

関係代名詞は，名詞を修飾する節，つまり形容詞節をつくる。これまで学んだ副詞節・名詞節にどんなものがあったか，まとめてみよう。

① 副詞節…接続詞 when，if などで始まる節
　when ＋ S ＋ V ～
② 名詞節…接続詞 that で始まる節
　that ＋ S ＋ V ～
③ 形容詞節…関係代名詞で始まる節
　who（S）＋ V ～
　which（O）＋ S ＋ V ～

29 分詞の形容詞的用法

解答文一覧 ▶ 別冊 p.5

36

問題にチャレンジ

▸1 a <u>run</u> dog / the <u>close</u> door
走っている犬　　　閉められたドア

問 日本語の意味を表すように下線部の語を分詞になおせ。
→ 1

▸2 The teacher <u>teach</u> us English is Mr. Okada.
私たちに英語を教えている先生は岡田先生です。

問 日本語の意味を表すように下線部の語を分詞になおせ。
→ 2

▸3 Kaori looked at the <u>paint</u> wall.
カオリはペンキをぬられたかべを見ました。

問 日本語の意味を表すように下線部の語を分詞になおせ。
→ 3

▸4 The language in Taiwan is Chinese.
タイワン
台湾で話されている言葉は中国語です。

問 日本文の意味を表すように speak を分詞にして入れよ。
→ 3

1 「分詞」は現在分詞と過去分詞

「分詞」なんてあまり聞きなれない人も多いだろうが，受け身に使った過去分詞なら知っているはずだ。また，進行形で使った動詞のing形は，じつは現在分詞という分詞だ。この現在分詞と過去分詞の2つをまとめて分詞と呼ぶ。

分詞 —— 現在分詞（動詞の原形 + ing）
過去分詞（動詞の原形 + ed. 不規則動詞もある）

分詞（現在分詞・過去分詞）は，形容詞と同じように，名詞を修飾することができる。これを分詞の形容詞的用法と言う。現在分詞は「～している」という意味を表し，過去分詞は「～された」と受け身の意味を表す。

write (書く) —— 現在分詞は writing（書いている）
└原形(現在形)　過去分詞は written（書かれた）

ここで注意してほしいのは，現在分詞も過去分詞も，**動詞としての力も持っている**ことだ。だから，目的語や修飾語などをひきつれて，意味のかたまり（形容詞句）をつくることができる。

現在分詞　**writing** a letter（手紙を書いている）
　　　　　　　　目的語
過去分詞　**written** by her（彼女によって書かれた）
　　　　　　　　修飾語

▸1の答え→ **a running** dog / the **closed** door
└「～している」　　└「～された」

得点アップの コツ

動詞の形の変化は p.65でまとめたが，ここではその使われ方をまとめておこう。

①原形(現在形)…現在の動作や状態を表すのに使う。原形は will, can, do などの助動詞といっしょに使われたり，不定詞(to ～)になったりする。

②過去形…過去の動作や状態を表すのに使う。

③過去分詞…受け身の文，現在完了に使われるほか，ここで学ぶ形容詞的用法でも使われる。

④現在分詞…進行形で使われるほか，ここで学ぶ形容詞的用法でも使われる。

2 現在分詞の形容詞的用法

現在分詞［動詞の ing 形］は，名詞を修飾して「〜している——」の意味を表す。これを現在分詞の形容詞的用法と言う。
　　　　　　　　　　　　　　　　　　　　　　　　└名詞

singing girls　　　歌っている　少女たち
現在分詞　名詞　　　　（〜している）

このように，**現在分詞がそれ 1 語だけなら，前から名詞を修飾する**。これは an **old** man などのふつうの形容詞と同じ使い方だ。

ところが，現在分詞が目的語や修飾語などをひきつれている場合，つまり**語句を伴う現在分詞は，後ろから名詞を修飾する**（後置修飾）。これは，a letter for you（あなたへの手紙）や a picture to show you（あなたに見せたい写真）などの形容詞句と同じ使い方だ。

girls **singing** a song　　　歌を歌っている　少女たち

▸2 の答え→ The teacher **teaching** us English is Mr. Okada.
→ teach を現在分詞にして，teaching us English（私たちに英語を教えている）が，名詞 teacher を後ろから修飾するようにする。

3 過去分詞の形容詞的用法

過去分詞は「〜された——」と**受け身**の意味で名詞を修飾する。これを過去分詞の形容詞的用法と言う。形容詞的用法の**過去分詞**は，**それ 1 語だけなら前から，語句を伴って 2 語以上なら後ろから名詞を修飾する**（後置修飾）。現在分詞と同じ使い方だ。

もうよくわかったと思うので，文の中で使ってみよう。

必修文例

The **broken** vase was under the table.

（こわれた花びんはテーブルの下にありました）

This is a letter **written** by her.

（これは彼女によって書かれた手紙です）

┌ ポイント ─────────────────
分詞の形容詞的用法 ┊ 現在分詞→「〜している——」
　　　　　　　　　　 ┊ 過去分詞→「〜された——」
➡分詞 1 語だけなら前から，2 語以上なら後ろから名詞を修飾
└───────────────────────

▸3 の答え→ Kaori looked at the **painted** wall. → painted は 1 語だけの分詞である。

▸4 の答え→ The language **spoken** in Taiwan is Chinese.
→ spoken in Taiwan（台湾で話されている）が，名詞 language を後ろから修飾するようにする。

得点アップの コツ

現在分詞も動名詞も，動詞の原形に ing をつけた形だ。形では現在分詞と動名詞を区別できない。だから，文の中での使われ方，訳し方によって区別するしかない。
文の中で動詞の ing 形があれば，「〜すること」と訳して意味が通るなら動名詞，「〜している」と訳して意味が通るなら現在分詞だ。もちろん，「be 動詞＋-ing」の形のときは進行形で現在分詞だ。

●

語句を名詞の後ろに置いてその名詞を修飾することを後置修飾と言う。

語句をつれて続いてください

8

147

 基礎問題

解答 ▶ 別冊 p.31

❶ 日本文の意味を表すように，次の文の（ ）内から正しい語を選び，○で囲みなさい。

(1) The dog (sleeping, slept) on the sofa is Tom's.
ソファーの上で眠っている犬はトムの犬です。

(2) The girl (writing, wrote) a letter is Jane.
手紙を書いている少女はジェーンです。

(3) He has a car (making, made) in Italy.
彼はイタリア製の車を持っています。

(4) Look at the people (waiting, waited) for buses.
バスを待っている人々を見なさい。

(5) Here is a book (writing, written) in Ainu.
ここにアイヌ語で書かれた本があります。

❷ 次の文の正しい位置に（ ）内の語を入れて全文を書きなさい。

(1) Do you know the cat? (sleeping)

_____

(2) Do you know the dog over there? (running)

_____

(3) The door did not open. (closed)

_____

(4) English by him was too fast to understand. (spoken)

_____

❸ 各組の文を，意味のちがいに注意して日本語になおしなさい。

(1) {
a) The girl is running over there.
  (   )
b) The girl running over there is Noriko.
  (   )
}

(2) {
a) This sign was used in Cambodia.
  (   )
b) This is the sign used in Cambodia.
  (   )
}

実力問題

解答 ▶ 別冊　p.32

❶ ( )内の語を適当な形にして文中の正しい位置に入れ，全文を書きかえなさい。

(1) He had a watch.　(break)

_____

(2) Can you see the bird?　(fly)

_____

(3) The girl by the window is my sister.　(stand)

_____

(4) This is a fish in the lake.　(catch)

_____

❷ 次の文を日本語になおしなさい。

(1) Barking dogs don't always bite.
（　　　　　　　　　　　　　　　　　　　　　　　　　　　　　）
(2) What's the most important language used in the world?
（　　　　　　　　　　　　　　　　　　　　　　　　　　　　　）
(3) Do you know the girl running in the gym?
（　　　　　　　　　　　　　　　　　　　　　　　　　　　　　）
(4) A spoken language is more difficult than a written language.
（　　　　　　　　　　　　　　　　　　　　　　　　　　　　　）

❸ 日本文の意味を表すように，英文の____に適当な1語を入れなさい。

(1) ベンチにすわっている人は私のおじです。
The _____ _____ on the bench is my uncle.
(2) 彼はアメリカ製のギターを買いました。
He bought a guitar _____ _____ America.
(3) ピアノを弾いている女の子はだれですか。
Who is the girl _____ _____ _____?
(4) 雪でおおわれている家はとても美しかったです。
The house _____ _____ _____ was very beautiful.

HELP
❶ 分詞が修飾する名詞をさがす。「～している」なら現在分詞，「～される[た]」なら過去分詞を使う。
❷ (1) bark「(犬などが)ほえる」，bite [bait]「かむ」　(3) gym [dʒim]「体育館」
　　(4) a spoken language「話された言葉」→「話し言葉」と意訳する。a written language「書かれた言葉」→「書き言葉」
❸ (4) 受け身の be covered with ～(～でおおわれている)から考える。

30 関係代名詞（主格）

解答文一覧 ▶ 別冊 p.6

― 問題にチャレンジ ―

▸1 I know **a girl**. **She** can ski very well.

　　私は少女を知っています。彼女はとても上手にスキーができます。

問 who を使って1つの文にせよ。 → 1

▸2 **The man** is my uncle. **He** wrote this letter.

　　その人は私のおじです。彼はこの手紙を書きました。

問 who を使って1つの文にせよ。 → 2

▸3 This is the train (who, which) goes to Osaka.

　　これは大阪へ行く列車です。

問 （ ）内から適当なものを選べ。 → 3

▸4 Look at the boy and the dog ＿＿＿＿ are running.

　　走っている少年と犬を見なさい。

問 ＿＿＿ に適当な関係代名詞を入れよ。 → 3

1 関係代名詞 who ── 先行詞は「人」

　関係代名詞は，文と文とをつなぎ[関係づけ]，代名詞のかわりをする。この関係代名詞の働きを，次の文で調べてみよう。

必修文例

a friend ＝ He（He は前の a friend を指す）

I have **a friend**. **He** is American.

I have **a friend** who is American.

先行詞　　　関係代名詞で始まる節（形容詞節）

関係代名詞にかえる

（私には アメリカ人である 友人 がいます）

　関係代名詞 **who** は，上の後ろの文の**代名詞 He** のかわりをする。そして，代名詞 He が指していた前の名詞 a friend について，文をつないでしまうのだ。そこで，次のことを覚えよう。

① 関係代名詞 who がくっついた名詞 a friend を**先行詞**と言う。つまり，先行詞は関係代名詞が指す語のことだ。a friend のように先行詞が「人」のとき，関係代名詞は **who** を使う。

② 関係代名詞 **who** は，文の主語になっていた He（主格）のかわりをするので，who は**主格**の関係代名詞だ。

③ 関係代名詞で始まる節は，先行詞を修飾する。日本語に訳すとき，関係代名詞で始まる節 → 先行詞の順に訳す。

英語でヒントSHOW

This is your friend…

… who is American.

Tom!　　Yes!

? Q&A

Q 関係代名詞は訳さなくていいのですか。

A はい，そうです。先行詞＝関係代名詞が指す語ですから，先行詞と関係代名詞の両方を訳すと，同じことを2度訳すことになります。

▸1の答え→ I know **a girl who** can ski very well.（私はとても上手にスキーができる少女を知っています）→ She は a girl を指すので，a girl を先行詞とし，she を who にかえる。

2 関係代名詞の位置 ── つけたし型，わりこみ型

関係代名詞をふくむ文は，どの語が先行詞になるかによって，次の2つのタイプに分けられる。

① つけたし型…文の目的語(O)や補語(C)などが先行詞の場合は，先行詞のあとに関係代名詞で始まる節をつけるだけ。

Do you know **the boys who** are playing tennis?
　　S　　　V　　　O(先行詞)　関係代名詞で始まる節(O を修飾)

（あなたは テニスをしている 少年たち を知っていますか）

② わりこみ型…文の主語(S)が先行詞の場合は，先行詞のあとに関係代名詞で始まる節をわりこませる。

The boy who is reading a book is Mike.
　S(先行詞)　関係代名詞で始まる節(S を修飾)　V　C

（ 本を読んでいる 少年 はマイクです）

▸2の答え→ **The man who** wrote this letter is my uncle.（この手紙を書いた人は私のおじです）→ He は The man を指すので，The man を先行詞とし，He を who にかえて後ろの文を先行詞のあとにわりこませる。

3 関係代名詞 which ──先行詞は「物」，that ──「人」と「物」

関係代名詞の which，that は，who のように**文と文をつなぎ，主格の代名詞のかわりをする**。「つけたし型」や「わりこみ型」もある。ただし，**which** は先行詞が「物」（人以外の生物も）のときに使い，**that** は先行詞が「人」と「物」のどちらのときにも使える。
└文の主語になる形

必修文例

Do you know a store which sells notebooks?
　　　　　　　先行詞　　関係代名詞で始まる節

（あなたは ノートを売っている 店 を知っていますか）── **つけたし型**

The picture that was painted by Kate is beautiful.
　先行詞　　　関係代名詞で始まる節

（ ケイトによって描かれた 絵 は美しいです）── **わりこみ型**

── ポイント ──
先行詞が「人」→ **who**（または **that**）⎱ 主格の代名詞の
先行詞が「物」→ **which**（または **that**）⎰ かわりをする

▸3の答え→ **which** →先行詞 the train(列車) は「物」である。
▸4の答え→ **that** → the boy and the dog が先行詞で，「人」＋「物」だから，「人」にも「物」にも使える **that** が正解。

8

🔽 もっとくわしく

who は「人」の先行詞が大好きで，「物」の先行詞はきらいだ。**which** はその反対だ。

that は「人」の先行詞も「物」の先行詞も好きだが，「人」の大好きな who に遠慮して，「人」の先行詞にはあまりくっつかない。だから，「人」の先行詞には **that** よりも **who** を使うほうがテストなどでも安全だ。でも，that は形容詞の最上級や **all，every，any，no，the only** などのついている先行詞が大好きで，テストでこんな先行詞が出たら，まよわず that を使おう。

また，先行詞が「人」＋「物」の両方なら，必ず **that** を使うこと。両方とも好きなのは that だけだからだ。

 基礎問題

❶ 日本文の意味を表すように，（　）内から適当なものを選び，○で囲みなさい。

(1) He has a dog (who, which) runs very fast.
彼はとても速く走る犬を飼っています。

(2) The boys (who, which) are standing there are Tom and Fred.
そこに立っている少年たちはトムとフレッドです。

(3) I saw many birds (who, which) (was, were) flying in the sky.
私は空を飛んでいる多くの鳥を見ました。

(4) Do you know the man (who, which) (writes, wrote) the novel?
あなたはその小説を書いた人を知っていますか。

❷ 次の文の＿＿に who または which を入れなさい。また，全文を日本語になおしなさい。

(1) These are cars ＿＿＿＿＿ were made in America.
（　　　　　　　　　　　　　　　　　　　）

(2) He didn't know the man ＿＿＿＿＿ was talking with me.
（　　　　　　　　　　　　　　　　　　　）

(3) The girl ＿＿＿＿＿ cleans this room is Nancy.
（　　　　　　　　　　　　　　　　　　　）

(4) The cat ＿＿＿＿＿ has gray eyes is mine.
（　　　　　　　　　　　　　　　　　　　）

❸ 次の文を who または which を使って，1つの文に書きかえなさい。

(1) I know that man.　He is dumping garbage.

＿＿＿＿＿＿＿＿＿＿＿＿＿＿＿＿＿＿＿＿＿＿

(2) Do you know the train?　It can run the fastest.

＿＿＿＿＿＿＿＿＿＿＿＿＿＿＿＿＿＿＿＿＿＿

(3) This is the cat.　It is loved by her.

＿＿＿＿＿＿＿＿＿＿＿＿＿＿＿＿＿＿＿＿＿＿

(4) The woman is Mrs. Lee.　She is sitting on the chair.

＿＿＿＿＿＿＿＿＿＿＿＿＿＿＿＿＿＿＿＿＿＿

(5) The building is our school.　It stands over there.

＿＿＿＿＿＿＿＿＿＿＿＿＿＿＿＿＿＿＿＿＿＿

✋ HELP

❶

先行詞 { 人→ who
物→ which

(3) 先行詞(many birds)を主語と考えて関係代名詞のあとの動詞の形を決める。
(4) 「小説を書いた」は過去のこと。

❷ (1)(2)は「つけたし型」の文。① まず主語を訳し，② 次に関係代名詞で始まる節を訳す。
　　S＋V～ 関係代名詞...
　　①　③　　　　②
(3)(4)は「わりこみ型」の文なので，① 関係代名詞で始まる節→② 主語の順で訳す。
　　S 関係代名詞... ＋V～
　　②　①　　　　　③

❸ 次の順に考えよう。
① 前の文の名詞を指す代名詞を後ろの文からさがす。
(1) that man＝He
② 後ろの文の代名詞を関係代名詞にかえる。
(1) He → who
③ 関係代名詞以下を前の文の名詞(先行詞)につける。
(2)～(5)は the のついた名詞のほうを先行詞とする。

単語
dump [dʌmp]　（ごみなど）を捨てる
garbage [gáːrbidʒ ガーベヂ] ごみ

 実力問題

解答 ▶ 別冊 p.32

❶ 次の文を日本語になおしなさい。

(1) The lady who is sitting under that tree is Ms. Yamada.

( )

(2) The package which was sent from Hokkaido has not arrived yet.

( )

(3) I want a book that tells about the universe.

( )

8

❷ 次の文を，関係代名詞を使ってほぼ同じ意味を表す文に書きかえなさい。

(1) {
The girl crying over there is my sister.
The girl ＿＿＿＿＿＿＿＿＿＿＿ crying over there is my sister.
}

(2) {
He has some books written by Natsume Soseki.
He has some books ＿＿＿＿＿＿＿＿＿＿＿ written by Natsume Soseki.
}

(3) {
There are many parks with beautiful trees.
There are many parks ＿＿＿＿＿＿＿＿＿＿＿ beautiful trees.
}

(4) {
Naoki is not a boy to tell a lie.
Naoki is not a boy ＿＿＿＿＿＿＿＿＿＿＿ a lie.
}

❸ 日本文の意味を表すように，（　）内の語を並べかえなさい。

(1) 彼がきのうあなたのかぎを見つけてくれた少年です。

He is (the, found, boy, key, who, your) yesterday.

He is ＿＿＿＿＿＿＿＿＿＿＿＿＿＿＿＿＿＿ yesterday.

(2) 2つドアのある部屋が私のものです。

(has, is, which, two, the, mine, doors, room).

＿＿＿＿＿＿＿＿＿＿＿＿＿＿＿＿＿＿＿＿＿＿＿＿

(3) 彼はその試験に合格したただ1人の生徒です。

(only, exam, passed, he, that, is, the, student, the).

＿＿＿＿＿＿＿＿＿＿＿＿＿＿＿＿＿＿＿＿＿＿＿＿

HELP
❶ (2) package「荷物」，yet「（否定文で）まだ」 (3) universe [júːnəvəːrs] ユーニヴァ〜ス「宇宙」
❷ (1)(2) 名詞の後ろに置かれた形容詞的用法の分詞は，「関係代名詞＋動詞 〜」の形に書きかえられる。
(3)は先行詞が人以外，(4)は先行詞が人になることに注意。 (4) tell a lie「うそをつく」
❸ (2)「2つドアのある」has two doors

31 関係代名詞（目的格）

解答文一覧 ▶ 別冊 p.6

― 問題にチャレンジ ―

▸1 I like **the song**. Aki is singing **it**.

私はその歌が好きです。アキはそれを歌っています。

問 which を使って1つの文にせよ。 → **1**

▸2 (tall, Ken, then, woman, met, was, the, that).

ケンがそのとき会った女性は背が高かったです。

問 各語を並べかえて，日本文の意味を表す英文にせよ。 → **2**

▸3 (know, pictures, can, the, well, boy, paint, I).

私が知っている少年は上手（じょうず）に絵を描（か）くことができます。

問 各語を並べかえて，日本文の意味を表す英文にせよ。 → **3**

▸4 The letter ＿＿＿＿＿ ＿＿＿＿＿ is very long.

彼が書いたその手紙はとても長いです。

問 ＿＿に適当な1語を入れよ。 → **3**

1 関係代名詞 which ――目的語

次の2つの文では，後ろの文の it は前の文の a bike を指すので，a bike = it だ。it は後ろの文の目的語で，目的格の代名詞だ。

a bike = it（目的格）

This is a bike. I ride **it** every day.

（これは自転車です。私はそれに毎日乗ります）

上の2つの文をつなぐには先行詞が「物」（a bike）で，その代名詞が目的格（it）だから，関係代名詞も **which** の目的格を使う。だが，関係代名詞 **which** は目的格になっても形はかわらず，which のままだ。

そこで，代名詞 it を関係代名詞 which にかえると，I ride which every day となるが，関係代名詞は先行詞のあとにつけなければならないから，which を先頭に移して，which I ride every day としてから2つの文をつなぐ。

This is a bike which I ride every day. ――つけたし型
　S　　V C（先行詞）　　　関係代名詞で始まる節

（これは 私が毎日乗る 自転車 です）

上の文は「つけたし型」だが，「わりこみ型」でも同じだ。

The computer which I'm using now is new.
　S（先行詞）　　　関係代名詞で始まる節　　　V　C

（ 私が今使っている コンピューター は新しいです）　――わりこみ型

⚠ ここに注意

which など目的格の関係代名詞を使った文をつくるとき，うっかりして

～ which I ride i̶t̶.

のように目的語を残したままにしないように気をつけよう。it は which になったのだから，

～ which I ride.

が正しい。

得点アップの コツ

関係代名詞は，

① 先行詞が「人」か「物」か。

② 「格」は何か。
　└ 主格・目的格

この2点から決まる。

▶1の答え→ I like **the song which** Aki is singing.（私 は アキ が う たっているその歌が好きです）→ the song = it で，it は目的語だから which を it にかわる目的格の関係代名詞として使い，the song のあとにつけたす。

2 関係代名詞 that は目的格にもなる

which と同じように，**that** もそのままの形で目的格として使う ことができる。

This is **a book**. I bought **it** yesterday.

（これは本です。私はきのうそれを買いました）

この2つの文では a book = it で，a book という「物」が先行 詞となり，it は後ろの文の目的語なので，そのかわりをする関係代 名詞も目的格の which または that にする。

This is **a book which[that] I bought yesterday**.
S V C（先行詞）　　　　　　　　関係代名詞で始まる節　　──つけたし型

（これは 私がきのう買った 本 です）

The book **which[that] you gave me** was very nice.
S（先行詞）　　　関係代名詞で始まる節　　　　　V　　C

（ あなたが私にくれた 本 はすごくよかったです）　　──わりこみ型

▶2の答え→ **The woman that Ken met then was tall.** →「ケン がそのとき会った」は「女性」を修飾する節であると見抜く。関係代名詞 that を使って that Ken met then という節をつくり，これを the woman のあとにわりこませる。

3 関係代名詞の省略

目的格の関係代名詞は省略することができる。だから関係代名詞を 省略して，次のような文をつくることもできる。

必修文例

This is a boy I know well.
└that[who] を省略

（こちらは 私がよく知っている 少年 です）

This is a book I bought yesterday.
└which[that] を省略

（これは 私がきのう買った 本 です）

ポイント

目的格の関係代名詞 ┌ 先行詞が物→ **which，that**
　　　　　　　　　└ 先行詞が人→ **that，** または **who**

※目的格の関係代名詞は省略できる

▶3の答え→ **The boy I know can paint pictures well.** → boy と I の間に関係代名詞の that[who] が省略されている。

▶4の答え→ **he，wrote** →関係代名詞を省略し，「彼が書いた」が「手紙」を修 飾するようにする。

8

 基礎問題

解答 ▶ 別冊 p.33

1 次の文を that を使って，1つの文に書きかえなさい。

(1) This is a girl. I helped her yesterday.

_____

(2) These are pictures. I took them last year.

_____

(3) The students understand Japanese history well. Mr. Mori teaches them.

_____

(4) The book is very interesting. She wrote it.

_____

(5) Did you know the man? You met him there.

_____

2 例にならって，次の文に関係代名詞 that, which のいずれか を加えなさい。ただし，that は which が使用不可のときのみ 使えるものとする。

例 Let's take a walk in the park I like.
→ Let's take a walk in the park which I like.

(1) She is a girl I often see in the museum.

_____

(2) This is the computer I bought.

_____

(3) The color he likes the best is brown.

_____

3 次の下線部の関係代名詞 that が省略できる場合は○，できな い場合は×を書きなさい。

(1) It is a pen that changed my life.

( )

(2) Is this a book that Dazai Osamu wrote?

( )

(3) These are apples that you can eat.

( )

(4) This is a ball that is used in rugby.

( )

✋ **HELP**

1 次の順に考える。
① 前の文の名詞を指す代名 詞を後ろの文からさがす。
(1) a girl = her
② 後ろの文の代名詞を関係 代名詞（目的格）にかえる。
(1) her → that
③ 関係代名詞を後ろの文の 先頭に移し，前の文の名詞 （先行詞）につける。
(1)(2)(5)「つけたし型」
(3)(4)「わりこみ型」

2 省略されている関係代名 詞の形と位置を答える問題。

単語
museum [mjuːzí(ː)əm ミュ**ズィ**(ー)アム] 博物館，美術館

3 関係代名詞のすぐあとに 続くのが主語なのか動詞なの かを見よう。
① 動詞なら，その関係代名 詞は主格。 →省略不可
② 主語なら，その関係代名 詞は目的格。 →省略可

 実力問題

解答 ▶ 別冊 p.33

1 次の文を日本語になおしなさい。

(1) Is this the cake Ami made yesterday?

( )

(2) The girl I saw in the park looked very happy.

( )

(3) Mr. Murata is a baseball player everyone knows.

( )

(4) The book you bought for me is very interesting.

( )

2 各組の文がほぼ同じ意味を表すように，＿＿に適当な1語を入れなさい。

(1) { The picture which Ken took is beautiful.
    { The picture ＿＿＿＿＿ ＿＿＿＿＿ is beautiful.

(2) { He is a boy I know well.
    { He is a boy ＿＿＿＿＿ ＿＿＿＿＿ know well.

(3) { Is that a recycling center? We need it.
    { Is that a recycling center ＿＿＿＿＿ ＿＿＿＿＿ need?

(4) { This is a book which his uncle wrote.
    { This is a book written ＿＿＿＿＿ his uncle.

(5) { This is the best car made in Japan.
    { This is the best car ＿＿＿＿＿ ＿＿＿＿＿ made in Japan.

3 日本文の意味を表すように，（　）内の語を並べかえなさい。

(1) 彼女は私がきのう会った少女です。

(is, I, girl, she, yesterday, the, met).

_____

(2) シンゴが書いた手紙は机の上にあります。

(Shingo, is, desk, the, the, wrote, on, letter).

_____

 HELP
1 関係代名詞が省略されているので注意する。 (2)(4)は「わりこみ型」なので注意しよう。
2 (1)(2) 関係代名詞の省略を考える。 (3) 2つの文をまとめる。recycling center「リサイクルセンター」 (5) 過去分詞の形容詞的用法。**最上級のついた先行詞には that を使う。**
3 (1)「私がきのう会った」が「少女」を，(2)「シンゴが書いた」が「手紙」を修飾するように文をつくる。

32 関係代名詞のまとめ

解答文一覧 ▶ 別冊 p.6

問題にチャレンジ

▶ 1 **The e-mail** ＿＿＿＿ came from Mika made Ken happy.
　問 ＿＿に適当な1語を入れよ。
　→ **1**

　　ミカから来たEメールはケンを喜ばせました。

▶ 2 Do you know **the man** ＿＿＿＿ lives near her house?
　問 ＿＿に適当な1語を入れよ。
　→ **1**

　　あなたは彼女の家の近くに住んでいるその人を知っていますか。

▶ 3 **The man** ＿＿＿＿ we met is Ken's uncle.
　問 ＿＿に適当な1語を入れよ。
　→ **1**

　　私たちが会った男性はケンのおじさんです。

▶ 4 That is **the picture** ＿＿＿＿ my father painted yesterday.
　問 ＿＿に適当な1語を入れよ。
　→ **1**

　　あれは私の父がきのう描いた絵です。

1 関係代名詞の使い分け

　関係代名詞は**先行詞**によって使い分けられ，**主格**と**目的格**があることを整理しておこう。

先行詞	関係代名詞	
	主格（～は，～が）	目的格（～を，～に）
「人」	who	that[who]
「物」	which	which
「人」と「物」	that	that

目的格の関係代名詞は省略されることが多いよ。

　この表からわかるように，関係代名詞を使い分けるポイントは次のようになる。

┌ ポイント ─────────
│ **関係代名詞の使い分け**
│ ① 先行詞は「人」？「物」？…「人」→ **who**，「物」→ **which**
│ 　※ **that** は先行詞が何であっても使える。
│ ② 関係代名詞の働きは？…主語→主格，目的語→目的格
└──────────────

　次に，例文で使い分けのポイントを確認していこう。

得点アップの コツ

左の表から言えることは，関係代名詞そのものの形から，主格か目的格かを判断することはできないということだ。そこで，次のポイントを押さえておこう。
関係代名詞のあとが「動詞」なら主格。「助動詞＋動詞」のこともある。
関係代名詞のあとが「主語＋動詞～」なら目的格。

必修文例

① She is **the girl** <u>who</u> wants to see you.
（彼女はあなたに会いたいと思っている<u>少女</u>です）

② She is **the girl** <u>that[who]</u> Ken wants to see.
（彼女はケンが会いたいと思っている<u>少女</u>です）

③ This is **the dog** <u>which</u> helps the old man.
（これはその老人を<u>介助(かいじょ)する犬</u>です）

④ This is **the dog** <u>which</u> the old man has.
（これはその老人が<u>飼っている犬</u>です）

〔先行詞による使い分け〕

①と②…先行詞が the girl で「人」なので **who** を使う。**that** も可。
②のように，先行詞が「人」の場合，目的格の関係代名詞は **that** のほうがよく使われる。

③と④…先行詞が the dog で「物」なので **which** を使う。**that** も可。

〔主格と目的格の使い分け〕

①と③…関係代名詞のあとに**動詞**が来て，その関係代名詞が**主語**の働きをする場合は**主格**。

②と④…関係代名詞のあとに「**主語＋動詞**」が来て，その関係代名詞が動詞の**目的語**の働きをする場合は**目的格**。

▸1〜4の答え➜ 1 は＿＿の直後が動詞 came なので主格。先行詞は「**物**」だから，正解は **which**。2 も＿＿の直後が動詞なので主格。先行詞は「**人**」だから，正解は **who**。3 は＿＿のあとが「**主語＋動詞**」なので目的格。先行詞は「**人**」だから，正解は **who**。4 も＿＿のあとが「**主語＋動詞**」なので目的格で，正解は **which**。1〜4とも **that** でも正解だ。

2 主語と動詞の見分け方

関係代名詞節や「前置詞＋名詞」，形容詞的用法の分詞などは，後ろから前の名詞を修飾する。これらが修飾する名詞が主語のときは，主語と動詞の間にわって入り，文のしくみがつかみにくくなる。このような文では，修飾部分を（　）でくくると，主語と動詞の関係がわかる。

① *The girl* **(who has long hair)** *is* Kumi.
（長い髪の少女はクミです）　　……関係代名詞・主格

② *The dog* **(which Tom has)** *runs* fast.
（トムが飼っている犬は速く走ります）　……関係代名詞・目的格

③ *The students* **(in this class)** *study* a lot.
（このクラスの生徒たちはよく勉強します）　……前置詞＋名詞

④ *The boy* **(talking with Bob)** *is* Ken.
（ボブとしゃべっている少年はケンです）…形容詞的用法の現在分詞

⑤ *The chair* **(made by Tom)** *is* nice.
（トムによってつくられたいすはすてきです）…形容詞的用法の過去分詞

▼ **もっとくわしく**

名詞を修飾する句や節のパターンを図解すると，次のようになる。

① 関係代名詞・主格

the boy who lived here
　　　↑関係代名詞　V

② 関係代名詞・目的格

the man that I met yesterday
　　　↑関係代名詞　S　V

③ 前置詞＋名詞（⇨ p.144）

the boy with blue eyes
　　　↑前置詞

④ 形容詞的用法の現在分詞
（⇨ p.147）

a girl sitting over there
　　　↑現在分詞

⑤ 形容詞的用法の過去分詞
（⇨ p.147）

a radio made in Japan
　　　↑過去分詞

●

形容詞的用法の分詞は，関係代名詞を使って表せることも覚えておこう。

The boy running over there is Ken.

＝ **The boy** who is **running over there** is Ken.

（向こうで走っている少年はケンです）

The picture taken by Ken is nice.

＝ **The picture** which was **taken by Ken** is nice.

＝ **The picture** which **Ken took** is nice.

（ケンがとった写真はすてきです）

8

基礎問題

解答 ▶ 別冊 p.33

❶ 次の文の＿＿に適する語を下の□から選び，記号で答えなさい。（同じ語を 2 度使ってもよい。また，省略はないものとする）

(1) It was a book ＿＿＿＿＿ changed our opinion.

(2) Maya is the famous girl ＿＿＿＿＿ sings this song.

(3) These are baskets ＿＿＿＿＿ I bought in Vietnam.

> ア who　　イ which

❷ 次の文の＿＿に適当な関係代名詞（that をのぞく）を入れて，全文を日本語になおしなさい。

(1) She's a writer ＿＿＿＿＿ is popular among young people.

（　　　　　　　　　　　　　　　　　　　　）

(2) Look at the white house ＿＿＿＿＿ stands on the hill.

（　　　　　　　　　　　　　　　　　　　　）

(3) This is the girl ＿＿＿＿＿ has wanted to see my sister.

（　　　　　　　　　　　　　　　　　　　　）

(4) English is a foreign language ＿＿＿＿＿ Takeshi can speak very well.

（　　　　　　　　　　　　　　　　　　　　）

❸ 例にならって，次の文全体の動詞 1 語に＿＿をひき，全文を日本語になおしなさい。

例 A man with a dog <u>is</u> my father.
（犬といっしょにいる男の人は私の父です）

(1) The girl taking pictures in the garden is Rio.

（　　　　　　　　　　　　　　　　　　　　）

(2) The book which you read yesterday is mine.

（　　　　　　　　　　　　　　　　　　　　）

(3) The student who came from India lives here.

（　　　　　　　　　　　　　　　　　　　　）

(4) People who came later began to park their bikes.

（　　　　　　　　　　　　　　　　　　　　）

HELP

❶ 先行詞に注目。先行詞は関係代名詞の直前にある。人なら **who**，物なら **which** を入れる。

> **単語**
> **opinion** [əpínjən オピニョン]
> 意見，考え
> **basket** [bæskit バスケトゥ]　かご
> **Vietnam** [viːetnáːm ヴィーエトゥナーム]
> ベトナム

❷ 主格・目的格の見分け方がコツ。

> (2) 主格　**stands** 〜
> すぐあとに動詞が来る
> (4) 目的格　**Takeshi** 〜
> すぐあとに主語が来る

(4) foreign [fɔ́(ː)rin フォ(ー)リン]「外国の」

❸ 修飾している語と，されている語の関係をつかもう。
(1) The　girl を taking 〜 garden までが修飾している。
(2) The　book を which 〜 yesterday までが，
(3)は The　student を who 〜 India までが，
(4)は People を who came later が修飾している。
(4) park 動「駐輪する，駐車する」

実力問題

解答 ▶ 別冊　p.33

❶ 次の文の下線部の誤りをなおして，全文を書きなさい。

⑴ They are the children <u>which</u> the man helped yesterday.

_____

⑵ I lost the bag <u>who</u> my sister gave me last year.

_____

⑶ She had a brother <u>which</u> could play the guitar very well.

_____

8

❷ 各組の文がほぼ同じ意味を表すように，____に適当な1語を入れなさい。

⑴ { The boy standing at the door is Mike.
   { The boy _____ _____ standing at the door is Mike.

⑵ { These are the rice balls made by my mother.
   { These are the rice balls _____ _____ _____ by my mother.

❸ 日本文の意味を表すように，（　）内の語を並べかえなさい。

⑴ ピアノを弾いている少女は私の妹です。

(the, playing, who, is, girl, is, the, piano) my sister.

_____ my sister.

⑵ 子どもが入ることのできないレストランがありました。

There was (could, enter, a, children, which, restaurant, not).

There was _____ .

⑶ 私が食べたりんごはとてもおいしかったです。

(ate, very, was, the, good, apple, I).

_____

⑷ それは彼女がまったく好きではない仕事でした。

It was (all, a, she, at, didn't, that, job, like).

It was _____ .

HELP

❶ すぐあとに来るのは主語か動詞か，また先行詞にも注意する。

❷ ⑴ 形容詞的用法の現在分詞は「関係代名詞＋進行形」で表せる。

　⑵ 形容詞的用法の過去分詞は「関係代名詞＋受け身」で表せる。

❸ ⑴ The girl が先行詞。⑶ 目的格の関係代名詞なので，省略されている。先行詞は The apple。

33 間接疑問文，付加疑問文

解答文一覧 ▶ 別冊 p.6

── 問題にチャレンジ ──

▸1 **Where** did Mike go?

マイクはどこへ行きましたか。

問 **I don't know** で始まる間接疑問文にせよ。 → **1**

▸2 **What** language can Ms. Ito speak?

伊藤さんはどんな言葉を話すことができますか。

問 **Do you know** で始まる間接疑問文にせよ。 → **1**

▸3 **Who** is the boy?

その少年はだれですか。

問 **Please tell me** で始まる間接疑問文にせよ。 → **1**

▸4 **They can** swim, ＿＿＿＿＿ ＿＿＿＿＿?

彼らは泳げるのですね。

問 ＿＿に適当な1語を入れよ。 → **2**

---

1 間接疑問文 ── I know what she likes. など

まず疑問詞（**what, who, when, where, how** など）を使った疑問文をいくつか考えよう。

① **What** does she like? （彼女は何が好きですか）
② **Who** is the man? （その人はだれですか）
③ **When** will he visit Paris? （いつ彼はパリを訪れるでしょうか）

このような疑問詞のある疑問文を，I know や Do you know などにつけた文を**間接疑問文**と呼ぶ。上の What does she like? を I know につけて間接疑問文にしてみよう。

必修文例

① **What** does she like?
　　　疑問詞で始まる疑問文

● I know ｜**what** she likes｜. （私は｜彼女が何を好きか｜知っています）
　　　　　疑問詞＋S＋V

間接疑問文にすれば**疑問詞のあと**が does she like? という**疑問文の形**から，**she likes** のように **S＋V の平叙文と同じ形**になることに注意しておこう。 └注意する

必修文例

② **Who** is the man?

● I don't know ｜**who** the man is｜.
（私は｜その人がだれか｜わかりません）

③ **When** will he visit Paris?

● Do you know ｜**when** he will visit Paris｜?
（あなたは｜いつ彼がパリを訪れるか｜知っていますか） 文全体が疑問文なので，？を忘れない

▼ もっとくわしく

I know **who** he is.
S　V　　O(目的語)

（私は彼がだれか知っています）

上の文では，who he is 全体が，文の目的語になっている。つまり，that 節と同じように，疑問詞 who 以下が名詞節になる。

? Q&A

Q 間接疑問文の who などは，関係代名詞とどこで区別するのですか？

A **who** などの前に名詞があれば関係代名詞，前に動詞があれば疑問詞(つまり間接疑問文)と区別できます。

ポイント

間接疑問文 {
I know ＋疑問詞＋ S ＋ V.
└─ピリオド
Do you know ＋疑問詞＋ S ＋ V?
}

▶1の答え→ **I don't know where Mike went.** (私はマイクがどこへ行ったのかわかりません)→ Where **did** Mike **go**? を where Mike **went** にして I don't know のあとにつける。

▶2の答え→ **Do you know what language Ms. Ito can speak?** (あなたは伊藤さんがどんな言葉を話すことができるか知っていますか)→ **can** Ms. Ito speak を Ms. Ito **can** speak にする。

▶3の答え→ **Please tell me who the boy is.** (その少年がだれか私に教えてください)→ Who **is the boy** を who **the boy is** にする。

ここに注意

who などの疑問詞は文のはじめに置かれるが，この大原則の例外が間接疑問文の疑問詞だ。

Who runs fast?
(だれが速く走りますか)

のように疑問詞が主語の場合は，そのままの形で間接疑問文をつくることができる。

I know who runs fast.
　　　　　S　　V
語順はそのまま

---

2 付加疑問文 —— isn't it? など

文のあとに isn't it? などをつけて「〜ですね」，「〜ではありませんね」と相手に同意を求めたり，確認したりする表現を**付加疑問文**と呼ぶ。

This is your book, <u>isn't it</u>? (これはあなたの本ですね)
　　　　　　　　　　　付加疑問文

付加疑問文の形は，「動詞[助動詞]＋代名詞?」だ。

この付加疑問文の「動詞[助動詞]」と「代名詞」は，次の図のように前の文の「主語」と「動詞」によって決まる。

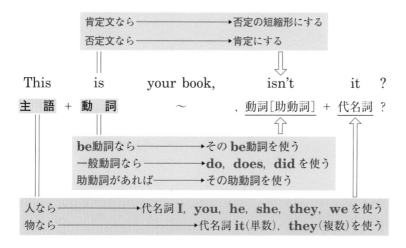

▶ **Tom doesn't have** your book, **does he**?
(トムはあなたの本を持っていないのですね)

▶4の答え→ **can't, they** → They can swim. は肯定文だから，付加疑問文は否定形になるが，助動詞 can があるので，これを否定形にする。前の文の主語は代名詞だからそのまま使う。

もっとくわしく

付加疑問文などに使われる否定の短縮形を確認しておこう。

is not　　→ **isn't**
are not　　→ **aren't**
was not　　→ **wasn't**
were not　→ **weren't**
do not　　→ **don't**
does not　→ **doesn't**
did not　　→ **didn't**
have not　→ **haven't**
has not　　→ **hasn't**
cannot　　→ **can't**
could not → **couldn't**
will not　　→ **won't**

●

付加疑問文のイントネーションに注意！

You don't want it, do you?↘
(それがほしくないんだよね)
文尾を下げると相手に同意を求める言い方になる。

You don't want it, do you?↗
(それがほしくないんでしょう?)
文尾を上げると相手に確認する言い方になる。

✏ 基礎問題

解答 ▶ 別冊 p.34

❶ 次の文を，（ ）内の語句で始まる間接疑問文に書きかえなさい。

(1) Who is the girl? （ I know ）

_____

(2) What book do you want? （ I understand ）

_____

(3) When will he come back? （ I don't know ）

_____

(4) What did she have in her hand? （ Did you see ）

_____

❷ 次の文を日本語になおしなさい。

(1) It was six o'clock when I woke up.
(　　　　　　　　　　　　　　　　　　　)

(2) Do you know when Bill will arrive here?
(　　　　　　　　　　　　　　　　　　　)

(3) The girl who is speaking to Emi is my sister.
(　　　　　　　　　　　　　　　　　　　)

(4) I don't know who is playing the violin.
(　　　　　　　　　　　　　　　　　　　)

❸ 次の文に付加疑問をつけ，日本語になおしなさい。

(1) Satoshi likes cooking, _____ _____ ?
(　　　　　　　　　　　　　　　　　　　)

(2) The book was old, _____ _____ ?
(　　　　　　　　　　　　　　　　　　　)

(3) The boys can ski, _____ _____ ?
(　　　　　　　　　　　　　　　　　　　)

(4) You haven't read it, _____ _____ ?
(　　　　　　　　　　　　　　　　　　　)

(5) The men weren't working hard, _____
_____ ?
(　　　　　　　　　　　　　　　　　　　)

(6) Yumi won't come here, _____ _____ ?
(　　　　　　　　　　　　　　　　　　　)

✋ HELP

❶ 間接疑問文では，疑問詞のあとは，ふつうの文の語順にする。

I know $\boxed{\text{what}}$ this is.
間接疑問文と言っても，これは「疑問詞をふくむ文」という程度の意味だから，(4)のように文全体が疑問文のときだけ文末に？をつける。
Do you know $\boxed{\text{what}}$ this is?

❷ (1)(2) when は接続詞（〜とき）のほかに，疑問詞（いつ〜）の用法もある。
(3)(4) who は関係代名詞のほかに，疑問詞（だれが〜）としても使われる。
(1) woke は wake（起きる）の過去形。
(3) speak to 〜「〜と話をする」

❸ (1) Satoshi, (2) The book, (3) The boys,
(5) The men, (6) Yumi をそれぞれ代名詞に置きかえると何になるか考える。
(1) cooking「料理」
(4)は現在完了の文で，haven't read の have は助動詞の働きをする。
(6) won't → will not

❶ 次の（ ）内の語（句）を並べかえて，意味の通る正しい英文にしなさい。

(1) Do you (are, where, know, from, they)?
Do you _____?

(2) Please (me, leave, will, tell, when, we) next Sunday.
Please _____ next Sunday.

(3) I don't (why, know, New York, called, is) the Big Apple.
I don't _____ the Big Apple.

8

❷ 日本文の意味を表すように，＿＿に適当な1語を入れなさい。

(1) ナンシーは音楽が好きですね。
Nancy likes music, _____ _____?

(2) あすコンサートに行きましょうね。
Let's go to a concert tomorrow, _____ _____?

(3) 私は何をするべきかわかりません。
I don't know _____ I _____ do.

(4) あなたは彼がどこに住んでいるか知っていますか。
Do you know _____ _____ _____?

❸ 例にならって，次の文のまちがいをなおしなさい。

例	I didn't know who was he.	was he	→	he was
(1)	He is very good at science, is he?	_____	→	_____
(2)	The woman can do it at once, can't the woman?	_____	→	_____
(3)	Do you know what movie does she like?	_____	→	_____
(4)	The girl didn't know his name, is she?	_____	→	_____
(5)	I don't know what you bought yesterday?	_____	→	_____
(6)	You have visited Tokyo, don't you?	_____	→	_____

HELP
❶ (3) 間接疑問の中は受け身であることに注意。
❷ (2) **Let's 〜**には **shall we?** が，命令文には **will you?** が付加疑問となる。
❸ (5) 文全体が疑問文であるかどうかに着目。

34 仮定法

解答文一覧 ▶ 別冊 p.6

問題にチャレンジ

▸ **1 If** I (**have**) money, I **could** travel abroad.

問（　）内の語を適当な形にせよ。
→ 2

　もしお金を持っていたら，私は海外旅行をすることができるのに。

▸ **2 If** I (**am**) you, I **would** study harder.

問（　）内の語を適当な形にせよ。
→ 3

　もし私があなただったら，もっと一生けんめいに勉強するだろうに。

▸ **3 I wish** I (**can**) fly like a bird.

問（　）内の語を適当な形にせよ。
→ 4

　鳥のように飛べたらいいのに。

1 仮定法って，どういうときに使うの？

　仮定法は，「もし～ならば，…するだろうに[できるのに]」と現実とはちがうことを仮定して言うときに使う言い方だ。現実逃避^{とうひ}しているようなイメージだ。

現実　　　　　　　　　　仮定

　上の絵で，目の前の現実については，次のように表すことができる。

I **don't** have time. So I **can't eat** breakfast.
　　現在形　　　　　　　　　現在形
（私は時間がないです。だから，私は朝食を食べることができません）

　同じ絵について，現実とはちがうことを仮定すると，次のようになる。

If I **had** time, I **could eat** breakfast.
　過去形　　　　could＋動詞の原形
（もし私に時間があれば，私は朝食を食べることができるのに）

　今[現在]のことについて仮定するときは，動詞は過去形にして区別する。

⚠ ここに注意

　接続詞 if には，「もし～ならば」という条件を表す働きがある。このとき，If ～の中では未来のことであっても動詞は現在形になる。

　If you <u>get</u> up early, you <u>will have</u> time for breakfast.

（もし早く起きれば，朝食の時間があるでしょう）

　現実とはちがうことを仮定しているのとは異なるので，区別する必要がある。

---

2 仮定法の文の形

仮定法の文は，次のような形で表す。

ポイント

「**If ＋ S´** ＋動詞の過去形〜**, S ＋ would** ＋動詞の原形 **....**」
（もし〜ならば，…するだろうに）

「**If ＋ S´** ＋動詞の過去形〜**, S ＋ could** ＋動詞の原形 **....**」
（もし〜ならば，…することができるのに）

必修文例

If I **had** a time machine, I **would go** to the 15th century.
（タイムマシーンがあれば，私は15世紀に行くだろうに）

If Tom **had** enough money, he **could buy** this book.
（十分にお金を持っていれば，トムはこの本を買えるのに）

▸1の答え→ If I **had** money, I could travel abroad. →「お金がある」
という現実とはちがうことを仮定しているので，If 〜の中の動詞は過去形。

3 仮定法の文の be 動詞は were

ポイント

仮定法の **If** 〜や **I wish** 〜に続く **be** 動詞は，主語に
かかわらず，ふつう **were** を使う。

必修文例

If I **were** you, I wouldn't do such a thing.
（もし私があなただったら，そんなことはしないだろうに）

I wish it **were** mine.
（それが私のものだったらいいのに）

▸2の答え→ If I **were** you, I would study harder. →主語が I の場合
でも，仮定法のIf 〜に続くbe動詞はwere になる。

4 現実からかけ離れた願望を表す仮定法の文

「〜ならいいのに」と今[現在]の現実からかけ離れた願望を表すと
きにも，仮定法を使って表す。

ポイント

「**I wish** ＋過去を表す文〜**.**」（〜ならいいのに）

必修文例

I wish I **could sing** well.
（上手に歌うことができたらいいのに）

I wish she **came** to the party.
（彼女がパーティーに来たらいいのに）

▸3の答え→ I wish I **could** fly like a bird. →実際には鳥のように空を
飛ぶことはできないので，can の過去形であるcould を使う。

得点アップの コツ

仮定法の文で would を使う
のか，could を使うのかは，
文の内容や状況をよく見て判
断しよう。
「買えるのに」＝「買うこと
ができるのに」→ could buy

8

▼ **もっとくわしく**

仮定法の文では，主語が I や
3人称でもふつうwere を
使うが，実際の会話では
was を使うこともある。

▼ **もっとくわしく**

過去の事実に反する仮定を表
す場合には，「If ＋ S´ ＋
had ＋動詞の過去分詞形 〜,
S ＋ would［could］＋ have
＋動詞の過去分詞形 ....」の形
になり，「もし（あのとき〜）
だったら，…だっただろう
に」という意味を表す。これ
を仮定法過去完了という。

 基礎問題

解答 ▶ 別冊 p.34

1 次の文の（ ）内から正しい語を選び，○で囲みなさい。

(1) If I (have, had, has) a lot of money, I would buy a car.

(2) If it (rain, rains, rained), we won't play tennis tomorrow.

(3) I wish I (can, could) speak with my cat.

(4) If I (am, be, were) you, I wouldn't go there alone.

---

2 日本文の意味を表すように，＿＿に適当な語を入れなさい。

(1) もし私に時間があったら，部屋をそうじするだろう。
If I ＿＿＿＿＿ time, I ＿＿＿＿＿ clean my room.

(2) あなたがここにいたらいいのに。
I ＿＿＿＿＿ you ＿＿＿＿＿ here.

(3) もっと背が高かったら，彼はバスケットボール選手になるだろう。
If he ＿＿＿＿＿ taller, he ＿＿＿＿＿ become a basketball player.

(4) もっと速く泳げたらいいのに。
I ＿＿＿＿＿ I ＿＿＿＿＿ swim faster.

(5) もしジョンの電話番号を知っていたら，彼に電話をかけることができるのに。
If I ＿＿＿＿＿ John's phone number, I ＿＿＿＿＿ call him.

---

3 次の文を日本語になおしなさい。

(1) If I had money, I would buy that book.
もし私がお金を（　　　　　　　　），あの本を（　　　　　　　）。

(2) I wish I could go to space.
宇宙に（　　　　　　　　　　）。

(3) If I weren't busy, I could go fishing.
もし忙しくなかったら，私は魚釣りに（　　　　　　　　　　）。

(4) I wish I knew her name.
彼女の名前を（　　　　　　　　　　）。

168

HELP

1 (2) 条件を表す If 〜 では未来の形は使わない。
(4) 仮定法では，主語が I のとき，be動詞はふつう何を使う？

単語
alone[əlóun アロウン]
ひとりで

2 (1) 「If＋S＋動詞の過去形〜, S′＋would＋動詞の原形 ....」の文。
(3) 仮定法では主語が he でも be動詞はふつう何を使う？

3 (1)(3) 文の後半にある would や could をきちんと訳すのがポイント。

単語
knew[njú: ニュー]
know「知っている」
の過去形

実力問題

解答 ▶ 別冊 p.34

❶ 日本文の意味を表すように，（ ）内の語(句)を並べかえなさい。

(1) 雨が止めばいいのに。
(stopped, wish, I, it) raining.

_____ raining.

(2) 私の祖母は，「もしもっと若かったら，サーフィンに挑戦するだろうに」と言いました。
My grandmother said, "(younger, I, if , were), I would try surfing."
My grandmother said, "_____, I would try surfing."

(3) もしその歌を知っていたら，みんなといっしょに歌えるのに。
(knew, sing, if, with, I, everyone, the song, could, I).

_____

❷ 次の文を日本語になおしなさい。

(1) I wish I could drive a car.

(2) If I didn't have any homework, I could watch TV.

(3) If I were you, I would stay home on such a rainy day.

(4) I wish it were summer.

❸ 次の文を，（ ）内の指示にしたがって書きかえなさい。

(1) I am not rich. So I can't live in a big house.
（「もし～ならば，…できるのに」という文に）

(2) It is not sunny. （「～だったらいいのに」という文に）

(3) Mary doesn't sing well. So she won't go to *karaoke*.
（「もし～ならば，…だろうに」という文に）

HELP

❶ (1) stop -ing「～するのをやめる」を使った文。

❷ (1) drive a car「車を運転する」 (2) If ～が否定文。 (3) such a ～「こんなに～な」

❸ 事実を表す文を仮定法の文に書きかえる。 (1)(3)「If＋主語＋動詞の過去形～，主語＋would[could]＋動詞の原形 ....」を使う。 (2)「I wish＋過去を表す文」を使う。

1 次の文の（　）内から正しい語句を選び，○で囲みなさい。また，全文を日本語になおしなさい。

〈15点　語句2点×3, 和訳3点×3〉

(1) The boy (who, which) is playing the guitar over there is Fred.
　（　　　　　　　　　　　　　　　　　　　　　　　　　　　　）

(2) This watch is yours, (is, isn't, does, doesn't) it?
　（　　　　　　　　　　　　　　　　　　　　　　　　　　　　）

(3) I don't know where (does he lives, does he live, he lives).
　（　　　　　　　　　　　　　　　　　　　　　　　　　　　　）

2 日本文の意味を表すように，＿＿に適当な1語を入れなさい。

〈9点＝3点×3〉

(1) あなたは彼女がだれか知っていますか。
　Do you know ＿＿＿＿＿ ＿＿＿＿＿ ＿＿＿＿＿?

(2) 私があす会う男の人は私のいとこです。
　The man ＿＿＿＿＿ ＿＿＿＿＿ meet tomorrow is my cousin.

(3) 公園を走っている少女と犬を見なさい。
　Look at the girl and the dog ＿＿＿＿＿ are ＿＿＿＿＿ in the park.

3 各組の文がほぼ同じ意味を表すように，＿＿に適当な1語を入れなさい。

〈12点＝3点×4〉

(1) { The woman standing by the door is Ms. Ito.
　 { The woman ＿＿＿＿＿ ＿＿＿＿＿ ＿＿＿＿＿ by the door is Ms. Ito.

(2) { He is a boy liked by many people.
　 { He is a boy ＿＿＿＿＿ many people ＿＿＿＿＿.

(3) { They didn't know what they should do.
　 { They didn't know what ＿＿＿＿＿ ＿＿＿＿＿.

(4) { He is busy, so he can't come to the concert.
　 { If he ＿＿＿＿＿ ＿＿＿＿＿ busy, he ＿＿＿＿＿ come to the concert.

4 次の文を日本語になおしなさい。

〈12点＝3点×4〉

(1) If I had more money, I could buy a new computer.
　（　　　　　　　　　　　　　　　　　　　　　　　　　　　　）

(2) I wish I lived in France.
　（　　　　　　　　　　　　　　　　　　　　　　　　　　　　）

(3) If he were free, he would go on a picnic with us.
　（　　　　　　　　　　　　　　　　　　　　　　　　　　　　）

(4) I wish there were no wars in the world.
　（　　　　　　　　　　　　　　　　　　　　　　　　　　　　）

5 次の文を，（ ）内の指示にしたがって書きかえなさい。 〈15点＝3点×5〉

(1) This is your key. You lost it. （関係代名詞を使って1つの文に）

_____

(2) The old woman helped you. （付加疑問文に）

_____

(3) The girls are Kumi and Nancy. They are playing tennis.

（関係代名詞を使って1つの文に）

_____

(4) When is your birthday? （I know で始まる間接疑問文に）

_____

(5) The man writing a letter now is Mr. Bennet. （関係代名詞を使った文に）

_____

6 （ ）内の語(句)を使って，次の文を英語になおしなさい。 〈25点＝5点×5〉

(1) 私は彼がだれなのか知りません。 (know)

_____

(2) あなたはたくさん友だちがいますね。 (many friends)

_____

(3) きのう大きなかばんを持った男の人を見ました。 (saw)

_____

(4) 私が会いたい少女はナンシーです。 (see, Nancy)

_____

(5) これが私たちを幸せにしたニュースです。 (the news, made)

_____

7 〈リスニング問題〉(1)は英語の対話とその内容についての質問，(2)は英語の文章とその内容についての質問です。それぞれの質問に対する最も適当な答えを，ア～エの中から1つずつ選び，○で囲みなさい。 〈12点＝6点×2〉 42

(1) ア　He doesn't like the parks.
イ　There is no snow in the winter.
ウ　It is not very warm.
エ　There are no mountains.

(2) ア　Because she will be late.
イ　Because she can't leave a message.
ウ　Because she will be at home.
エ　Because she can't go to club practice.

🏷 さくいん

※英語のさくいんのあとに日本語のさくいんが始まります。

④

□ 編集協力　㈱カルチャー・プロ　鹿島由紀子　松崎浩子
□ デザイン　二ノ宮匡（ニクスインク）
□ イラスト　小林孝文（AZZURRO）　まつむらあきひろ
□ 音声収録　㈱メディアスタイリスト

シグマベスト
これでわかる
中学英文法

編　者　文英堂編集部
発行者　益井英郎
印刷所　株式会社天理時報社
発行所　株式会社文英堂

　〒601-8121　京都市南区上鳥羽大物町28
　〒162-0832　東京都新宿区岩戸町17
　（代表）03-3269-4231

不規則動詞の覚え方

ABB型 過去形と過去分詞形が同じ形		原　形	過去形	過去分詞形	意　味
過去形, 過去分詞形が -t で終わる	☐ build	built	built	建てる
	☐ feel	felt	felt	感じる
	☐ keep	kept	kept	保つ
	☐ leave	left	left	出発する
	☐ lend	lent	lent	貸す
	☐ lose	lost	lost	失う
	☐ send	sent	sent	送る
	☐ sleep	slept	slept	眠る
	☐ spend	spent	spent	使う
過去形, 過去分詞形が -ought -aught で終わる	☐ bring	brought	brought	持ってくる
	☐ buy	bought	bought	買う
	☐ think	thought	thought	考える
	☐ catch	caught	caught	つかまえる
	☐ teach	taught	taught	教える
過去形, 過去分詞形は o, oo に変わる	☐ get	got	got / gotten	手に入れる
	☐ stand	stood	stood	立つ
	☐ understand	understood	understood	理解する
過去形, 過去分詞形が -d で終わる	☐ have	had	had	持っている
	☐ hear	heard	heard	聞く
	☐ say	said	said	言う
	☐ sell	sold	sold	売る
	☐ tell	told	told	話す
その他	☐ find	found	found	見つける
	☐ make	made	made	つくる
	☐ meet	met	met	会う
	☐ sit	sat	sat	すわる

ABA型 原形と過去分詞形が同じ形		原　形	過去形	過去分詞形	意　味
過去形は a に変わる	☐ become	became	become	～になる
	☐ come	came	come	来る
	☐ run	ran	run	走る

これでわかる 中学 英文法

解答文一覧，解答・解説

文英堂

問題にチャレンジ　解答文一覧

43

1 疑問文・否定文

(1) You and I **are** students.
あなたと私は学生です。

(2) **Is that** a new computer?
あれは新しいコンピューターですか。

(3) **Does** Junko **study** English?
ジュンコは英語を勉強しますか。

(4) My brother **cannot [can't] swim**.
私の兄[弟]は泳げません／泳ぐことができません。

2 現在進行形

(1) I **am studying** Chinese.
私は中国語を勉強しているところです。

(2) My father **is washing** a car.
私の父は車を洗っているところです。

(3) You **are using** this computer.
あなたはこのコンピューターを使っているところです。

(4) **Is** she **working** on the farm now?
彼女は今農場で働いているところですか。

3 数・量の表し方，冠詞

(2) I want **two glasses of milk**.
私は牛乳が2杯ほしいです。

(4) I study English for **an hour**.
私は1時間英語を勉強します。

4 疑問詞の整理

(1) **Where** do you play tennis on Sundays?
あなたは日曜日にどこでテニスをしますか。

(2) **How old** are you?
あなたは何歳ですか。

(3) **How many pencils** do you have?
あなたは何本の鉛筆を持っていますか。

5 代名詞

(1) This is **my bag**. That is **yours**.
これは私のかばんです。あれはあなたのものです。

(2) How far is **it** from here to the park?
ここから公園まで，どのくらいありますか。

(3) What time is **it** now?
今，何時ですか。

(4) This is **my dog**. Do you have **one**?
これは私の犬です。あなたは犬を飼っていますか。

6 過去の文

(1) **Did** you **study** English yesterday?
あなたはきのう英語を勉強しましたか。

(2) Mary **was** busy **yesterday**.
メアリーはきのう忙しかったです。

(3) They **were running** in the park.
彼らは公園で走っていました。

7 未来の文

(1) Yuki **will study** English tomorrow.
ユキはあす英語を勉強するでしょう。

(2) **Will** Makoto **come** home at six?
マコトは6時に帰宅するでしょうか。

(3) **When will** he **be** busy?
彼はいつ忙しいでしょうか。

(4) (a) The boy **is going to go** to school.
その男の子は学校へ行くでしょう。

(b) The boy **is going** to school now.
その男の子は今学校へ行くところです。

8 助動詞

(1) I **could not[couldn't] speak** French.
私はフランス語が話せませんでした。

(2) You **had to get up** at six.
あなたは6時に起きなければなりませんでした。

(3) (a) You **must not go** to the park.
あなたは公園へ行ってはいけません。

    (b) You **don't have to go** to the park.
あなたは公園へ行く必要はありません。

(4) You **may[can] open** the box.
その箱を開けてもいいですよ。

9 形容詞・副詞

(1) He had **little** money.
彼はお金を少ししか持っていませんでした。

(2) We took **a lot of** pictures.
私たちは多くの写真をとりました。

(3) **There is an apple** on the table.
テーブルの上にりんごが1つあります。

10 比較

(2) This book **isn't[is not] as interesting as** that book.
この本はあの本ほどおもしろくありません。

(3) Tom can run **faster than** Bob.
トムはボブより速く走ることができます。

(4) Beth is **the tallest** in her class.
ベスは(彼女の)クラスで最も背が高いです。

11 命令文，How[What] ～！

(1) **Look at** this picture.
この写真を見なさい。

(2) **Don't go** out.
外へ出るな。

(3) **How fast** Kana swims!
カナはなんて速く泳ぐのでしょう。

(4) **What an interesting game** it is!
それはなんておもしろいゲームなんでしょう。

12 文構造の基本(1)

(1) I **read** a book.
私は本を読みました。

(2) I **showed** my parents a lot of pictures.
私は両親に多くの写真を見せました。

(3) Mother **bought** a watch **for** me.
母は私にうで時計を買ってくれました。

13 現在完了(完了・結果)

(1) I **have just cleaned** the room.
私はちょうど部屋をそうじしたところです。

(2) My sister **hasn't cleaned** her room **yet**.
姉[妹]はまだ自分の部屋をきれいにしていません。

(3) Takashi **has gone to** Canada.
タカシはカナダへ行ってしまいました。

14 現在完了(経験・継続)

(1) I **have been to** America once.
私は1度アメリカへ行ったことがあります。

(2) Mike **has been** in the room all day.
マイクは1日中(ずっと)その部屋にいます。

(3) **How long have** you **lived** here?
あなたはどのくらいここに住んでいますか。

    —— I **have lived** here **for two years**.
—— 私はここに2年間住んでいます。

15 現在完了進行形

(1) I **have been running** for two hours.
私は2時間ずっと走っています。

(2) (I've[I have] been studying) **Since this morning**. | 今朝からです[私は今朝から(ずっと)勉強しています]。

16 現在完了と副詞

(1) I **have read** this book many times. | 私はこの本を何度も読んだことがあります。
(2) I **have known** Mr. Sakai **since last year**. | 私は昨年から酒井さんを知っています。

17 不定詞(1)

(2) Ken wanted **to use** a computer. | ケンはコンピューターを使いたかったです。
(3) I went to America **to see** my uncle. | 私はおじに会うためにアメリカへ行きました。

18 不定詞(2)

(1) There were **many apples to sell**. | 売るためのりんごがたくさんありました。
(2) I didn't have **anything to do** yesterday. | きのうは何もすることがありませんでした。
(3) **To play** tennis isn't difficult. | テニスをすることはむずかしくありません。

19 動名詞

(2) Mr. Johnson **likes getting** up early. | ジョンソンさんは早く起きるのが好きです。
(3) Jim **enjoyed watching** TV. | ジムはテレビを見て楽しみました。
(4) Mika **wanted to eat** a cake. | ミカはケーキを食べたかったです。

20 受け身

(1) This computer **is used** by Ken. | このコンピューターはケンによって使われています。
(2) A lot of watches **were made** by him. | 多くのうで時計が彼によってつくられました。
(3) We **are taught** music by Mr. Takano. | 私たちは高野先生によって音楽を教えられています。
Music **is taught** (to) us by Mr. Takano. | 音楽は高野先生によって私たちに教えられています。
(4) **Was** that picture **taken** by you? | あの写真はあなたによってとられたのですか。

21 接続詞

(1) **Either** you **or** I must go to the city hall. | あなたか私のどちらかが市役所へ行かなければなりません。
(2) **When** I play tennis, I use this racket. | 私はテニスをするとき，このラケットを使います。
(3) **If** he is busy, I will help him. | もし彼が忙しいならば，私は彼を手伝うつもりです。

22 前置詞

(1) He studied math **in** the morning. | 彼は午前中に数学を勉強しました。
(2) There are some pens **on** the desk. | 机の上に何本かペンがあります。
(3) Do you go to school **by** bike? | あなたは自転車で学校へ行きますか。

23 S＋V＋that節

(1) I think **that** she is Nancy's sister. | 私は彼女がナンシーの姉[妹]だと思います。

(2) I know **that** Tom can play the guitar well.　　私はトムが上手にギターを弾けるということを知っています。

(3) I **hoped** Saori **would come** here soon.　　私はサオリがすぐここに来ればいいと思いました。

24 S＋V＋O＋that節, S＋V＋C＋that節

(1) My mother **told me that** I should stay home.　　母は私に，家にいるべきだと言いました。

(2) I **am glad that** you passed the test.　　私はあなたが試験に合格してうれしいです。

(3) I **am sure that** you can do it.　　私はあなたがきっとそれをできると思います。

25 文構造の基本(2)

(1) We **call** the fish 'koi' in Japan.　　日本ではその魚を「コイ」と呼びます。

(2) This song **makes** me happy.　　この歌を聞くと楽しくなります。

(3) My uncle **gave** me an old guitar.　　おじは私に古いギターをくれました。

(4) The land **was called** India (by them).　　その土地は（彼らによって）インドと呼ばれました。

26 疑問詞＋to ～, tell＋〔人〕＋to ～

(1) I didn't know **what to make**.　　私は何をつくればいいのかわかりませんでした。

(2) Do you know **where to go**?　　あなたはどこへ行けばいいか知っていますか。

(3) My mother **told** me **to clean** the room.　　母は私にその部屋をそうじするように言いました。

(4) Mary **wanted** him **to live** in Okinawa.　　メアリーは彼に沖縄に住んでほしかったです。

27 It is ～ to ..., too ～ to ...

(1) **It is** difficult **to write** a letter in Chinese.　　中国語で手紙を書くことはむずかしいです。

(2) **It is** fun **for me** to go skiing.　　私にとってスキーに行くことは楽しいです。

(3) This story is **too long to** read in one day.　　この物語はとても長いので，1日で読むことはできません。

(4) Ken was **so young that** he **couldn't drive** a car.　　ケンは若すぎたので，車の運転ができませんでした。

28 原形不定詞

(1) Please **let me use** your dictionary.　　（私に）あなたの辞書を使わせてください。

(2) The teacher **made us do** a lot of homework.　　その先生は私たちにたくさんの宿題をさせました。

(3) Tom **helped me do** my homework.　　トムは私が宿題をするのを手伝ってくれました。

29 分詞の形容詞的用法

(2) The teacher **teaching** us English is Mr. Okada.　　私たちに英語を教えている先生は岡田先生です。

(3) Kaori looked at the **painted** wall.　　カオリはペンキをぬられたかべを見ました。

(4) The language **spoken** in Taiwan is Chinese. 台湾で話されている言葉は中国語です。

30 関係代名詞（主格）

(1) I know **a girl who** can ski very well. 私はとても上手にスキーができる少女を知っています。

(2) **The man who** wrote this letter is my uncle. この手紙を書いた人は私のおじです。

(3) This is **the train which** goes to Osaka. これは大阪へ行く列車です。

(4) Look at **the boy and the dog that** are running. 走っている少年と犬を見なさい。

31 関係代名詞（目的格）

(1) I like **the song which** Aki is singing. 私はアキが歌っているその歌が好きです。

(2) **The woman that** Ken met then was tall. ケンがそのとき会った女性は背が高かったです。

(3) **The boy I know** can paint pictures well. 私が知っている少年は上手に絵を描くことができます。

(4) **The letter he wrote** is very long. 彼が書いたその手紙はとても長いです。

32 関係代名詞のまとめ

(1) **The e-mail which** came from Mika made Ken happy. ミカから来たEメールはケンを喜ばせました。

(2) Do you know **the man who** lives near her house? あなたは彼女の家の近くに住んでいるその人を知っていますか。

(3) **The man that** we met is Ken's uncle. 私たちが会った男性はケンのおじさんです。

(4) That is **the picture which** my father painted yesterday. あれは私の父がきのう描いた絵です。

33 間接疑問文，付加疑問文

(1) I don't know **where Mike went**. 私はマイクがどこへ行ったのかわかりません。

(2) Do you know **what language Ms. Ito can speak?** あなたは伊藤さんがどんな言葉を話すことができるか知っていますか。

(3) Please tell me **who the boy is**. その少年がだれか私に教えてください。

(4) They can swim, **can't they**? 彼らは泳げるのですね。

34 仮定法

(1) **If I had** money, I **could** travel abroad. もしお金を持っていたら，私は海外旅行をすることができるのに。

(2) **If I were** you, I **would** study harder. もし私があなただったら，もっと一生けんめいに勉強するだろうに。

(3) **I wish I could fly** like a bird. 鳥のように飛べたらいいのに。

基礎問題・実力問題・チェックテスト　解答

1 疑問文・否定文

✐ 基礎問題

❶ (1) **eats**　(2) **studies**　(3) **stops**　(4) **looks**
(5) **makes**　(6) **washes**　(7) **goes**
(8) **watches**　(9) **speaks**　(10) **plays**

❷ (1) **don't**　あなたはウーロン茶が好きではありません。
(2) **play**　ジャックはドラムを演奏することができます。
(3) **get**　あなたは早起きですか。
(4) **Is**　あなたのお父さんは警察官ですか。
(5) **get**　彼は早起きですか。

❸ (1) **Do they want a computer? /**
They don't want a computer.
(2) **Does she plant rice? /**
She doesn't plant rice.
(3) **Is it a digital camera? /**
It isn't a digital camera.
(4) **Can the French man play soccer**
well? / The French man cannot
[can't] play soccer well.

考え方

❷ (3)(5) 文のはじめの Do, Does は助動詞だから, あとに続く動詞は原形。
(4) your father は, 代名詞にすると he なので, be動詞は is を選ぶ。

✊ 実力問題

❶ (1) オ　(2) ウ　(3) カ　(4) ア　(5) イ

❷ (1) **Do you send e-mail?**
(2) **That dolphin can <u>swim</u> fast.**
(3) **A dog <u>can</u> swim.**
(4) **<u>Is</u> she kind to you?**

❸ (1) **Does he like music?**
(2) **My brother studies with his**
computer.

(3) **Can Mike answer my questions?**

考え方

❷ (1) send (送る) は一般動詞だから are (be動詞) は使えない。
(2) can は助動詞だからあとに来る動詞は s をとって原形にする。

❸ 不要な語はそれぞれ(1) likes, (2) study, (3) answers。

2 現在進行形

✐ 基礎問題

❶ (1) **flying**　(2) **singing**　(3) **eating**
(4) **speaking**　(5) **coming**　(6) **taking**
(7) **cutting**　(8) **running**　(9) **stopping**
(10) **drinking**

❷ (1) **am, using**　(2) **is, writing**
(3) **is, making**　(4) **are, swimming**
(5) **is, studying**

❸ (1) **am, helping**　(2) **isn't, helping**
(3) **aren't, sitting**　(4) **Is, going**
(5) **Are, looking**

✊ 実力問題

❶ (1) **is**　私の母は夕食を料理しているところです。
(2) **Are**　あなたはギターを弾いているところですか。
(3) **Do**　あなたはギターを弾きますか。
(4) **don't**　彼らは公園へ歩いて行きません。
(5) **aren't**　私の友人たちは本を読んでいるところではありません。
(6) **washing**　彼は自分の車を洗っているところです。
(7) **Is**　その赤ん坊はベッドで寝ているところですか。
(8) **knows**　彼女は私の姉[妹]を知っています。

❷ (1) **Yumiko is helping her mother.**

(2) **He isn't watching TV in his room.**

(3) **Is she using the Internet?**

(4) **"Are you listening to the CD?"**
"No, I'm not."

(5) **"Is she studying hard?"**
"Yes, she is."

❸ (1) **He is playing video games with his friend(s).**

(2) **Is she enjoying her stay there?**

(3) **What are you doing here?**

考え方

❶ (8) know 「知っている」は状態を表す動詞なので，進行形にしない。

3 数・量の表し方，冠詞

✎ 基礎問題

❶ (1) **birds** (2) **glasses** (3) ✕ (4) **coins**

(5) **families** (6) **watches**

(7) **computers** (8) **women** (9) **dishes**

(10) **wives** (11) ✕

(12) **fish**（単数と複数が同じ） (13) **stories**

(14) **children**

❷ (1) **glass[cup]** (2) **two, cups**

(3) **sheets, of, paper** (4) **a, piece, of**

(5) **spoonfuls, of**

❸ (1) **a, The** (2) **the** (3) **an** (4) ✕

考え方

❷ (3) 紙は piece も使えるが，ここでは複数形の pieces がないので不適。

❸ (2) 「play the ＋楽器」となる。

(3) hour [áuər] は，つづりは h で始まるが，発音は母音で始まる。

(4) his, your などと a をいっしょに使うことはできない。

✊ 実力問題

❶ (1) イ・カ・キ・コ (2) ア・エ・ク・サ

(3) ウ・オ・ケ・シ

❷ (1) **gentlemen** (2) **knives**

(3) **potatoes** (4) **ladies** (5) **teeth**

(6) **families** (7) **benches**

❸ (1) **Mike eats two pieces of French bread every morning.**

(2) **Mr. Smith has an old clock.**

(3) **The sun rises in the east.**

考え方

❶ サ… story [stɔ́ːri] の複数形 stories の発音は [stɔ́ːriz] で，語尾の音は [iz] だが，[i] はもとの単数語尾の音なので，es 自体の発音は [z] である。

❸ (1) of を補う。

(2) a が不要。

(3) 「東から」のからは from ではなくて，in で表すことに注意しよう。

4 疑問詞の整理

✎ 基礎問題

❶ (1) **computer** (2) **is, computer**

(3) **is, that** (4) **flower, that**

❷ (1) **old** (2) **tall** (3) **long** (4) **many**

(5) **much** (6) **far**

❸ (1) あのかわいらしい女の子はだれですか。

(2) いつジュンは夕食を食べるのですか。

(3) どこでジュンは夕食を食べるのですか。

(4) シンジはどこにいますか。
—— 彼は音楽室にいます。

考え方

❷ (4) 「How many ＋複数名詞」とまとめて覚えよう。複数名詞だけが離れないように。

✊ 実力問題

❶ (1) **Whose camera is this?**

(2) **Where does he live?**

(3) **How many brothers does she have?**

(4) **When do children in this town play football?**

(5) **Which subject do you like (the) best?**

❷ (1) **I have a notebook.**

(2) **It's Mr. Brown's./**
  It is Mr. Brown's house.

(3) **He likes spring.**

(4) **He is[He's] staying in Kyoto.**

❸ (1) **How many comic books does he have?**

(2) **What do you do after lunch?**

考え方

❶ (5) What subject ～ ? としてもよい。

❸ 不要な語はそれぞれ(1) comic book,
(2) does。(2)の最初の do は疑問文をつくる
do, 2番目の do は動詞の do(～する)。

5 代名詞

基礎問題

❶ (1) **him** (2) **them** (3) **We** (4) **She**
(5) **it** (6) **us** (7) **his[it]** (8) **Her** (9) **she**

❷ (1) きょうはすずしいです。

(2) あれらのコンピューターは古いです。あなたの(コンピューター)は新しいです。

(3) 12時です。

(4) 彼女は自分でそれを運ぶことができません。

❸ (1) **Our** (2) **They, us** (3) **one**
(4) **mine** (5) **It**

考え方

❷ (1)と(3)の It は訳さない。
(4) herself は「彼女自身で」→「自分で」という意味を表す。

実力問題

❶ (1) **his, Its** (2) **My, I, one**
(3) **She, herself** (4) **it, her**

❷ (1) **she, is** (2) **it, doesn't**
(3) **Is, he** (4) **you, don't, them**

❸ (1) **It's his.**

(2) **They are good nurses.**

(3) **This is a new book.**

(4) **rains a lot in June**

考え方

❷ (4)「これらの新聞」は特定の物だから, その代名詞は ones でなくて them になる。

✏️ チェックテスト1

1 (1) **plays** (2) **Is** (3) **our**
(4) **is studying** (5) **long**

2 (1) **Do you have a digital camera?**

(2) **These are my brothers.**

(3) **I don't want much money.**

(4) **How many children does Mr. Smith have?**

3 (1) **Who, running** (2) **How, old**
(3) **Is, big[large]** (4) **Does, get**
(5) **friend, of, mine**

4 (1) **What flower do you like?**

(2) **She is** watching **a drama**

(3) **I am not** writing **a letter.**

(4) **I want a glass of oolong tea.**

5 (1) ボブは柔道を練習しているところです。

(2) あなたのお母さんは台所で何をしていますか。

(3) この国では雨はあまり(たくさん)降りません。

(4) このコンピューターは私のものです。あのコンピューターは彼の(もの)です。

6 (1) **What time is it now?**

(2) **What do you have in your hand?**

(3) **How much is that racket?**

(4) **How do you go[get] to school?**

(5) **How many computers do you have?**

7 (1) **エ** (2) **ウ**

考え方

1 (2) your brother(あなたの兄[弟]さん)は3人称単数。
(3) あとに名詞があるときは所有格。

2 (3) money は数えられない名詞。

(4)「**How many** ＋複数名詞」と覚えておく。

4 (1)「どんな花」の「どんな」は形容詞の働きをしているから，What と flower を離さない。

5 (3) 天候を表す主語 it は「それは」と日本語に訳さない。

(4) That one は That computer のこと。his は所有代名詞で，人称代名詞の所有格 his と同じつづりだ。

6 (3) 値段をたずねるときは **How much ～?**

(4) 手段・方法をたずねるときは **How ～?**

(5) 数をたずねるときは **How many ～?**

7 (1) ●**Would you like ～?**「～はいかがですか」は，人にていねいに物をすすめるのに用いる。Do you want ～?よりていねい。

●something to drink は直訳すると「飲むための何か」であるが，「何か飲みもの」と訳す。to drink は something を修飾する不定詞の形容詞的用法。

(2) **What are you doing ～?**「何をしているところですか?」現在進行形で聞かれたら，現在進行形で答えること。→ I'm studying ～.

●I haven't seen him for a month.「1か月彼に会っていない」は，現在完了形の「継続」を表している。過去のある時点から現在まで続いている。

●**May I ～?**「～してもいいですか?」は，許可を求める言い方。Can I ～?のほうがくだけた言い方である。

◀🔊 音声内容

次に流れる(1)と(2)の英文は，同じ高校に通う Judy と Akio の対話と，その内容についての質問です。その質問に対する最も適当な答えを，ア～エの中から1つずつ選びなさい。なお，英文は2度読まれます。

(1) Judy : That was a wonderful lunch, Akio.

Akio : Thank you, Judy. Would you like some more food?

Judy : No, thank you. I ate a lot.

Akio : How about something to drink? Tea or coffee?

Judy : Thank you. I'd like some tea.

Akio : All right.

Question : **What does Judy want to drink?**

(2) Judy : Hi, Akio. What are you doing on the Internet?

Akio : I'm studying about China.

Judy : I see. Do you have some homework about China?

Akio : No. My father is working there, and he will come back to Japan next Saturday. I haven't seen him for a month, so I want to talk about China with him.

Judy : Oh, I see. May I visit your house to talk with your father next Sunday? I'm interested in China.

Akio : Sure, Judy.

Question : **When will Akio's father come back to Japan?**

■■ 全訳

(1) ジュディー：とてもすてきな昼食だったわ，アキオ。

アキオ：ありがとう，ジュディー。もっと食べものはどうだい?

ジュディー：いえ，けっこうよ。たくさん食べたから。

アキオ：何か飲みものはどう?紅茶とかコーヒーとか?

ジュディー：ありがとう。紅茶をいただくわ。

アキオ：わかった。

質問：ジュディーは何を飲みたいと思っていますか?

ア　何もない。

イ　もっと食べものを。

ウ　コーヒー。

エ　紅茶。

(2) ジュディー：こんにちは，アキオ。インターネットで何をしているの？

アキオ：中国について勉強しているんだよ。

ジュディー：そう。中国についての宿題があるの？

アキオ：いや。父がそちらで働いていて，次の土曜日に日本へ戻ってくるんだ。父とは１か月会ってない。だから父と中国について話をしたいんだよ。

ジュディー：なるほど。次の日曜日に，お父さんと話をしに，あなたのお家に行ってもいい？私は中国に興味があるの。

アキオ：もちろんさ，ジュディー。

質問：アキオの父はいつ日本に帰ってきますか？

ア　次の日曜日。

イ　今日。

ウ　次の土曜日。

エ　１か月。

(6) あとに sleeping now があるから現在進行形。

(8) あとの using とともに進行形をつくる。

実力問題

❶ (1) イ　(2) ウ　(3) ア　(4) エ

❷ (1) **Bob waited for his friends.**

(2) **We weren't in Seoul last week.**

(3) **Did they build that big house?**

(4) **What was Ken studying then?**

❸ (1) **No, he wasn't.**

(2) **He was practicing the guitar.**

(3) **Yes, he did.**

(4) **He went to bed at ten.**

考え方

❶ 発音記号は，(1) [t]，(2) [d]　(3) [id]　(4) [red] / ア [id]，イ [t]，ウ [d]，エ [red]，オ [iː] とくに，(4)は主語が Judy だから，現在形なら reads [riːdz] となる。ここでは s がついていないから過去形。

6 過去の文

基礎問題

❶ (1) **helped**　(2) **lived**　(3) **cried**

(4) **went**　(5) **made**　(6) **wrote**　(7) **had**

(8) **knew**　(9) **spoke**

❷ (1) **were**　(2) **watched**　(3) **is**

(4) **was playing**　(5) **study**　(6) **Is**

(7) **see**　(8) **isn't**　(9) **wasn't**

❸ (1) **Does Jiro study English every day? / Jiro doesn't study English every day.**

(2) **Did Jiro study English yesterday? / Jiro didn't study English yesterday.**

(3) **Was Jiro studying English at that time? / Jiro wasn't studying English at that time.**

考え方

❷ (5) Did があるのであとの動詞は原形。

7 未来の文

基礎問題

❶ (1)—(a) **I will get up at seven tomorrow morning.**

(b) **I am going to get up at seven tomorrow morning.**

(2)—(a) **Mike will meet his aunt next Monday.**

(b) **Mike is going to meet his aunt next Monday.**

(3)—(a) **It will be fine tomorrow.**

(b) **It is going to be fine tomorrow.**

❷ (1) **will, help**　(2) **will, come**

(3) **going, next**　(4) **will, tomorrow**

(5) **are, after**

❸ (1) **I'm going to go home by myself.**

(2) **We are not going to see Mr. Brown.**

(3) **Will Bob study Japanese hard?**

考え方

❶(3) **is**, **am**, **are** は，未来形の will や be going to のあとでは，原形の **be** になる。

🖐 実力問題

❶(1)─(a) Will Ms. Yoshida be busy tomorrow?

(b) Ms. Yoshida will not[won't] be busy tomorrow.

(2)─(a) Is my father going to exchange e-mail with my uncle?

(b) My father isn't going to exchange e-mail with my uncle.

❷(1) will come here in ten minutes

(2) is going to leave for New York

(3) brother will not study math after

(4) Will your friends play baseball after school?

(5) Is your sister going to write a letter to

❸(1) My brother will be thirteen years old next year.

(2) I am going to see her tomorrow.

(3) Are you going to play tennis next Saturday?

考え方

❷ 不要な語はそれぞれ(1) comes, (2) be, (3) going, (4) playing, (5) sisters。

(1) ユミは10分でここに来るでしょう。

(2) ジュンはあすニューヨークに向けて出発するつもりです。

(3) 私の兄[弟]は夕食後，数学を勉強しないでしょう。

(4) あなたの友だちは放課後に野球をするでしょうか。

(5) あなたのお姉さん[妹さん]はトムに手紙を書くつもりですか。

8 助動詞

✏ 基礎問題

❶(1) should　(2) must

(3) had better　(4) May

❷(1) Yes, she can.

(2) No, you may not.

(3) Yes, you must.

❸(1) 窓を開けてくれませんか。

(2) (私が)窓を開けましょうか。

(3) テニスをしましょうか。── はい，しましょう。

(4) あなた(方)はその川で泳いではいけません。

(5) あなた(方)はきょうは走らなくてもよいです[走る必要が[は]ありません]。

🖐 実力問題

❶(1) is, able, to　(2) had, to

(3) could, drive

(4) must / don't, have, to

❷(1) Will ── All right.

(2) Shall ── Yes, please.

(3) Shall ── Yes, let's.

(4) Will ── No, I won't.

❸(1) Will you help me?

(2) My brother is able to play the ukulele.

(3) You must be quiet in trains.

(4) He cannot be over forty years old.

考え方

❶(2) must には過去形がないので，have to の過去形を使う。

(4) Must I 〜? に否定で答えるときは，**No, you don't have to.** か，**No, you need not.** を使う。**No, you must not.** は使わない。

❷(1) Yes, I will. という答え方もある。

(2) Shall I 〜? に対する答え方は Yes, please. か No, thank you.

(3) Shall we 〜? に対する答え方は，Yes, let's. か，No, let's not.

③ 不要な語はそれぞれ(1) may, (2) can, (3) could, (4) must。

📝 チェックテスト2

1 (1) **You were not in the classroom yesterday.**
(2) **My brother will go to a museum tomorrow.**
(3) **Yuri and Keiko studied Chinese last Monday.**
(4) **Does Tom wait for his friends here every day?**

2 (1) **go**　(2) **were**　(3) **has**
(4) **didn't**　(5) **be**

3 (1) **will, next**　(2) **What, was, then**
(3) **Will, you**　(4) **may, must, not**

4 (1) **Are, going, study**　(2) **is, able, to**
(3) **Let's, go**

5 (1) **Miho is going to read a lot of books.**
(2) **You had better go to the station by taxi.**

6 イ

7 (1) (例) **Can I ask a question about your family? / May I ask you about your family?**
(2) (例) **May I use your pencil?**

8 (1) イ　(2) エ　(3) ウ

考え方

1 (2) will go は is going to go でもよい。
3 (4) may のかわりに can を使うこともできる。
5 不要な語は(1) reading と(2) have。
6 正解のイの意味は「お手伝いしましょうか」。
8 (1) be going to 〜は，未来を表す文に使う。to のあとには動詞の原形が来ることに注意。will 〜 = be going to 〜。will は助動詞なので，そのあとの動詞は原形。
(2) ●Shall we 〜？は「(私たちが)〜しましょうか?」という意味。Shall we dance?「ダンスをしましょうか?」で覚えておこう。

●I haven't played tennis for a long time.「長い間テニスをしていません」は現在完了形。for a long time から「継続(けいぞく)」であることがわかる。
●選択肢ア〜エはそれぞれ大切な決まり文句。覚えておこう。
(3) ●favorite は「最も好きな，大好きな」という意味。この単語には「最も」という意味が含(ふく)まれているので，(×) your most favorite month のように，most をつけて言わないこと。
●Why 〜？の質問に対して「理由」を言う場合は，Because で始める。

🔊 音声内容

次に流れる(1)〜(3)の英文は，それぞれ2人の対話です。対話の最後にあたる部分で，(チャイム)を鳴らします。(チャイム)の音のところに入る表現として最も適当な答えを，ア〜エの中から1つずつ選びなさい。なお，英文は2度読まれます。

(1) A : Where are you going, Masato?
B : I'm going to visit Takashi's house, Mom.
A : When will you come back?
B : (チャイム)

(2) A : Shall we play tennis next Saturday?
B : Well, I haven't played tennis for a long time.
A : Don't worry. I know you are a good tennis player. We can enjoy it.
B : (チャイム)

(3) A : What is your favorite month in Japan?
B : My favorite month is July.
A : Why do you like it?
B : (チャイム)

📖 全訳

(1) A : どこへ行くの，マサト？
B : タカシの家を訪問するんだ，お母さん。
A : いつ帰ってくるの？

B：イ　夕食前に帰ってくるよ。

　　ア　すぐにそこに行くよ。

　　ウ　いっしょに英語を勉強するよ。

　　エ　午後に戻って来たよ。

(2) A：次の土曜日にテニスをしましょうか？

　　B：うーん，長い間テニスをしてないんだ。

　　A：心配しないで。あなたが上手なテニスの選手だってこと知ってるわ。楽しむことができるわよ。

　　B：エ　そう望むよ。

　　ア　それは残念だね。

　　イ　はい，どうぞ。

　　ウ　どういたしまして。

(3) A：日本であなたの大好きな月は？

　　B：ぼくの大好きな月は 7 月だよ。

　　A：どうして好きなの？

　　B：ウ　夏休みがその月から始まるからさ。

　　ア　1 年の最初の月だからさ。

　　イ　雪の中で遊んで楽しめるからさ。

　　エ　春がぼくの一番好きな季節だからさ。

9 形容詞・副詞

基礎問題

❶ (1) **a little**　(2) **a lot of**　(3) **few**
(4) **any**　　(5) **well**

❷ (1) 机の上にラジオがあります。
(2) ここにいくつかの[何冊かの]本があります。
(3) 私の父はシドニーにいます。
(4) このコンピューターはあまりよくありません。
(5) 彼らには子どもが 1 人もいません。

❸ (1) **Miki said something strange.**
(2) **Tom often plays video games in his room.**

考え方

❷ (1)(2)(3)の be 動詞は「ある，いる」という意味。

実力問題

❶ (1) **were, few**　(2) **had, little**

(3) **not, always**　(4) **Few, Japanese**

❷ (1) **There are two books on the table.**
(2) **Here are a lot of tickets.**
(3) **I don't have any pencils now.**
(4) **Are there any girls in the garden?**

❸ (1) **is → are**　　(2) **some → any**
(3) **bird → birds**
(4) **red something → something red**
(5) **there are → are there**
(6) **well → good**

考え方

❶ (3) not や no とともに always, every などがあるときは「部分否定」を表す。

❸ (1)(2) Here is [are], There is [are] は，このあとに来る名詞が主語なので，その主語に合わせて be 動詞を決める。

10 比較

基礎問題

❶ (1) (若い) **younger, youngest**
(2) (長い) **longer, longest**
(3) (忙しい) **busier, busiest**
(4) (早く，早い) **earlier, earliest**
(5) (悪い) **worse, worst**
(6) (短い，背が低い) **shorter, shortest**
(7) (きれいな，かわいらしい) **prettier, prettiest**
(8) (熱い，暑い) **hotter, hottest**
(9) (よい) **better, best**
(10) (美しい) **more beautiful, most beautiful**
(11) (有名な) **more famous, most famous**

❷ (1) **faster**　マイクはトムより速く走ります。
(2) **oldest**　タロウはその 4 人の中で最も年をとっています。
(3) **tall, my sister**　メアリーは私の姉[妹]と同じくらい背が高いです。
(4) **biggest, in**　これは私たちの町の中で最も大きな家です。

③ (1) Which is bigger
(2) much better than Mike
(3) three times as long

✊ 実力問題

❶ (1) as, tall, as (2) not, as, tall
(3) taller, than (4) isn't, as, tall
(5) tall, as (6) taller, than
(7) the, tallest, in (8) taller, than
❷ (1) the, most, famous
(2) cannot[can't], as, fast
(3) Which, better, or
(4) times, as, as
❸ (1) busier, than (2) as, old, as
(3) older (4) the, highest, mountain

考え方

❷ (1)「one of the ＋最上級＋複数名詞」という決まった形をしっかり覚えよう。
(4) 倍数の表現。times の s を忘れないこと。

✊ 実力問題

❶ (1) Start (2) Be, quiet
(3) Please, take
(4) Don't, play, baseball
❷ (1) How nice your song is!
(2) What an interesting report this is!
(3) What beautiful flowers those are!
(4) How hard they study Japanese in Australia!
❸ (1) What a fast computer this is!
(2) What a good tennis player she is!
(3) Don't be late for school.

考え方

❶ 命令文は You must[should] 〜. や Will you 〜？の文に書きかえることができる。否定の命令文 Don't〜. は You must[should] not〜. に書きかえることができる。
❸ 不要な語はそれぞれ(1) an, (2) how, (3) doesn't.

11 命令文, How [What] 〜！

✏ 基礎問題

❶ (1) Read books every day.
(2) Be a kind boy.
(3) Don't be noisy here.
❷ (1) How well Mr. Kimura speaks English!
(2) What useful books they are!
(3) Lucy, open the door. / Open the door, Lucy.
(4) Please turn off your cellular phone. / Turn off your cellular phone, please.
(5) Don't watch TV now.
❸ (1) あの象はなんて大きいのでしょう。
(2) これはなんて美しい山なんでしょう。
(3) 夜に1人で外出してはいけません。

12 文構造の基本(1)

✏ 基礎問題

❶ (1) got (2) looked (3) was
(4) studied, became
❷ (1) to (2) for, me (3) of, him
(4) long, e-mail
❸ (1) 私に理科を教えてくれませんか。
(2) あなたにこのアルバムをあげます。
(3) トムは私たちにすてきな写真を見せてくれました。
(4) 私たちの先生は私たちにおもしろい物語を話してくれました。

考え方

❶ (1)「病気になりました」は became sick も使われるが，became は(4)で使うので，(1)の答えは got。

15

実力問題

① (1) S, V, C (2) S, V, O
(3) V, S, C (4) S, V, O, O

② (1) 私はそのニュースを聞いてとても幸せに感じました。
(2) 私は友だちの何人かに自分の新しい模型飛行機を見せました。
(3) 郵便局へ行く道を教えてくれませんか。

③ (1) A kind Canadian teaches English to us
(2) It is getting cold in the classroom.
(3) Will you show me those magazines?

考え方

③ (1)は SVOO を to を使って書きかえた形。
(2)は It gets cold 〜. を進行形にした SVC。
(3)は SVOO の疑問文である。

チェックテスト3

① (1) Be あなたの友だちに親切にしなさい。
(2) few 机の中に切手はほとんどありませんでした[少ししかありませんでした]。
(3) What それらはなんて美しい花なんでしょう。
(4) to 彼女は私におもしろい写真[絵]を見せてくれました。
(5) the, of 彼はその4人の中で一番年上です。

② (1) Mother made a doll for her sister.
(2) Mike is not as tall as John.
(3) There are a lot of schools in this town.
(4) You must not use this knife.
(5) How hard she studies English!

③ (1) a, little (2) looked, pretty
(3) the, fastest, in (4) any, apples
(5) a, speaker

④ (1) happiest (2) was
(3) most, interesting (4) well

⑤ (1) Nancy's father is always busy.
(2) There are no pencils on the desk.
(3) Don't give it to the animals.

(4) I showed my friends some pictures of Singapore.

⑥ (1) イ (2) 10 (分)

考え方

① (2) 数えられる名詞 stamps に使えるのは few だけ。ほかの2つは数えられない名詞に使う。
(3) 感嘆文で「形容詞＋名詞」には What をつける。
(5) 最上級には the, 複数の名詞には of。

② (3)は This town has a lot of schools. または We have a lot of schools in this town. でも正解である。

④ (1)(3) 前に the, あとに in [of] があれば最上級。
(2) 主語が3人称単数, two years ago は過去を表す。
(4) best は well, good の最上級。

⑤ (1) always のような副詞の位置は be動詞のあと, 一般動詞の前。
(2) no pencils = not any pencils
(3) 否定文の命令文だから主語はないが, (S+) V + O + to 〜. の文になる。この文のように目的語「物を」が代名詞(it または them)のときは, Don't give the animals it. とは言わないで, 解答のような to 〜 を使った文になる。
(4)は SVOO。of Singapore は pictures を修飾する形容詞句。

⑥ ●「道案内」の文章では, ひんぱんに命令文が使われるので要注意。命令文では動詞の原形が文頭に来る。
● change trains「電車を乗りかえる」train に複数の s がついていることに注意。
● get off「降りる」
● Let's see. = Let me see.「ええっと, はて」は, 答えがすぐに出てこない場合の文句。

音声内容

Lisa は下の路線図の Heiwa 駅にいます。そこで, Asahi 駅への行き方を教えてもらいました。その英文を聞き, (1)と(2)の質問にそれぞれ答えな

さい。なお，英文は 2 度読まれます。

　If you want to get to Asahi, take the Higashi Line and change trains at the fourth stop. Then, take the Kita Line and get off at the first stop. It takes thirty minutes. Wait! That way is not good. It takes longer. Hmm. Let's see ... OK. There is another way. First, take the Higashi Line and get off at the third stop. Then, take the Chuo Line. Asahi is the second stop. It takes twenty minutes.

■■ 全訳

　もし朝日駅へ着きたければ，東線に乗り，4 番目の駅で乗りかえてください。そして，北線に乗って，最初の駅で降りてください。30分かかります。ちょっと待ってください！その行き方はよくないですね。長くかかりすぎます。うーん，ええと…。いいでしょう。別の行き方があります。まず最初に，東線に乗って，3 番目の駅で降りてください。そして，中央線に乗ってください。朝日駅は 2 番目の駅です。20分かかります。

13 現在完了（完了・結果）

✎ 基礎問題

❶ (1) 私はまだ宿題を終えて（しまって）いません。
(2) （あなたは）もう宿題を終え（てしまい）ましたか。
(3) リョウタはもう宿題を終え（てしまい）ました。
(4) ジャックはちょうど宿題を終えたところです。

❷ (1) 〔疑問文〕 **Have, eaten**
　〔答え〕 **have, haven't**
　〔否定文〕 **haven't**
(2) 〔疑問文〕 **Has, found**
　〔答え〕 **has, hasn't** 〔否定文〕 **hasn't**
(3) 〔疑問文〕 **begun, yet**

〔答え〕 **has, hasn't**
〔否定文〕 **hasn't, begun, yet**
❸ (1) **has** (2) **gone** (3) **haven't** (4) **has**

考え方

❶ (1)(2) yet の日本語訳は要注意。
　(1)の否定文では「まだ（〜していない）」，
　(2)の疑問文では「もう（〜しましたか）」となる。
❷ (3) ふつうの文では already だが，疑問文と否定文では yet にかわることに着目する。

✊ 実力問題

❶ (1) **Shinji has broken his computer.**
(2) **the train hasn't arrived yet**
(3) **What have you lost in the park?**
❷ (1) **My uncle has just got to the bus stop.**
　私のおじはちょうどバス停へ着いたところです。
(2) **Emi has already made a cake.**
　エミはもうケーキをつくってしまいました。
(3) **I haven't read the letter from him yet.**
　私はまだ彼からの手紙を読んでいません。
❸ (1) **Mike has just eaten[had] lunch.**
(2) **Have you read the book yet?**
(3) **I haven't seen[met] her yet.**

14 現在完了（経験・継続）

✎ 基礎問題

❶ (1) **cleaned, have cleaned, has cleaned**
(2) **went, have gone, has gone**
(3) **read, have read, has read**
(4) **got, have got, has got**
(5) **came, have come, has come**
(6) **finished, have finished, has finished**
(7) **did, have done, has done**
(8) **knew, have known, has known**

❷ (1) **have, studied** 私たちは 3 年間ずっと
   中国語を勉強しています。

(2) **has, ridden** 彼は 3 度馬に乗ったこと
   があります。

(3) **has, been** 彼女は 1 週間ずっと病気です。

(4) **have, talked** 私はまだ 1 度もフランス
   人の男性と話したことがありません。

❸ ア・イ・オ・カ

👊 実力問題

❶ (1) **I have lived in Hokkaido since I
   was born.**

(2) **How long have Tom and Jack
   lived in Japan?**

(3) **I've never been to India.**

(4) **How many times have you climbed
   Mt. Aso?**

❷ (1) **Have they waited for the bus?**

(2) **How long has Mike been in Japan?**

(3) **I have never seen whales.**

❸ (1) **has, since** (2) **has, been**

(3) **have, been, sick**

(4) **have, been, for, two, years**

考え方
❶ 不要な語はそれぞれ(1) from, (2) when,
   (3) ever, (4) what。

15 現在完了進行形

✏ 基礎問題

❶ (1) エ (2) ウ (3) ア (4) イ (5) エ

❷ (1) **been, drawing[painting]**

(2) **lived** (3) **has, been**

(4) **been, talking** (5) **been, doing**

❸ (1) **I have been studying math for
   two hours.**

(2) **Aya has been standing there
   since this morning.**

(3) **How long have you been walking?**

考え方
❷ (2)「住んでいる」は状態を表す動詞なので，
   現在完了形で「ずっと住んでいる」という継
   続の意味を表す。

(3)の動詞 rain は It is raining.「雨が降っ
   ている」のように進行形で表すことができる
   ので，動作を表すと考えることができる。

❸ (1)(2) 現在進行形「今〜している(ところだ)」
   の文を，過去から今[現在]までずっと続いて
   いることを表す現在完了進行形の文に書きか
   える。

(3) 期間をたずねる文をつくるので，**How
   long 〜 ?** を使う。

👊 実力問題

❶ (1) **have wanted this book since last**

(2) **How long have you been playing**

(3) **been cleaning the house for three**

❷ (1) 私の兄[弟]は11時間寝続けています。

(2) あなたは帰宅してからずっとその本を読ん
   でいますか。

(3) その赤ちゃんはどのくらいの間泣き続けて
   いますか。

(4) 私は数時間テレビゲームをし続けています。

❸ (1) **I have been waiting for her for
   forty minutes.**

(2) **Bob has belonged to this club
   since 2019. [Bob has been in this
   club since 2019.]**

(3) **Has it been raining since last night?**

(4) **No, it hasn't (been raining).**

考え方
❶ 継続しているのが動作なのか状態なのかを見
   極める。ここでは，動作を表す動詞のほかに
   been があると現在完了進行形になると考え
   るのがポイントになる。

❷ 現在完了進行形は，「(ずっと)〜している」や
   「〜し続けている」と訳すとよい。

❸ 過去のある時点を表すとき，期間を表す for
   〜「〜間，〜の間」と起点を表す since 〜

「〜から，〜以来」のどちらを使うのかを日本文から判断する。

16 現在完了と副詞

🖊 基礎問題

❶ (1)ちょうど／私の父はちょうど帰宅したところです。
(2)すでに，もう／私はもう奈良を訪れてしまいました。
(3)まだ／私はまだ宿題を終えていません。
(4)今までに／彼らは今までにふとんを使ったことがありますか。
(5)何度も／彼女は何度もパンダを見たことがあります。

❷ (1)ウ　(2)エ　(3)エ　(4)ウ　(5)ア

❸ (1)just　　(2)twice　(3)ever
(4)already　(5)yet

🖐 実力問題

❶ (1)イ　(2)ア　(3)イ

❷ (1)He has lived in Brazil <u>for</u> forty years.
(2)I <u>lost</u> my new umbrella yesterday.
(3)<u>Have</u> you ever talked with him?
(4)The train <u>arrived</u> just now.

❸ (1)"Have you finished[done] your homework yet?" —— "No, not yet."
(2)Have you ever been to the village?
(3)He has been busy since yesterday.

考え方
❶ (3) **have been to 〜**は「〜へ行ったことがある」「経験」の意味と覚えるのが基本。
❷ (1)は「継続」。
(2)(4)は現在完了形にできない。
(3)は「経験」で，「あなたは今までに彼と話をしたことがありますか」という意味。

📝 チェックテスト4

❶ (1)まだ　(2)もう　(3)1度も〜ない
(4)1度　(5)ついさっき[たった今]
(6)今までに

❷ (1)イ　(2)イ　(3)ウ　(4)ア
(5)イ　(6)ウ　(7)ウ　(8)ウ

❸ (1)ボブは彼の兄[弟]を30分間ずっと待っています。
(2)私はまだその仕事を終えていません。
(3)あなたのお父さんは何度[回]東京を訪れたことがありますか。

❹ (1)Ken has been reading a book since this morning.
(2)you ever been to Disneyland
(3)has been in Japan for more than

❺ (1)has, been, since　(2)have, been
(3)have, broken

❻ (例)・I have learned the piano for five years.
・I have never been abroad.
・I have lost my pen.
・I have written a letter in English.
・I have lived in this town for ten years.

❼ (1)エ　(2)イ

考え方
❷ (3)は ago，(5)は When があるから，現在完了形にできない。
(6)は受け身の文になる。

❼ (1)●Have you been to Asakusa?「浅草には行ったことがありますか?」現在完了形の「経験」を表す。**have been to 〜**で「〜に行ったことがある」の意味。**have gone to 〜**になると，「〜に行ってしまって，今はいない」という意味になる。
●Have you ever watched a baseball game?「あなたは今までに野球の試合を見たことがありますか?」現在完了形。ever という副詞があるので，「経験」を表していることがわかる。

(2) ●Have you ever been to Osaka?「あなたは今までに大阪に行ったことがありますか？」現在完了形。副詞 ever は「経験」で使われる。

●I'll go to Tokyo to see my friends.「私は友だちに会いに東京へ行くつもりです」不定詞 to see my friends は，動詞 go にかかる副詞的用法。

●enjoy skiing「スキーをして楽しむ」
enjoy という動詞は，目的語に動名詞をとる。enjoy のあとに不定詞はとらない。

🔊 音声内容

(1)と(2)それぞれ英語の対話が流れます。対話のあとの質問に対する最も適当な答えを，ア〜エの中から1つずつ選びなさい。なお，英文は2度読まれます。

(1) Keiko : Hi, Jim. Are you going to leave Japan soon?

Jim : Yes, Keiko. What should I do before leaving Japan?

Keiko : Have you been to Asakusa?

Jim : Yes, my Japanese friends took me there. It was great.

Keiko : Oh, OK. Have you ever watched a baseball game in Japan?

Jim : No, I haven't.

Keiko : Oh, you should! How about going with me this Sunday?

Jim : OK. Let's go!

Question : What will Jim and Keiko do this Sunday?

(2) Tom : I like to travel in Japan.

Mariko : Have you ever been to Osaka, Tom?

Tom : Yes. I've been to Nara, too.

Mariko : Do you have any plans for this winter vacation?

Tom : Yes, I'll go to Tokyo to see my friends. What's your plan, Mariko?

Mariko : I'm going to go to Hokkaido and enjoy skiing.

Question : Where is Tom going to go this winter vacation?

■■ 全訳

(1) ケイコ：こんにちは，ジム。もうすぐ日本を出発するの？

ジム：そうだよ，ケイコ。日本を出発する前にぼくは何をすべきかなぁ。

ケイコ：浅草には行ったことがあるの？

ジム：うん，日本人の友だちがぼくをそこへ連れて行ってくれたんだ。すばらしかったよ。

ケイコ：あぁ，そうなの。日本で野球の試合を見たことはある？

ジム：いいや，ないよ。

ケイコ：あっ，じゃあ行くべきよ。この日曜日に私と行くのはどう？

ジム：いいね。行こう。

質問：ジムとケイコはこの日曜日に何をするでしょうか？

　　ア　日本を出発する。
　　イ　ジムの日本人の友だちを訪れる。
　　ウ　浅草へ行く。
　　エ　野球の試合を見る。

(2) トム：ぼくは日本で旅行するのが好きだよ。

マリコ：大阪に行ったことはある，トム？

トム：うん。奈良にも行ったことがあるよ。

マリコ：この冬休みに何か計画はあるの？

トム：うん，友だちに会いに東京へ行くつもりだよ。君の計画は何，マリコ？

マリコ：北海道に行ってスキーを楽しむわ。

質問：この冬休みにトムはどこへ行くつもりでしょうか？

　　ア　北海道。
　　イ　東京。
　　ウ　奈良。
　　エ　大阪。

17 不定詞(1)

📝 基礎問題

❶ (1) **to study**　(2) **to write**　(3) **to run**
(4) **to look**　(5) **to have**　(6) **to help**
(7) **to say**

❷ (1) 私はサッカーをするのが好きです。
(2) 彼らは中国語を勉強し始めました。
(3) 私たちはその川をきれいにしようとしました。
(4) ユイは本を読むために図書館に行きました。
(5) あなたはきのう私に会いに来ましたか。
(6) それを聞いて残念です。

❸ (1) **need[have] to help**
(2) **wants to live**
(3) **the park to play**
(4) **liked to sleep**
(5) **asked some questions to know
[learn]**

✊ 実力問題

❶ (1) 私はイタリア語で話したいです。
[名詞的(用法)]
(2) 彼はいくつかのりんごをとるために，その木に登りました。[副詞的(用法)]
(3) 私はその映画を見てショックを受けました。
[副詞的(用法)]
(4) 私のうで時計を見つけることは，やさしくありませんでした。[名詞的(用法)]

❷ (1) **would like to use**
(2) **What do you want to be**
(3) **I went to the library to study math.**

❸ (1) **I study English to go to America.**
(2) **My father wanted to be[become] a doctor.**

考え方
❶ (4) 主語の役目をしている名詞的用法である。

18 不定詞(2)

📝 基礎問題

❶ (1) 彼女は売る(ための)アクセサリーをたくさん持っています。
(2) あなたは読む(ための)本がほしいのですか。
(3) これは彼にあげる(ための)ラケットです。
(4) その走者は何か飲むものがほしかったです。

❷ (1) **things, to, do**
(2) **something, to, eat**
(3) **car, to, drive**
(4) **trees, to, cut**

❸ (1) **clothes to sell**
(2) **no ideas to solve**
(3) **I want something to read.**

✊ 実力問題

❶ (1) イ・オ　(2) エ・カ　(3) ア・ウ

❷ (1) **He went to Canada to take beautiful pictures.**
(2) **I want to know a lot of things.**
(3) **Do you have anything to tell them?**

❸ (1) **I have nothing to do this Sunday.**
(2) **There are many[a lot of] places to visit in Kyoto.**

19 動名詞

📝 基礎問題

❶ (1) **working** (働くこと)
(2) **making** (つくること)
(3) **swimming** (泳ぐこと)
(4) **reading** (読むこと)
(5) **writing** (書くこと)
(6) **running** (走ること)
(7) **coming** (来ること)
(8) **sitting** (すわること)
(9) **studying** (勉強すること)
(10) **getting** (得ること)

❷(1)私は湖で泳ぐことが好きでした。

(2)サヤカ，雪はやみましたか。

(3)私はケーキをつくることを楽しみに待って
います。

❸(1)**enjoyed playing tennis**

(2)**finished reading the book**

(3)**started playing baseball**

(4)**Do you mind opening**

考え方

❶(9) study の **y** を **i** にかえないで，そのまま
ing をつける。study → studies とはちがう
ので注意する。

実力問題

❶(1)**walking, to walk** (2)**watching**

(3)**to help** (4)**doing** (5)**to see**

(6)**collecting, to collect** (7)**crying**

❷(1)**finished, eating[having]**

(2)**enjoy, listening**

(3)**stop, playing**

(4)**like, swimming**

❸(1)**I enjoyed <u>talking</u> with her.**

(2)**It didn't stop <u>raining</u> for an hour.**

(3)**He is good at <u>playing</u> the guitar.**

考え方

❶(1)(6) begin と like は目的語に動名詞と不定
詞のどちらも使える。

(7)動名詞での意味は「その赤ちゃんはとうと
う泣くのをやめた」。不定詞にすると「その赤
ちゃんはとうとう泣くために立ち止まった」
と不自然な意味になる。

チェックテスト5

1(1)ア (2)ウ (3)イ (4)ア (5)イ

(6)ア (7)ウ (8)ア (9)ウ

2(1)**to, wash** (2)**to, have[eat]**

(3)**skiing** (4)**to, do**

3(1)**enjoyed, singing**

(2)**something, to**

(3)**reading, science**

(4)**to, study** (5)**nothing, to**

4(1)彼は一番速く走りたいと思っています。
〔名詞的(用法)〕

(2)彼らは何か飲み物を持っていましたか。
〔形容詞的(用法)〕

(3)どうかあす私に会いに来てください。
〔副詞的(用法)〕

5(1)私はテレビゲームをすることを楽しみに
待っています。

(2)食事のことで文句を言うのはやめなさい。

(3)あなたはいつも英語を話す練習をするべき
です。

6(1)**I want to speak English well.**

(2)**My father always enjoys working.**

(3)**He worked hard to buy a guitar.**

7(1)イ (2)ウ (3)エ

考え方

1(1)(2)(5)(7)は前の動詞によってあとが不定詞か
動名詞に決まる。

(4)「クラシック音楽を聞くために」と目的を
表す副詞的用法の不定詞。

(6)「彼女にあげるための」という形容詞的用
法の不定詞。

(7)「ドアを開けてくれませんか」。

(8)不定詞をとることができる動詞を選ぶ。

(9)アの不定詞は3単現の **s** がついているから
まちがい。

6(3)「ギター」は楽器自体をさすときには a
guitar，「ギターを弾く」は **play the guitar**。

7●**for the first time**「はじめて」

●**be interested in 〜**「〜に興味を持つ」

●**〜 so he asked Yuji to practice**
kendo **together.**「彼はユウジにいっしょに
剣道(けんどう)をしてくれるように頼(たの)んだ」**ask ＋人＋
to** *do* で，「人に〜してくれるように頼む」
という意味を表す。

●**Peter also wanted to practice** *judo*,
〜「ピーターはまた柔道(じゅうどう)も練習したいと思っ
た」不定詞 to practice は wanted の目的語
になる名詞用法。

● 〜 he had no time to do it.「彼はそれをする時間がなかった」不定詞 to do は名詞 time を修飾する形容詞的用法。

● 〜 enjoyed singing and dancing「歌ったり踊ったりして楽しんだ」

● was happy to do 〜「〜して幸せだった」不定詞 to do は形容詞 happy を修飾する副詞的用法。

◀》 音声内容

英文を聞いて，その内容についての(1)〜(3)の質問に対する最も適当な答えを，ア〜エの中から1つずつ選びなさい。なお，英文は2度読まれる。

Last August, Peter visited Japan for the first time. He was an American student and stayed at Yuji's house for two weeks.

Peter and Yuji liked sports very much. Peter liked baseball and Yuji loved *kendo*. Yuji was a member of the *kendo* club. Peter was interested in *kendo* and *judo*, so he asked Yuji to practice *kendo* together. They did it for about one hour. It was fun. Peter also wanted to practice *judo*, but he had no time to do it.

One day, Peter went to a Japanese summer festival with Yuji and Yuji's parents. At the festival, Peter enjoyed singing and dancing with Yuji. The festival was very interesting. Peter wanted to tell his parents in America about it. So he took a lot of pictures at the festival. He was happy to do a lot of things during his stay in Japan.

(1) **How long did Peter stay at Yuji's house?**

(2) **What did Peter practice with Yuji?**

(3) **Who went to the festival with Peter?**

■■ 全訳

去年の8月，ピーターははじめて日本を訪れま

した。彼はアメリカ人学生で，ユウジの家に2週間滞在しました。

ピーターとユウジはスポーツがとても好きでした。ピーターは野球が好きで，ユウジは剣道が大好きでした。ユウジは剣道部の部員でした。ピーターは剣道と柔道に興味があったので，ユウジにいっしょに剣道の練習をしてくれるように頼みました。彼らは約1時間練習をしました。楽しかったです。ピーターは柔道も練習したかったのですが，それをする時間がありませんでした。

ある日，ピーターは，ユウジとその両親とで日本の夏祭りに行きました。その祭りで，ピーターはユウジと歌ったり踊ったりして楽しみました。その祭りはとても興味深いものでした。ピーターはそのことについて，アメリカにいる自分の両親に伝えたいと思いました。だから，彼はその祭りでたくさんの写真をとりました。彼は日本に滞在中たくさんのことができて幸せでした。

(1) ピーターはどのくらいの間，ユウジの家に滞在しましたか？

   ア　1週間。   イ　2週間。
   ウ　3週間。   エ　4週間。

(2) ピーターはユウジと何を練習しましたか？

   ア　野球。   イ　柔道。
   ウ　剣道。   エ　剣道と柔道。

(3) だれがピーターといっしょに祭りに行きましたか？

   ア　ユウジとピーターの両親。
   イ　ユウジとピーターの友だち。
   ウ　ユウジとユウジの友だち。
   エ　ユウジとユウジの両親。

20 受け身

✎ 基礎問題

❶ (1) **is used**　(2) **is read**　(3) **is loved**
  (4) ① **was cleaned**　② **him**
  (5) ① **were washed**　② **her**

❷ (1) **were, painted**
  (2) **was, needed, me**
  (3) **was, written**
  (4) **is, spoken**

❸ (1) Are, cars / they, are / aren't, made
(2) Was, liked / it, wasn't /
wasn't, liked

🤛 実力問題

❶ (1) eaten　私のケーキは姉[妹]によって食べられました。
(2) Was　その手紙はマイクによって見つけられましたか。
(3) wasn't　その星は昔，私たちに知られていませんでした。
(4) of　あの机は木でできています[木製です]。
(5) with　その町は雪でおおわれています。

❷ (1) interested, in
(2) was, spoken, to, by
(3) was, run, over, by
(4) What, spoken

❸ (1) A lot of oil was found in America.
(2) was told some interesting stories by Mr. Kent /
interesting stories were told (to) me by Mr. Kent

考え方
❸ (1)「たくさんの石油がアメリカで見つけられた」oil は物質名詞だから，どんなにたくさんでも単数扱いになる。

21 接続詞

✏️ 基礎問題

❶ (1) if　(2) when　(3) before　(4) after
(5) as soon as　(6) but　(7) and　(8) or
(9) because　(10) while

❷ (1) Before　(2) because　(3) soon
(4) both, and　(5) Not, but

❸ (1) wasn't at home when I visited her
(2) will go out after I finish my homework

(3) will be surprised if you send an e-mail

🤛 実力問題

❶ (1) When　(2) and　(3) or　(4) If
(5) that　(6) after

❷ (1) 寒かったので私は窓を閉めました。
(2) もしあす晴れならば，私たちはピクニックに行くつもりです。
(3)「なぜあなたはそのコンピューターを使っているのですか」「なぜならEメールを送りたいからです」
(4) 寝る前に歯をみがきなさい。

❸ (1) Come with me, and I will show you the cooking book.
(2) Either you or I must clean the room.
(3) began to do his homework as soon as he came home
(4) speaks not only English but also French

22 前置詞

✏️ 基礎問題

❶ (1) in　(2) on　(3) for　(4) at　(5) by
❷ (1) on　(2) in　(3) under　(4) over
❸ (1) for　(2) with　(3) by　(4) after
(5) about　(6) at　(7) with　(8) for
(9) at　(10) in, of

考え方
❶ (1)「9月から始まる」の「から」は in を使う。この「9月から」は「9月に」の意味。

🤛 実力問題

❶ (1) to　(2) at　(3) in　(4) for
(5) through　(6) near　(7) on
❷ (1) lot, of
(2) care, of

(3) **one, of, parks**

❸(1) **He is a teacher of social studies.**

(2) **His father worked hard from morning till night.**

(3) **Can you do it without their help?**

考え方

❶(4)「〜に遅(おく)れる」の反対の「〜に間に合う」は, be in time for 〜。

(7) on *one's* way「途中(とちゅう)で」

チェックテスト6

❶(1) **in** (2) **if** (3) **understood** (4) **and**
(5) **for** (6) **Is** (7) **at** (8) **on** (9) **Though**

❷(1) お皿はキャシーによって洗われましたか。

(2) 私が帰宅したとき, 妹[姉]はテレビを見ていました。

(3) たくさんのコンピューターが昨年つくられました。

(4) 私は京都か奈良(なら)のどちらかを訪(おとず)れたいです。

❸(1) **The store is opened by Tom.**

(2) **Mike didn't break the vase.**

(3) **The girl was looked after by her for five years.**

(4) **Do they speak English in that country?**

(5) **Were many books brought by Nancy?**

(6) **I was given a lot of apples by the man./A lot of apples were given (to) me by the man.**

❹(1) **at** (2) **at** (3) **and** (4) **interested**
(5) **by** (6) **with** (7) **it rained[of rain]**

❺(1) **Were these pictures taken by Ken?**

(2) **We will play tennis after school.**

(3) **He went to America when he was eleven (years old).**

(4) **Both English and French are spoken in Canada.**

❻(1) エ (2) ウ (3) ウ

考え方

❸(3) look after 〜（〜の世話をする）を1語とみなして受け身をつくる。

(4) by them が省略されていることがわからないと能動態にかえられない。

❹(1) at that time = then「そのとき」

❺(2) will のかわりに are going to でもよい。

❻●on the street「通りで」

●I didn't think he remembered me, 〜「彼が私を覚えているとは思わなかった」think のあとに接続詞 that が省略されている。

●I was very surprised because he remembered me.「彼が私を覚えていたので, 私はとても驚(おど)いた」接続詞 because は「理由」を表し,「because 以下なので…」となる。Mr. Smith was also surprised because 〜「スミス先生もまた驚きました。なぜなら〜」because の前にコンマ(,)がある場合は, 前から訳し,「なぜなら〜」と続けるとよい。

●I think I will 〜 接続詞 that が, think のあとに省略されている。

📢 音声内容

これから Kota が英語の授業で行ったスピーチが流れます。その内容について, (1)〜(3)の質問に対する最も適当な答えを, ア〜エの中から1つずつ選びなさい。なお, 英文は2度読まれます。

I went to the library last Sunday. On the street, I saw Mr. Smith. He was an ALT who taught at my school two years ago. But I don't know where he works this year.

I wanted to talk to him. I didn't think he remembered me, but I went and talked to him. I said, "Hello. I'm Kota. I'm a student at Minami Junior High School. Nice to see you."

Mr. Smith smiled and said, "Nice to see you again, too. Kota, are you one of the students who always played basketball?" I answered, "Yes. I am a member of the school basketball team."

I was very surprised because he remembered me. I talked with him for a few minutes. Mr. Smith was also surprised because I spoke English well. I enjoyed talking with him and felt very happy.

Now I want to speak English with a lot of people from many different countries. I think I will have to study English harder to speak it better.

(1) **When did Mr. Smith teach at Kota's school?**

(2) **Why was Kota surprised?**

(3) **What did Kota want to do after talking with Mr. Smith?**

■ 全訳

ぼくはこの前の日曜日に図書館へ行きました。通りでスミス先生に会いました。彼は2年前私の学校で教えていたALTの先生でした。しかし，今年，彼がどこで働いているかは知りません。

ぼくは彼に話しかけたいと思いました。彼がぼくのことを覚えているとは思いませんでしたが，ぼくは行って彼に話しかけました。「こんにちは。ぼくはコウタです。南中学校の生徒です。お会いできてうれしいです」と言いました。

スミス先生はにっこりして言いました。「またお会いできて，私もうれしいです。コウタ，君はいつもバスケットボールをしていた生徒の1人ですね？」ぼくは答えました。「はい。ぼくは学校のバスケットボールチームの部員です」

ぼくは，彼がぼくのことを覚えてくれていたことにとても驚きました。ぼくは数分間，彼と話をしました。スミス先生もまた驚きました。なぜなら，ぼくが上手に英語を話したからです。ぼくは彼と話をして楽しみ，とても幸せでした。

今，ぼくはたくさんの異なる国々のたくさんの人々と英語を話したいと思っています。ぼくは，英語をもっとうまく話せるように，もっと英語を勉強しなければならないと思います。

(1) スミス先生はいつ，コウタの学校で教えましたか？
　ア　2時間前。
　イ　この前の日曜日。
　ウ　去年。
　エ　2年前。

(2) どうしてコウタは驚いたのでしょうか？
　ア　スミス先生がとても上手にバスケットボールをしたから。
　イ　コウタが上手に英語を話したから。
　ウ　スミス先生がコウタを覚えていたから。
　エ　スミス先生が図書館へ行ったから。

(3) コウタはスミス先生と話をしたあと，何をしたいと思いましたか？
　ア　スミス先生と映画を観ること。
　イ　スミス先生と話をすること。
　ウ　たくさんの人々と英語で話をすること。
　エ　たくさんの異なる国々に行くこと。

23 S + V + that節

✎ 基礎問題

❶ (1) 彼が忙しいということ
　(2) その本，とわかりました
　(3) 彼女が私たちといっしょに来るだろう
　(4) 私たちはあなたが試験に合格
　(5) 彼女はネコが好きだと (私は) 思います。

❷ (1) I know that she is a good teacher.
　(2) I think that we should share the housework.
　(3) I hope that it will snow tomorrow.
　(4) She said that she couldn't sleep well.

❸ (1) I thought this bike was Tom's.
　(2) She hoped she would be a designer.
　(3) The man didn't think it would rain.
　(4) He often said that he wanted to go to space.

考え方

❶ (1)(2)(3)のように時制の一致で過去形になった was や would は，もとの時制である現在形の is や will で訳すことがポイントだ。

(4)は hope のあとに that が省略されている。

❷ (3)「私は，あす雪が降ればいいなあと思います」という意味。

(4)「彼女はよく眠れなかったと言いました」という意味。

🤜 実力問題

❶ (1) know, that, are

(2) said, that, was

(3) thought, was

❷ (1) あなたはサッカーが最初にイングランドで競技されたことを知っていますか。

(2) 私はカナがとても上手に歌うことを知っています。

(3) あなたはチームメイトの間で人気があるそうですね。

(4) あの女性がエレンということに気づきましたか。

❸ (1) I think it will be very cold tomorrow.

(2) Do you know that he was a pilot?

(3) I know you have passed the examination.

考え方

❶ (3) 空所の数から考えて，that が省略されていると考える。

24 S＋V＋O＋that節，S＋V＋C＋that節

✏️ 基礎問題

❶ (1) that (2) that (3) her

(4) me (5) that

❷ (1) I will show you that I can jump high.

(2) My father was happy that I passed the test.

(3) We are sure that Yumi will like the present.

(4) Tom told me that this movie was exciting.

❸ (1) am, sure, that

(2) was, surprised, that

(3) tells, us, that

(4) am, sorry, I

考え方

❶ (1)(2)(5)は「S＋V＋C＋that節」の文。

(3)(4)は「S＋V＋O＋that節」の文。O が代名詞のとき，「〜に[を]」の形(目的格)になることに注意。

❷ 2文のうち1文は「〜ということ」という that節にするのがポイント。

(1)は「show＋O＋that 〜」で「…に〜ということを示す」。

(2)は「be動詞＋happy＋that 〜」で「〜でうれしい」。

(3)は「be動詞＋sure＋that 〜」で「きっと〜だと思う」。

(4)は「tell＋O＋that 〜」で「…に〜だと言う」。

❸ (3) 主語が3人称単数であることに注意する。

🤜 実力問題

❶ (1) sad that we lost

(2) told my friends that I would go to

(3) I'm sure he will be a singer

(4) showed me that he can play

❷ (1) I'm[I am] glad (that) you got well.

(2) My mother taught me that cooking is fun.

(3) John told us (that) he would[was going to] go to Kyoto tomorrow.

(4) I was surprised (that) you came to the party.

❸ (1) あなたがここにいなくてだれもが[みんな] 悲しいです。
(2) きっとあなたはそれを気に入ると思います。
(3) 彼女は彼女の母親に，早く家に帰る[帰宅する]と言いました。

考え方

❶ (3)「S＋V＋C＋that節」の that が省略された文。

❷ (1)「元気になってうれしい」は「元気になったことがうれしい」と考える。
(2) teach の過去形は taught。

25 文構造の基本(2)

✎ 基礎問題

❶ (1) call, her　　(2) baby, Shun
(3) us, English　(4) name, the, dog

❷ (1) They call the dish *champloo*.
(2) He named the month July.
(3) Her smile makes me happy.
(4) The news made her angry.

❸ (1) 私は彼女をケイトと呼んでいます。
(2) 彼らはその船を「ふじ」と名づけました。
(3) 彼は私に 1 着の美しいドレスを見せてくれました。
(4) あなたはその犬を何と呼んでいますか。

✊ 実力問題

❶ (1) クミはタクシーを呼びます。
(2) クミは毎晩友だちに電話をかけます。
(3) クミは彼女の犬をポチと呼びます。

❷ (1) The kangaroo was named Spot by them.
(2) I was given some books by my friend./Some books were given (to) me by my friend.
(3) The city is called the Big Apple by everyone.

❸ (1) Show me your passport
(2) The cherry blossoms made the village famous.
(3) What do you call this color in English?

26 疑問詞＋to ～, tell＋(人)＋to ～

✎ 基礎問題

❶ (1) what, to　(2) where, to
(3) when, to　(4) how, to
(5) what, to

❷ (1) 私はあなたに歌を歌ってほしいです[聞かせてもらいたいです]。
(2) ブラウン氏は俳句のつくり方がわかりませんでした。
(3) 彼は私に英語を教えてくれるように頼みました。
(4) あなたはいつそこへ行けばいいか知っていますか[わかりますか]。
(5) 母は私に皿を洗うように言いました。

❸ (1) want, to　(2) want, to　(3) what, to
(4) told, to　(5) where, to
(6) asked, to

✊ 実力問題

❶ (1) told, me, to　　(2) know, when, to
(3) want, you, to　(4) ask, her, to

❷ (1) 彼女は彼に友だちに親切にするように言いました。
(2) メグは母に 6 時に起こしてくれるように頼みました。
(3) 彼はひらがなで自分の名前をどう書くかを習いたがっています。
(4) どの電車に乗るべきかを私に言って[教えて]ください。

❸ (1) She told me to read the book.
(2) He didn't know what to do.
(3) I asked her to wait for me.

(4) **Please tell me how to use this camera.**

27 It is ～ to ..., too ～ to ...

✏ 基礎問題

❶ (1) **It is a good thing to use a dictionary.**
(2) **It is difficult to write it in English.**
(3) **It is not easy to take pictures well.**
(4) **It is very interesting to read books about aliens.**

❷ (1) 彼はとても疲れているので歩けません[歩くことができないです]。**too, to**
(2) 私たちはとても空腹な[おなかがすいている]ので勉強できません。**that, cannot[can't]**
(3) エレンはとても忙しかったのでここに来ることができませんでした。**so, couldn't**

❸ (1) **It is fun to watch dramas**
(2) **It is easy for her to use sign language.**
(3) **He was too old to work.**

✊ 実力問題

❶ (1) **of, to**　(2) **To, play**　(3) **Using, is**
(4) **too, to**　(5) **so, couldn't**

❷ (1) **It, to**　(2) **that, cannot[can't]**
(3) **To, live**　(4) **too, to**

❸ (1) **They were too busy to eat[have] lunch.**
(2) **It is easy to ride a bike.**
(3) **He came so late that he couldn't see[meet] her.**

考え方

❶ (2)(3) 不定詞や動名詞が主語になる場合，3人称単数扱いだから，動詞は is になる。
❸ (1) eat のかわりに have でもよい。
(3) 時制の一致で **can't → couldn't** となることに注意しよう。

28 原形不定詞

✏ 基礎問題

❶ (1) **wash**　(2) **stay**　(3) **to go**
(4) **use**　　(5) **to help**

❷ (1) **helped, find**　　(2) **let, go**
(3) **helps, us, speak**　(4) **makes, me, laugh**

❸ (1) 私の兄[弟]は私を手伝ってくれました。／私の兄[弟]は私がその箱を運ぶのを手伝ってくれました。
(2) コーヒーを飲みましょう。／私にコーヒーを飲ませてください。

考え方

❶ 目的語のあとが「to ＋動詞の原形」か「動詞の原形（原形不定詞）」になるかは，文の動詞で見極める。
(2) make は「make ＋人＋動詞の原形」。
(3) want は「want ＋ 人 ＋ to ～」で「〔人〕に～してほしい」。
(4) let は「let ＋人＋動詞の原形」。
(5) ask は「ask ＋人＋ to ～」で「〔人〕に～してくれるように頼む」。

❷ 「help[let, make] ＋人＋動詞の原形」にあてはめて考えればよい。日本文をよく読んで時制をまちがえないようにする。

❸ 動作をする人がだれなのかをまちがえないようにする。
(1) の2文目では，carry the box の動作をするのは me。
(2) の2文目では，drink coffee の動作をするのは me。

✊ 実力問題

❶ (1) **helped me do my homework**
(2) **let me read his**
(3) **my mother made me wash the dishes**
(4) **let me use**

❷ (1) 私は年配の女性が道を横断するのを手助けしました。

(2) 私たちの先生は私たちに体育館でバスケットボールをさせてくれました。

(3) 子どもたちを泣かせてはいけません。

(4) 母は私に夜外出させてくれないでしょう。

❸ (1) (例) Please let me know when[if] he arrives.

(2) (例) I always help my mother make[cook] dinner.

(3) (例) Can[Will] you help me clean this room?

考え方

❶ 「help[let, make] ＋人＋動詞の原形」の語順にする。

(1) do one's homework「宿題をする」

❷ (4) 「let ＋ 人 ＋ 動 詞 の 原 形」の 前 に won't[will not] があるので,「〜させてくれないでしょう」という否定の意味になる。

❸ (1) 「(私に)知らせてください」はよく使われるので let me know で覚えておくとよい。when[if] の後ろは時,条件を表しているので,未来のことでも現在形で表す。

(3) 依頼(いらい)を表す表現。疑問文でも「help ＋人＋動詞の原形」の語順はかわらない。

📝 チェックテスト7

1 (1) **call** (2) **too** (3) **told** (4) **do**
(5) **so, can't**

2 (1) 私はあなたに私が上手(じょうず)に料理ができることをお見せします。

(2) 彼女の友だちは彼女にどちらの道を行くべきかを言いました[教えました]。

(3) 彼は公園で彼の息子を遊ばせませんでした。

3 (1) **when** (2) **dog, Kuro** (3) **want, to**
(4) **that, was** (5) **so, cannot[can't]**

4 (1) The news made her sad.

(2) I am sure that he will pass the exam.

(3) is necessary for young people to be kind

5 (1) I thought that you could do it.

(2) It is very easy to take pictures.

(3) The cat is called Tama by her.

(4) She was too sleepy to drive a car.

(5) He told me to close the door.

6 (例) In Okinawa, *nigauri* is very popular. We call it *goya* in the Okinawa language.

7 (1) ウ (2) ウ (3) ア

考え方

1 (5) so 〜 that ＿ can't ... の文。

7 ●experience「経験」

●one day「ある日」

●He knew I loved basketball. では,knew のあとに接続詞 that が省略されており,「彼は that 以下のことを知っていた」となる。that 以下は「私はバスケットボールが大好きだ」である。

●too exciting for me to sit down「ワクワクしすぎて,私はすわることができない」**too 〜 to ...** は「とても〜なので…できない」という意味。これは so 〜 that ＿ can't ... で表すことができる。→ The game was <u>so</u> exciting <u>that</u> I <u>couldn't</u> sit down.

●I was not good at speaking English.「私は英語を話すことは得意ではありませんでした」be good at 〜で「〜が得意だ」の意味。at のあとに動詞を置く場合は,必ず -ing をつけて動名詞にしなければならない。

●〜 it was fun to speak English.「英語を話すことは楽しかった」it は形式主語(日本語になおさない)で,真の主語は to speak English である。すなわち,To speak English was fun. ということ。

●**Why don't you 〜？**「〜してはどうですか？」提案や軽い命令に使われる重要表現。

●Speaking English will be 〜では,動名詞 Speaking English が主語の役割をしている。＝ To speak English will be 〜

🔊 音声内容

英文を聞いて，その内容についての(1)～(3)の質問に対する最も適当な答えを，ア～エの中から1つずつ選びなさい。なお，英文は2度読まれます。

Hello, everyone. My name is Takashi Suzuki. I'm thirty-six years old. I became an English teacher twelve years ago. Today, I want to talk about my experience.

When I was fourteen years old, I went to New York to stay with my host family. I stayed there for five days.

One day, I went to a basketball game with my host father, John. He knew I loved basketball. The game was too exciting for me to sit down. When we came home, we talked about the game. I was not good at speaking English. But I enjoyed talking with him in English because I talked about my favorite sport. I had a very good time and felt that it was fun to speak English.

Why don't you try to talk about your favorite thing in English? Speaking English will be more interesting.

(1) **How old was Mr. Suzuki when he went to New York?**

(2) **Who went to a basketball game with Mr. Suzuki?**

(3) **What does Mr. Suzuki want his students to do?**

📖 全訳

こんにちは，みなさん。私の名前は鈴木孝です。36歳です。12年前に英語の教師になりました。今日は私の経験について話したいと思います。

私が14歳だったとき，ホストファミリーのところに滞在するためにニューヨークに行きました。私はそこに5日間滞在しました。

ある日，私は，ホストファーザーのジョンといっしょに，バスケットボールの試合に行きました。彼は，私がバスケットボールが大好きだということを知っていたのです。試合はとってもワクワクするものだったので，私はすわることができませんでした。帰宅したとき，私たちはその試合について話をしました。私は英語を話すことが得意ではありませんでした。しかし，私の大好きなスポーツについて話をしたので，彼と英語で話すのを楽しみました。私はとても楽しい時を過ごしました。そして，英語を話すことは楽しいと感じました。

英語で，自分の大好きなことについて話をしてみませんか？英語を話すことがもっとおもしろくなりますよ。

(1) 鈴木先生がニューヨークに行ったとき，何歳でしたか？

　ア　彼は5歳でした。

　イ　彼は12歳でした。

　ウ　彼は14歳でした。

　エ　彼は36歳でした。

(2) だれが，鈴木先生とバスケットボールの試合に行きましたか？

　ア　彼の先生。

　イ　彼のホストファミリー。

　ウ　彼のホストファーザー。

　エ　彼の友だち。

(3) 鈴木先生は，生徒たちに何をしてもらいたいのですか？

　ア　好きなことについて英語で話をしてもらいたい。

　イ　学校でたくさんの友だちをつくってもらいたい。

　ウ　よい経験をするためにニューヨークに行ってもらいたい。

　エ　バスケットボールをして楽しんでもらいたい。

29 分詞の形容詞的用法

🖊 基礎問題

❶ (1) **sleeping**　(2) **writing**　(3) **made**
　(4) **waiting**　(5) **written**

❷(1) Do you know the sleeping cat?

(2) Do you know the dog running over there?

(3) The closed door did not open.

(4) English spoken by him was too fast to understand.

❸(1) a) その少女は向こうを走っているところです。

b) 向こうを走っている少女はノリコです。

(2) a) この標識はカンボジアで使われました。

b) これはカンボジアで使われた標識です。

考え方

❷(3)「その閉まったドアは開きませんでした」

(4)「彼が話した英語は速すぎてわかりませんでした」

❸(1) b) は running 〜が前の The girl を,

(2) b) は used 〜が前の the sign を修飾している。

実力問題

❶(1) He had a broken watch.

(2) Can you see the flying bird?

(3) The girl standing by the window is my sister.

(4) This is a fish caught in the lake.

❷(1) ほえている犬がいつもかみつくわけではありません。

(2) 世界で使われている言語で最も重要なのは何ですか。

(3) 体育館で走っている少女を知っていますか。

(4) 話し言葉は書き言葉よりむずかしいです。

❸(1) man, sitting (2) made, in

(3) playing, the, piano

(4) covered, with, snow

30 関係代名詞（主格）

基礎問題

❶(1) which (2) who (3) which, were

(4) who, wrote

❷(1) which これらはアメリカ製の[アメリカでつくられた]車です。

(2) who 彼は私と話していた男の人を知りませんでした。

(3) who この部屋をそうじする女の子はナンシーです。

(4) which 灰色の目をしたそのネコは私のネコです。

❸(1) I know that man who is dumping garbage.

(2) Do you know the train which can run the fastest?

(3) This is the cat which is loved by her.

(4) The woman who is sitting on the chair is Mrs. Lee.

(5) The building which stands over there is our school.

実力問題

❶(1) あの木の下にすわっている女性は山田さんです。

(2) 北海道から送られた荷物はまだ届いていません。

(3) 私は宇宙のことについて述べている本がほしいです。

❷(1) who[that] is

(2) which[that] were

(3) which[that] have

(4) who[that] tells

❸(1) the boy who found your key

(2) The room which has two doors is mine.

(3) He is the only student that passed the exam.

考え方

❸(3) 先行詞が only（ただ1人の）などで限定される場合と最上級の形容詞がつく場合は関係代名詞は that を使うことが望ましい。

31 関係代名詞（目的格）

✎ 基礎問題

❶ (1) This is a girl that I helped yesterday.
(2) These are pictures that I took last year.
(3) The students that Mr. Mori teaches understand Japanese history well.
(4) The book that she wrote is very interesting.
(5) Did you know the man that you met there?

❷ (1) She is a girl that I often see in the museum.
(2) This is the computer which I bought.
(3) The color which he likes the best is brown.

❸ (1) ✕ (2) ◯ (3) ◯ (4) ✕

✋ 実力問題

❶ (1) これはきのうアミがつくったケーキですか。
(2) 私が公園で見た少女は，とても幸せそうでした。
(3) 村田さんはみんなが知っている野球の選手です。
(4) あなたが私のために買ってくれた本はとてもおもしろいです。

❷ (1) Ken, took (2) that [who], I
(3) which [that], we (4) by
(5) that, was

❸ (1) She is the girl I met yesterday.
(2) The letter Shingo wrote is on the desk.

考え方
❸ (1) the girl と I の間に目的格の関係代名詞 that [who] が省略されている。

(2) letter と Shingo の間に目的格の関係代名詞 which [that] が省略されている。

32 関係代名詞のまとめ

✎ 基礎問題

❶ (1) イ (2) ア (3) イ

❷ (1) who 彼女は若い人たちに人気のある作家です。
(2) which 丘の上に建っている白い家を見なさい。
(3) who こちらは私の姉［妹］にずっと会いたがっている女の子です。
(4) which 英語はタケシがとても上手に話せる外国語です。

❸ (1) is 庭で写真をとっている少女はリオです。
(2) is あなたがきのう読んだ本は私のものです。
(3) lives インドから来たその学生がここに住んでいます。
(4) began あとから来た人々は自転車を駐輪し始めました。

✋ 実力問題

❶ (1) They are the children that [who] the man helped yesterday.
(2) I lost the bag which [that] my sister gave me last year.
(3) She had a brother who [that] could play the guitar very well.

❷ (1) who [that], is
(2) which [that], were, made

❸ (1) The girl who is playing the piano is
(2) a restaurant which children could not enter
(3) The apple I ate was very good.
(4) a job that she didn't like at all

33 間接疑問文，付加疑問文

✎ 基礎問題

❶ (1) I know who the girl is.
(2) I understand what book you want.
(3) I don't know when he will come back.
(4) Did you see what she had in her hand?

❷ (1) 私が起きたときは6時でした。
(2) ビルがいつここに着くか知っていますか。
(3) エミと話している女の子は，私の姉[妹]です。
(4) だれがバイオリンを弾いているのか私は知りません。

❸ (1) doesn't, he　サトシは料理が好きですね。
(2) wasn't, it　その本は古いですね。
(3) can't, they　その少年たちはスキーができますね。
(4) have, you　あなたはそれを読んでしまっていませんね。
(5) were, they　その男の人たちは熱心に働いていませんでしたね。
(6) will, she　ユミはここに来ないでしょうね。

考え方
❶ (4) What did she have 〜? は過去の文だから，what she **had** 〜とすることに注意。
❸ 訳文の語尾は「〜でしょう」としてもよい。

✊ 実力問題

❶ (1) know where they are from
(2) tell me when we will leave
(3) know why New York is called
❷ (1) doesn't, she　　(2) shall, we
(3) what, should　(4) where, he, lives
❸ (1) is he? → isn't he?
(2) can't the woman? → can't she?
(3) does she like? → she likes?
(4) is she? → did she?
(5) yesterday? → yesterday.（ピリオド）
(6) don't you? → haven't you?

考え方
❸ (5) I don't know. に What did you buy yesterday? がつながると，疑問文ではなくなるので，**?** をつけてはいけない。

34 仮定法

✎ 基礎問題

❶ (1) had　(2) rains　(3) could　(4) were
❷ (1) had, would　(2) wish, were
(3) were, would　(4) wish, could
(5) knew, could
❸ (1) 持っていたら，買うのに[だろうに]
(2) 行けたらいいのに
(3) 行くことができるのに[行けるのに]
(4) 知っていたらなあ[知っていたらいいのに]

考え方
❶ 現実と違う仮定ならば仮定法の文。
(2) この If 〜は条件を表しているので，続く動詞は現在形になることに注意。
❷ (2)「〜にいる」は be動詞で表すので，are の過去形 were。
(3) 仮定法の文では主語が3人称の場合もふつう be動詞は were を使う。
(5) know の過去形は knew。
❸ (1)「もし〜ならば，…するだろうに」
(2)(4)「〜ならいいのに」
(3)「もし〜ならば，…することができるのに」

✊ 実力問題

❶ (1) I wish it stopped
(2) If I were younger
(3) If I knew the song, I could sing with everyone.
❷ (1) 車を運転することができたらいいのに。
(2) もし宿題が全くなければ，私はテレビを見ることができるのに。
(3) もし私があなたなら，私はこんな雨の日は家にいるだろうに。
(4) 夏ならいいのに。

3 (1) If I were rich, I could live in a big house.
(2) I wish it were sunny.
(3) If Mary sang well, she would go to *karaoke*.

考え方

❶ (1) I wish の後ろに過去形の文を続ける。
(2) 発話部分が仮定法の文。
(3) 「If ＋ S ＋動詞の過去形～，S′ ＋ could ＋動詞の原形 ....」の語順にする。

❷ (1)(4) I wish ～の文では，「私は」は訳さずに，「～ならいいのに」にあてはめて訳せばよい。
(3) If I were you ～, I would(n't) ....「もし私があなたなら，…する[しない]だろうに」は助言をするときの決まり文句。

❸ 事実を表す文を仮定法の文に書きかえるとき，否定文は肯定文になる。not をなくす際，can't や doesn't，won't などの短縮形に含まれる not を見落とさないように注意。

📝 チェックテスト8

1 (1) **who** 向こうでギターを弾いている男の子はフレッドです。
(2) **isn't** この時計はあなたのですね。
(3) **he lives** 私は彼がどこに住んでいるか知りません。

2 (1) **who, she, is**
(2) **I, will[who[that], I'll]**
(3) **that, running**

3 (1) **who[that], is, standing**
(2) **that[who], like** (3) **to, do**
(4) **were, not, could**

4 (1) もし私がもっとお金をもっていれば，新しいコンピューターを買うことができるのに。
(2) フランスに住んでいればなあ。
(3) もし彼がひまなら，私たちといっしょにピクニックに行けるのに。
(4) 世界に戦争がなければなあ。

5 (1) **This is your key which[that] you lost.**

(2) **The old woman helped you, didn't she?**
(3) **The girls who[that] are playing tennis are Kumi and Nancy.**
(4) **I know when your birthday is.**
(5) **The man who is writing a letter now is Mr. Bennet.**

6 (1) **I don't know who he is.**
(2) **You have many friends, don't you?**
(3) **I saw a man who[that] had a big bag yesterday.**
(4) **The girl (that[who]) I want to see is Nancy.**
(5) **This is the news which[that] made us happy.**

7 (1) エ (2) ア

考え方

1 (1) すぐ後ろが動詞だから主格（先行詞は人）。
(3) Where does he live? が間接疑問文の語順にかわった文。

2 (1) Who is she? が間接疑問文になった。
(3) 先行詞が「人と犬（物）」だから that。

3 (2) 上の文を2文に分けて考える。He is a boy. He is liked by many people. → Many people like him. a boy と him が同一人物だから him を that[who] にかえて文のはじめに出し，a boy のあとにつけたす。
(3) what ～ should do = what to do

4 (2)(4) I は訳さず，「～であればなあ（いいのに）」とすることに注意する。

5 (5) 「形容詞的用法の現在分詞」→「関係代名詞＋進行形」の書きかえ。

7 (1) ●there's no snow「雪がない」 snow は数えられない名詞なので，be動詞は is を使う。there is no snow = there is not any snow
●But is there anything you don't like?「でもあなたが好きでないものはありますか？」anything のあとに関係代名詞が省略されている。先行詞 anything が you don't

like の目的語になっているので，関係代名詞
は目的格の that が入る。ただし，関係代名詞
の目的格は省略可。

●〜, but there aren't any in this city.
では，any のあとに mountains が省略され
ている。

(2) ●asked me to come「来るように私に頼ん
だ」「ask ＋人＋ to 〜」は「人に〜してくれ
るように頼む」という意味。同じような表現で，
「tell ＋人＋ to 〜」「人に〜するように言う」，
「want ＋人＋ to 〜」「人に〜してほしい」
も重要表現なので，しっかりと覚えておこう。
●until 〜 は「〜まで」という意味。by 〜
「〜までに」としっかりと区別しよう。
●something I bought「私が買った物」
something のあとに関係代名詞 which [that]
が省略されている。先行詞 something は，
bought の目的語。関係代名詞の目的格は省略
可能。

◀)) 音声内容

これから，(1)と(2)それぞれの英文が流れます。
(1)は英語の対話とその内容についての質問，(2)は
英語の文章とその内容についての質問です。それ
ぞれの質問に対する最も適当な答えを，ア〜エの
中から1つずつ選びなさい。なお，英文は2度読
まれます。

(1) Naomi : Are you enjoying your life in this city, David?

David : Yes, Naomi. It's good.

Naomi : What do you like about the city?

David : It's warm here and there's no snow in the winter. I also like the sea and the parks.

Naomi : Me, too! But is there anything you don't like?

David : Well, I want to see some mountains, but there aren't any in this city.

Naomi : That's too bad.

Question : What is David's problem with the city?

(2) (電話の呼び出し音)

Tom : Hi, this is Tom. I'm sorry I'm not at home. Leave your message after the tone.

(留守番電話の録音の開始音)

Chris : Hi, this is Chris. You asked me to come to your house at eleven today. Sorry, but I'm at school for club practice now. I'll be here until one o'clock. I'll go to your house this afternoon. Oh, one more thing. After practice, I'm going to go home to get something I bought for you. I'm sure you'll like it. See you later!

Question : Why does Chris call Tom?

■ 全訳

(1) ナオミ：この町での生活を楽しんでる，デイ
ビッド？

デイビッド：うん，ナオミ。いいよ。

ナオミ：この町の何が好き？

デイビッド：ここは暖かくて，冬に雪が降ら
ないところだね。それに，ぼく
はこの海と公園が好きだよ。

ナオミ：私もよ！でも，あなたが好きじゃな
いものはある？

デイビッド：えーと，山を見たいなぁ，でも
この町には山は1つもないよ。

ナオミ：それは残念ね。

質問：この町についてデイビッドが抱える問
題は何ですか？

ア　彼は公園が気に入っていない。

イ　冬に雪が降らない。

ウ　あまり暖かくない。

エ　山がない。

(2) トム：こんにちは，こちらはトムです。家に
いなくてごめんなさい。この音のあと
でメッセージを残してください。

クリス：こんにちは，クリスです。あなたは私に，今日の11時に家に来るように頼んでいたわね。ごめんなさい，今，クラブの練習で学校にいるの。1時までここにいるの。今日の午後に，あなたのお家へ行くわね。あっ，もう1つ。練習のあとで，私があなたのために買ったものを取りに家へ帰るわ。それ，きっとあなたは気に入ってくれると思うの。じゃ，あとでね！

質問：どうしてクリスはトムに電話をしたのでしょうか？

ア　彼女は遅れるから。

イ　彼女はメッセージが残せないから。

ウ　彼女は家にいる予定だから。

エ　彼女はクラブの練習に行けないから。

④

[MEMO]

[MEMO]